やわらかアカデミズム・〈わかる〉シリーズ

よくわかる
社会福祉運営管理

小松理佐子 編

ミネルヴァ書房

はじめに

■よくわかる社会福祉運営管理

　この本は，将来社会福祉の専門職として働こうと考えている学生のみなさんに，みなさんがこれから就こうとしている仕事は，どのようなしくみの中で，どのような意味をもっているものかを伝えたいと思い，書いたものです。みなさんの中には，社会福祉運営管理というタイトルをみて，施設長など社会福祉の職場のリーダーになる人だけが読めばよい本だと感じた人もいるかもしれません。しかし実際には，社会福祉専門職はみなこの本で取り上げている運営管理のどこかの部分にかかわって仕事をしているのです。

　ところが多くの社会福祉専門職は，運営管理の中のごく一部のみを担うので，その仕事が運営管理という意味をもっていることに気づかないことがあります。仕事の意味を知ることで，仕事の仕方が変わりますし，おもしろさを感じることもできます。こうしたことから，学生のみなさんには，まずは運営管理の全体を学び，それをふまえて専門職が行っている個々の業務の意味を考えてみてほしいと願っています。

　ところで，2007年12月に社会福祉士及び介護福祉士法が改正され，社会福祉士を養成するカリキュラムの中に「福祉サービスの組織と経営」という科目が新たに設けられました。この本は，この科目のシラバスを網羅しながら，さらに広い範囲を取り上げています。それは，地域を基盤にした社会福祉の体制づくりが求められている今日，「経営」という視点が求められるのは組織単位だけでないと考えたからです。むしろ自治体あるいはそれよりも小さな範囲の地域という単位での「経営」が，重要な課題となっているように思います。さらにいえば国単位の「経営」という視点も必要であるといえますが，この本では社会福祉専門職とかかわりの深い組織・地域・自治体に焦点をあてることにしました。

　最後になりますが，この本の刊行までの長い道のりを辛抱づよく支えていただいた，ミネルヴァ書房編集部の岡田真弓さんに深く感謝をしております。この本のお話をいただいたのはカリキュラム改正前のことでした。改正によって「福祉サービスの組織と経営」という科目が登場し揺らいだ時，社会福祉学の考え方で運営管理論を構想するようにという岡田さんの励ましがなければ，この本は生まれていなかったように感じています。

2010年1月

小松　理佐子

もくじ

■よくわかる社会福祉運営管理

はじめに

第1部 理論

I 社会福祉運営管理の考え方

1 社会福祉の運営部門 …………… 2
2 原理・原則 …………………… 4
3 枠組み ………………………… 6
4 構成要素 ……………………… 8
5 財源 …………………………… 10
6 供給―利用過程と福祉専門職 …… 12

II 社会福祉供給の基礎理論

1 ニード（必要）………………… 14
2 福祉サービス ………………… 16
3 公共性 ………………………… 18
4 公私関係 ……………………… 20
5 準市場 ………………………… 22
6 ガバナンス …………………… 24
7 福祉経営論 …………………… 26

III 社会福祉組織運営（経営）の基礎理論

1 意思決定 ……………………… 28
2 人事・労務管理 ……………… 30
3 マーケティング ……………… 32
4 リスクマネジメント ………… 34
5 会計 …………………………… 36
6 情報管理 ……………………… 38
7 経営戦略 ……………………… 40
8 チームマネジメント ………… 42
9 キャリアマネジメント ……… 44
10 リーダーシップ ……………… 46

第2部 社会福祉組織の運営管理

IV 福祉サービスの提供主体

1 国・地方自治体 ……………… 50
2 社会福祉法人 ………………… 52
3 特定非営利活動法人 ………… 54
4 医療法人 ……………………… 56
5 その他の公益法人と任意組織 … 58
6 営利法人 ……………………… 60

Ⅴ 社会福祉法人の運営管理

1 組　織 …………………… 62
2 財　源 …………………… 64
3 会　計 …………………… 66
4 施設運営（経営） ……………… 68
5 措置施設の施設運営（経営） ……… 70
6 介護報酬による施設運営（経営） … 72
7 障害者へのサービス提供 ………… 74
8 職員管理 …………………… 76

Ⅵ 医療法人の運営管理

1 組　織 …………………… 78
2 財　源 …………………… 80
3 医療法人・病院施設の会計 ……… 82
4 社会福祉施設の運営（経営） ……… 84

Ⅶ 特定非営利活動法人の運営管理

1 組　織 …………………… 86
2 資金源 …………………… 88
3 会　計 …………………… 90
4 福祉サービスの提供 ……………… 92

Ⅷ 多様な主体によるサービスの創出

1 サービスの創出 ……………… 94
2 地域の協働運営 ……………… 96
3 町内会・自治会 ……………… 98
4 社会福祉協議会 ……………… 100
5 中間支援組織 ……………… 102

第3部　地域を基盤とした運営管理システム

Ⅸ 社会福祉の運営管理システム

1 国と都道府県の役割 …………… 106
2 市町村の役割 ……………… 108
3 ニーズとサービスの調整 ……… 110
4 市町村単位の運営管理システム … 112
5 中学校区単位の運営管理システム
　…………………………… 114

Ⅹ 地域類型にみる運営管理の課題

1 大都市の運営管理 …………… 116
2 地方都市の運営管理 ………… 118
3 中山間地・離島 ……………… 120

XI 福祉サービスの質の管理

1 サービス評価 …………………… 122
2 監　査 …………………………… 124
3 リスクマネジメント …………… 126
4 苦情処理 ………………………… 128
5 情報公開 ………………………… 130

XII 福祉サービス利用者支援

1 福祉サービスの利用制度 ……… 132
2 ニーズキャッチシステム ……… 134
3 情報提供システム ……………… 136
4 利用支援システム ……………… 138
5 権利擁護システム ……………… 140

第4部　福祉従事者の養成と確保

XIII 人材の養成と確保

1 社会福祉従事者の養成 ………… 144
2 社会福祉従事者の確保 ………… 146
3 OJT（On-the-Job Training）…… 148
4 Off-JT（Off-the-Job Training）… 150
5 スーパービジョン体制 ………… 152

XIV 労働環境の整備

1 育児・介護休業 ………………… 154
2 メンタルヘルス対策 …………… 156
3 キャリアパス …………………… 158
4 職能団体の役割 ………………… 160

第5部　社会福祉運営管理と福祉専門職

XV 地域の運営管理と福祉専門職

1 地域の運営と福祉専門職 ……… 164
2 介護保険事業運営協議会 ……… 166
3 障害者総合支援法に基づく協議会
　 ………………………………… 168
4 要保護児童対策地域協議会 …… 170

XVI 社会福祉施設の運営管理と福祉専門職

1 施設経営と福祉専門職 ………… 172
2 職員会議 ………………………… 174
3 業務計画・業務改善 …………… 176
4 ケース会議 ……………………… 178

XVII 社会福祉運営管理を担う福祉専門職の展望

1 アドミニストレーション型社会福祉士 … 180

2 ジェネラリスト・ソーシャルワーカーの技術
　①ネットワーキング ………………… 182

3 ジェネラリスト・ソーシャルワーカーの技術
　②マネジメント ……………………… 184

4 ジェネラリスト・ソーシャルワーカーの技術
　③プランニング ……………………… 186

さくいん ……………………………… 188

第 1 部

理 論

第1部　理　論

Ⅰ　社会福祉運営管理の考え方

 社会福祉の運営部門

1　社会福祉のしくみ

　本書で取り上げるのは社会福祉の運営にかかわる理論と方法です。社会福祉学の中で運営という用語は，必ずしも共通の理解が得られている用語ではありません。また，運営と類似の意味を表す用語として，運営管理，ソーシャル・アドミニストレーション（social administration），福祉行（財）政，供給システム（論），福祉経営，などさまざまな用語がテキストなどで用いられています。そこで，本書では，どのような内容や範囲を話題にしようとしているのかという説明から，はじめることにしましょう。

　図Ⅰ-1は，**実体としての社会福祉**の構造を説明したものです。実体としての社会福祉は，**日本国憲法第25条**に規定された生存権の保障を理念として，多様な組織・人々によって担われています。それは，大きく政策部門と援助部門のふたつに分けることができます。

　政策部門とは，人々の**ニーズ**を把握して，それに対する社会的対応の方法を立案し，それを実施・管理する部門です。立案された政策の中には，制度化されるものも多く含まれています。実施の段階では，そのために必要な財の調達や，配分などが行われます。例えば，介護保険制度の実施の段階では，保険料を徴収する，介護サービスを提供した事業者に対して介護報酬を支給するなどが行われています。ここでいう管理とは，定められた基準やルールに従って事業が実施されているかを監視する作業です。こうした作業は実際には，行政監査などの方法で行われています。

　援助部門とは，政策（制度）に基づいて，援助者が社会福祉を必要としている人々に対して，直接サービスを提供する場面です。例えば，介護老人福祉施設（特別養護老人ホーム）で，相談員が入居の相談を受けたり，入居者がケアワーカーから介護サービスを受けたりする場面が，これにあたります。

2　運営部門

　このように実体としての社会福祉は，政策（制度）が用意され，それに基づいて援助が行われるというしくみになっています。しかし，この営みは実際にはそれほど単純ではありません。

　サービスの提供は，行政だけでなく，社会福祉法人や医療法人，特定非

▶**実体としての社会福祉**
社会福祉という用語は，理念（めざすべき方向）を意味して用いられる場合と，実際に存在している社会福祉の営みを意味して用いられる場合とがある。ここでは，後者の場合であるということ。

▶**日本国憲法第25条**
1項には，「すべて国民は，健康で文化的な最低限度の生活を営む権利を有する」と規定されている。

▶**ニーズ**
詳しくは，Ⅱ-1を参照のこと。

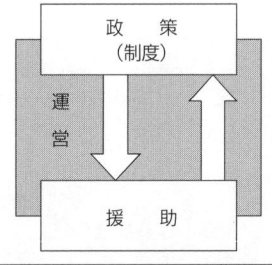

図Ⅰ-1　社会福祉の運営部門
（本書で取り上げる領域）
政策（制度）
↕
運営
↕
援助

営利活動法人など，多様な団体によって担われています。こうした担い手は年々広がる傾向にあります。このことは，利用者の選択の幅を広げるという効果をもたらしています。しかし一方で，どこにどのようなサービスがあるのかがわかりにくい，どれが良いのかが判断できないなど，課題も生じています。

また，社会福祉サービスは利用者の居住する場所から近いところに用意されている必要があります。ニーズは人によって異なりますから，必要とするサービスも異なります。そうすると，それぞれの地域で，住民が必要とするサービスを提供できるように取り組む必要があります。ところが，提供する団体が多様になればなるほど，その地域の住民のニーズに合わせるための調整には工夫が必要になってきます。

他方，社会福祉の実施に必要な費用は，税や保険料などのかたちで国民から集められます。こうした方法で集められた予算は，当然のこととして限りがあります。限られた財源を使うのですから，社会福祉の**供給**はできるだけ無駄のないように効率的かつ効果的に行わなければなりません。同時に，そこで働く人たちにはその労働に見合うだけの報酬を支払う必要もあります。

これらは，一例にすぎません。社会福祉の供給をめぐっては，まだまだ多くの課題をあげることができるでしょう。社会福祉を必要とする人に適切に社会福祉を提供するためには，こうした政策部門と援助部門との間で発生する諸課題を解決し，社会福祉の供給全体を円滑に進める役割をもつ部門が必要になります。本書では，政策部門と援助部門の間の**媒介役割**を果たす部門を，運営部門と呼ぶことにします。そのため本書のタイトルは運営管理としていますが，本書で取り上げる内容は，運営管理という範囲よりも広い範囲を扱っています。運営管理の範囲を超える部分は，図Ⅰ-1の中の援助部門から政策部門に向かう矢印の中に含まれています。

③ 運営部門の開発性

最後に，図Ⅰ-1の下から上への矢印について説明しておきましょう。

前に述べたように，社会福祉の理念は生存権の保障ですから，その一部を担う運営部門も当然のこととして，これをよりどころにしています。この理念を実現するには，社会福祉の運営は，**ニーズ・オリエンテッド・アプローチ**の方法で行われる必要があります。それは一言でいえば，社会福祉を必要とする人々のニーズを最優先するという考え方です。

ところが，ニーズを最優先しようと取り組むと，ニーズに対応できるサービスが存在しないといった自体に直面することがあります。そのような時には，新しいサービスを創ることにも取り組まねばなりません。このようなことから，下から上への矢印には，新たなサービスを生み出すための開発性という，運営管理の枠を超えた要素が含まれているのです。

（小松理佐子）

▷**供給**
財（ヒト・モノ・カネ）を調達し，それをサービスという形にして，利用者に届けるまでの過程の総称。

▷**媒介役割**
ここでは，政策部門と援助部門の関係がスムーズにいくように仲立ちをする役割という意味で使用している。

▷**ニーズ・オリエンテッド・アプローチ**
ニーズをもとにして援助計画を作成する方法。この本では，援助計画の中に，個人を支援するための援助計画だけでなく，政策としての計画という意味も含めて，この用語を使用している。

参考文献

京極高宣（1995）『社会福祉学とは何か』全国社会福祉協議会

白澤政和（2007）「社会資源の利用と開発」『エンサイクロペディア社会福祉学』中央法規出版，432-435頁

古川孝順（2001）『社会福祉の運営』有斐閣

濱野一郎（2007）「社会福祉運営の課題」『エンサイクロペディア社会福祉学』中央法規出版，16-19頁

三浦文夫（1980）『増補社会福祉政策研究――社会福祉経営論ノート』全国社会福祉協議会

第1部　理　論

Ⅰ　社会福祉運営管理の考え方

　原理・原則

　原　理

　社会福祉の運営において，その前提として確保されていなければならない社会福祉の基本的な要件を，ここでは原理と呼ぶことにします。

　◯権利性

　権利性とは，社会福祉を利用することが人々の権利（人権）として保障されているということです。Ⅰ-1で説明したように，日本国憲法では生存権が保障されていますが，社会福祉の利用を権利として保障するためには，もう少していねいに考えてみる必要があります。例えば，社会福祉の利用の申請は，その人の居住地にある機関・組織の窓口で行われますから，利用の前提として，居住が保障されていなければ成立しません。また，社会福祉の利用についての**自己決定権**や，**不服申立て権**などが社会福祉のしくみの中に担保されていることも必要です。これらについては，Ⅻでさらに考えることにしましょう。

　◯普遍性

　普遍性とは，社会福祉がすべての人々が利用できるものとなっているということを意味します。例えば，高齢者の介護サービスは，だれもが必要になる可能性をもっていますから，それをすべての人に利用可能なしくみにしておくことは重要です。ただし，すべての人々を対象とした社会福祉の供給が，どのような方法によって実現するかについては，慎重に考えてみる必要があります。もし，社会福祉の財源上の必要から利用者に負担を求めた結果として，自己負担をすることが困難な人が社会福祉を利用できなくなる事態を招いてしまったら，本末転倒であるからです。

　◯公平性

　公平性とは，人種，職業，性別，年齢などその人の属性に左右されることなく，だれにでも公平に社会福祉が提供されることを意味します。公平性を確保するためには第一に，制度・政策の設計において公平であることが必要になります。それに加えて，実際に社会福祉の利用の手続きや審査・決定等の過程において，公平性が確保されているかどうかを考えてみる必要があります。近年，日本で生活する外国籍の人々が増加する中で，それらの人々に公平に制度・政策が用意されているか，それらの情報が当事者に理解できる方法で説明されているかなど，公平性をめぐる新たな課題も生まれています。

▷**自己決定権**
自分の生活の仕方を自分で決めることができる権利。ここでいう生活には，日々の生活はもとより，人生という意味も含まれている。

▷**不服申立て権**
行政庁による処分や，その他の公権力による行使に対して，不服があった場合に，異議申立てをすることのできる権利。

○ 総合性

総合性とは，狭義の社会福祉サービスだけでなく，所得，保健医療，住宅，労働，教育等の社会サービスが，ニーズに応じて総合的に提供されることを意味します。さらに最近では，制度化されたサービスと合わせて，近隣住民やボランティアなどによる支え合いの活動も一体的に提供することが課題となっています。

2 原 則

社会福祉の運営の過程の中で，確保されるべき要件をここでは原則と呼ぶことにします。

○ 接近性

社会福祉のシステムは，あらゆる人が社会福祉を利用しやすいよう，高い接近性が担保されていなければなりません。それには，社会福祉についての情報が十分に提供されていること，利用手続きなどの方法がだれにでも簡単にできるようになっていること，などの条件が整備される必要があります。また，社会福祉の利用者の中には，自分で判断することが困難な人も少なくありませんから，そうした人々の**利用過程**を支援するしくみ（**利用支援**）も必要です。

▷利用過程
⇨ⅫⅠを参照のこと。
▷利用支援
⇨ⅫⅠを参照のこと。

○ 選択性

社会福祉のシステムは，利用者が利用するサービスを選ぶことができるよう選択性が担保されていなければなりません。それには，選択できるだけのメニューと量が用意されていることが前提となります。そのうえで，利用過程の諸段階において，利用者の自己決定権が行使できるようなしくみになっている必要があります。

○ 透明性

社会福祉のサービスは，それを直接提供している組織が公的な組織であるか民間の組織であるかにかかわらず，税・保険料などによって提供される，**公共性**の高いサービスです。したがって，社会福祉を提供する側には，集められた財源が適切に使用されているか，投入した費用に見合う効果を上げているかなどを，人々に報告する義務があります。また，提供者は個々の利用者に対して，サービスの選択時におけるサービス内容やそれによって期待される効果に関する説明，利用後における報告などを説明することも求められます。

▷公共性
⇨Ⅱ-3を参照のこと。

○ 市民参加

今日では，社会福祉のシステムを利用する側の求めるかたちにするためには，利用者である市民が社会福祉の供給のさまざまな場面に参加することが有効であると考えられるようになっています。社会福祉の運営部門に，市民の参加を促進するしくみを用意し，行政等との協働の推進体制を構築することが重要な課題となっています。

（小松理佐子）

(参考文献)
濱野一郎（2007）「社会福祉の原理」『エンサイクロペディア社会福祉学』中央法規出版，472-479頁
古川孝順（2001）『社会福祉の運営』有斐閣

第1部　理　　論

I　社会福祉運営管理の考え方

枠組み

1　運営を考える単位

　運営を考える単位は，状況に応じてさまざまな設定の仕方が考えられます。図I-2は，現在の社会福祉の体制の中で，特に重要となる運営の単位を整理したものです。

○組　織

　運営の単位として一番わかりやすいのは，組織という単位でしょう。社会福祉施設では，その施設の運営方針や提供するサービス内容などについて事業計画や予算を策定しています。これが2ページ図I-1の政策部門にあたります。そして，策定された事業計画に基づいて，職員は利用者に対してサービスを提供します。これが援助部門です。

　社会福祉施設の運営のためには，費用を調達する，必要な人材を確保する，利用者が求めるサービスを提供するための職員体制を整備するなど，さまざまな業務が必要となります。これらが運営部門に期待される役割になります。

　今日の社会福祉施設の運営は，施設単位よりも施設の運営主体である社会福祉法人や医療法人などの法人単位で行われる部分が増えています。これらについてはⅢ～Ⅶ，ⅩⅥで詳しく取り上げることにしましょう。

○市町村／小地域

　社会福祉サービスは，それを提供しようとする組織が，それぞれに立てた方針（政策）に従って提供されることになります。しかし，それぞれの組織の方針に任せて提供されるサービスが，そこで暮らしている人々のニーズと，内容や量などの面で一致するとは限りません。そこで，その地域全体のニーズに合わせたサービスを確保するための取り組みが必要となります。それを行うのが，基礎自治体である市町村を単位とする運営部門です（図I-2）。

　今日市町村という単位は，サービス供給に必要な財を調達したり配分したりする単位としても大きな意味をもつようになっています。例え

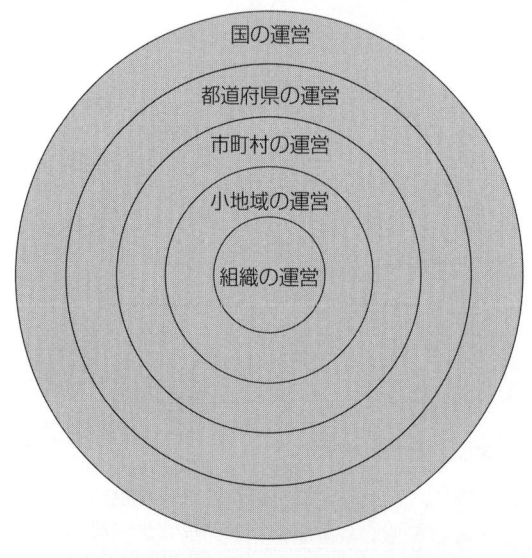

図I-2　社会福祉運営を考える単位

ば，介護保険制度では，市町村が保険者となって，介護保険料の金額を設定する，保険料を徴収するなどの役割を担っています。

また，市町村では単位が大きいために運営が困難な部分を支えるのが，小地域という単位です。これは現状からいえば，地域包括支援センターが設置されている中学校区などが想定されます。これらについては IX で深めましょう。

○ 国／都道府県

市町村を中心とした運営が行われる中で，市町村間に生じる格差の解消，市町村の運営を円滑にするための条件整備が，国や都道府県に期待されるようになっています。これについては，IX で深めることにしましょう。

2 供給組織の類型

社会福祉を供給する組織は，図I-3にあるように公的福祉セクター，民間福祉セクター，インフォーマルセクター，民間営利セクターの4つに類型することができます。

▷1 ここでは古川孝順による分類を紹介している。古川孝順（2001）『社会福祉の運営』有斐閣，106頁。

公的福祉セクターに属する組織には，国・地方自治体の設置・運営による公設公営型組織と，認可団体型組織とがあります。認可団体型組織は，行政からの認可を受けている民間組織で，社会福祉法人がその代表です。

民間福祉セクターに属する組織には，行政関与型組織と市民組織型組織とがあります。行政関与型組織は，行政からの財政的な支援等を受けている組織のことです。その代表的な例は福祉公社です。市民組織型組織は，行政の関与を受けず自主的に設置・運営されています。NPO法人がその代表です。

インフォーマル・セクターに属する組織は，近隣支援型活動組織です。町内会・自治会がその例です。一方，民間営利セクターに属する組織は，市場原理型組織で，株式会社や有限会社のことをさしていますが，前に説明した組織が非営利であるのにたいして，市場原理型組織は営利を目的としています。

このようにさまざまなタイプの組織が社会福祉の供給を担っているわけですが，これは社会福祉を公的福祉セクターで一元的に供給するよりも，多様な組織によって供給する方が望ましいとする**福祉多元主義**の理論を背景にしています。また，社会福祉の供給は，4つの類型に属する単独の組織によって供給されるもののほか，複数のタイプの組織がひとつのサービスを供給するために新たな組織を形成して供給するような協働型の供給も生まれています。協働型の実際については，VIII で紹介することにしましょう。

▷福祉多元主義
⇨ II-4 を参照のこと。

（小松理佐子）

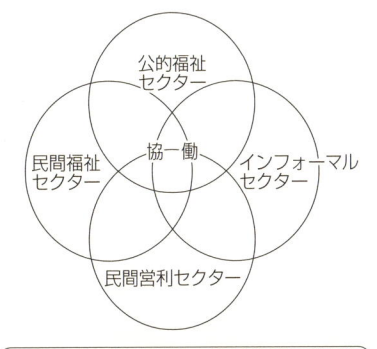

図I-3 社会福祉の供給組織の類型

参考文献

海野進（2004）『これからの地域経営——ローカル・ガバナンスの時代』同友館

第1部　理　論

I　社会福祉運営管理の考え方

　構成要素

1　運営の構成要素

　社会福祉の運営は，**社会資源**，運営の場，場の運営者，によって構成されます。
　社会福祉を供給するために活用される社会資源には，図I-4に示したようにヒト・モノ・カネ・情報などがあります。運営とは，これら活用可能な社会資源を，必要に応じて組み合わせて望ましいかたちにし，動かしていく作業です。
　その作業を行う場が，運営の場です。実際に運営の場には，介護保険事業運営協議会，地域自立支援協議会など，法制度に基づいて設定されている各種の委員会・会議があります。また，社会福祉施設の中で行われているケース会議や職員会議なども，運営の場のひとつとして位置づけることができます。さらに，情報公開やサービス評価などの活動が行われている場面も，運営の場の一部として見ることができます。
　ここにあげた運営の場はいずれも定型化されているものですが，既存の運営の場では対応できない課題が生じたときには，新たな運営の場をつくることも必要になってきます。
　そこで重要になるのが，3つ目の要素である場の運営者の存在です。場の運営者には，社会福祉の供給の全体を見渡しながら，必要に応じて場をつくり，それを効果的に動かしていくことが期待されます。現状の社会福祉では，場の運営者は事務局と呼ばれて，定型化された会議の招集や進行などの業務に終始している場合が少なくありません。しかし，本来，場の運営者には XVII で説明しているような専門性が必要であるといえます。

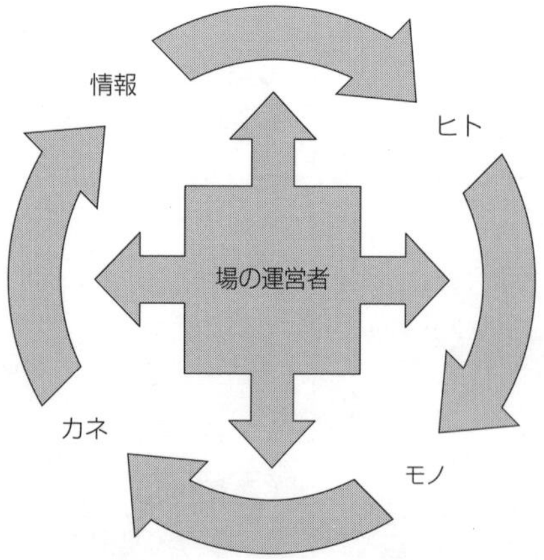

▶**社会資源**
社会資源は，『現代社会福祉辞典』(有斐閣)によると，「社会的ニーズを充足するために活用できる，制度的・物的・人的な分野における諸要素，または関連する情報」と定義されている。

図I-4　運営の構成要素

2　運営部門の構成

　政策部門と援助部門とをつなぐ役割をもつ運営部門には，図I-5に整理したように，調整，管理，開発，支援といった多様なはたらきがあります。
　調整とは，社会福祉の利用者が必要とするサービスを確保するために，社会資源に働きかけていくはたらきです。調整は大きくふたつのレベルに分けて考えることができます。ひとつは，利用者個人のレベルでの調整です。例

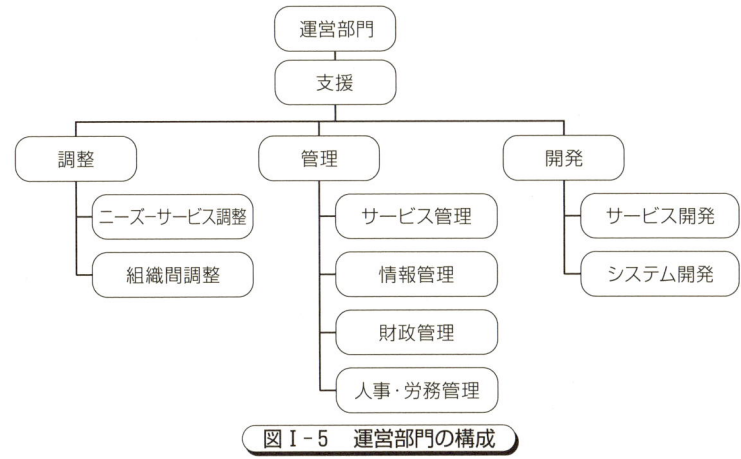

図Ⅰ-5 運営部門の構成

えば，介護保険制度のもとで介護支援専門員が行っているように，ひとりの利用者がもっているニーズに合わせて，サービスを調整するはたらきです。ふたつ目には，基礎自治体などの供給の単位で行われる調整です。その地域の住民全体のニーズに合わせて，地域全体のサービスを調整するはたらきです。

管理とは，社会福祉の供給が，社会福祉のめざす方向に向かって円滑に進むように，供給の過程を監視するはたらきです。管理はその内容によって，組織レベル，自治体レベル，国レベルなどさまざまなレベルで行われます。

開発とは，既存の社会福祉システムの不備・不足が生じた場合に，それに対応できるようにサービスやシステムを修正し，必要なものを創りだすはたらきです。管理と同じように開発も，組織をはじめとするさまざまなレベルで行われます。その中で，今日重要な意味をもっているのは，小地域や基礎自治体の単位での開発のはたらきです。それぞれの地域の状況に応じた社会福祉システムの開発が期待されています。

3 支 援

調整，管理，開発のはたらきの上に位置しているのが支援です。それは，調整をはじめとする3つのはたらきの性格を規定しているものであるといえます。例えば，ニーズとサービスを調整する際，ニーズに合わせてサービスを用意する方法と，用意できるサービスに合わせて利用できる人を決める方法とがあるといえます。そのどちらの方向で取り組むかを規定しているのが，支援というはたらきです。

Ⅰ-6 で説明しているように，社会福祉の供給過程においては，提供する側と利用する側が対等な関係をつくることが困難な面が多くみられます。不利になりがちな利用者の側を支援し，提供する側と対等にするというはたらきが，すべての機能に付加されているのです。

（小松理佐子）

参考文献

伊丹敬之（2005）『場の論理とマネジメント』東洋経済新報社

小松理佐子（2007）「社会福祉援助の方法(3)——運営と計画」古川孝順編『生活支援の社会福祉学』有斐閣，252-263頁

第1部 理　論

Ⅰ　社会福祉運営管理の考え方

財　源

1　財源とは何か？

　社会福祉サービスを提供するためには，そこで働く人の賃金，施設の整備・維持のための費用などのお金が必要です。このサービス提供に必要なお金の「出所」を財源と呼びます。公的な資金としての財源は，主に租税か保険料になります。租税として徴収する場合に，社会保障・社会福祉の目的税とすれば，使途を限定することができます。保険料として徴収すれば，その保険の運営もしくは給付に使われることになります。一方で，社会保険制度では，保険料を払えない人，払わない人を制度から排除することにもなります。

2　国庫支出金──負担金と補助金

　社会福祉サービスの供給には，国にも一定の責任があります。しかしすべてのサービスを国が直接実施することはできません。そのため，国が経費の一部を負担することで地方自治体が実施をしたり，社会福祉法人に委託をしたりすることになります。

　国が出すお金のことを「国庫支出金」と呼びます。国庫支出金には，「**国庫負担金**」と「**国庫補助金**」そして「**国庫委託金**」があります。

　例えば，生活保護費負担金は，国庫負担金のひとつで，国庫負担対象事業費の3/4が国から生活保護を実施した地方自治体に交付されます。

3　施設整備補助金

　社会福祉法人の設置する社会福祉施設の整備には，補助が行われます。施設整備補助金と呼ばれ，定率補助となっています。国が定めた経費のうち，国が1/2，都道府県が1/4の補助を行います。このため施設を設置する社会福祉法人は経費の1/4を負担します。生活保護法に基づく救護施設，児童福祉法に基づく障害児施設，障害者自立支援法に基づく障害福祉サービス事業，施設入所支援・共同生活援助を行う障害者施設などが該当します。

　一方で，三位一体の改革によって，高齢者関係施設や保育所などの施設整備補助金はなくなりました。代わりに，2005年度から「地域介護・福祉空間整備等交付金」，「次世代育成支援対策施設交付金」として交付されています。

▶**国庫負担金**
国庫負担金は，国が費用の一定割合を出すことが，法律で義務づけられている支出金である。例えば，介護保険法の場合，居宅サービスの給付に必要な財源のうち25％，施設サービスの給付に必要な財源の20％を支出することが規定されている。

▶**国庫補助金**
国庫補助金は，国が出すことが「できる」と規定されている支出金である。国庫補助金は，奨励的補助金としての位置づけが強く，補助金を交付することで，政策を誘導する効果がある。また，財源の問題から支出されない場合もあり，支援費制度においては，市町村の財源不足の要因ともなった。
本文中では，国庫支出金のひとつとして国庫補助金の説明をしているが，国が地方自治体に対して支出するものすべてを合わせて「国庫補助金」と呼ぶ場合もある。

▶**国庫委託金**
例えば，国政選挙に関する経費や健康保険，厚生年金保険，国民年金，労働者災害補償保険，雇用保険，船員保険および特別児童扶養手当に要する経費などがある。

▶**三位一体の改革**
2004年度から2006年度に行われた，国と地方自治体との間の財政関係に関する改

4 措置費と介護報酬・自立支援給付費

措置費は，措置委託費とも呼ばれるもので，措置権者からサービス提供者に支払われる費用です。サービス提供に必要な費用について事業費と組織の管理運営のための事業費に分けて，算出しています。

これに対して介護報酬・自立支援給付費は，サービスの利用者の支給するものを事業者が「法定代理受領」として受け取っているものです。このため，措置費に比べて使途の制限がゆるくなっています。

5 利用料（自己負担・利用者負担）

利用者から徴収する利用料も財源のひとつです。措置制度においては，措置権者が費用徴収を行います。これが利用者負担とも呼ばれます。費用徴収の金額は，所得に応じて変わる「応能負担」で決まります。これにたいして，介護保険制度の自己負担，障害者自立支援制度における利用者負担は，事業者にたいして支払います。利用料は，所得に関係なく決まる「応益負担」となります。

6 社会福祉協議会，NPO法人などにおける会費

民間団体の場合，会費を徴収することもあります。例えば，社会福祉協議会の場合，地域に住む住民全員が会員であり，世帯単位で定められた会費を納入します。これによって社会福祉協議会は自主財源をもつことになり，独自の事業を展開することができるようになります。

NPO法人の場合は，会費を納入することにより，組織のメンバーとなります。サービスの利用者や活動メンバーだけでなく，会の趣旨に賛同した人が会員となり，会費を納めることもあります。

7 寄附金

篤志家や団体にゆかりのある人から**寄附**を受けることがあります。地方自治体や社会福祉法人に寄附を行うと，個人の場合，所得税，個人住民税の対象となる所得から一定額が控除されます。また，相続や遺贈による財産からの寄附の場合は，相続税の対象ではなくなります。法人の場合は，損金として扱うことができます。NPO法人では，国税庁から**認定**を受けると，このような税制上の優遇が受けられます。

社会福祉協議会の場合，対象とする事業を指定して寄附を受け付けています。

社会福祉を目的とする事業を行う団体，社会福祉に関する活動をする団体は，自らの活動について積極的な広報を行い，寄附という形での協力を積極的に求めることも必要であるといえます。

（大薮元康）

革の名称。地方分権の推進の一環で行われた。①税源移譲，②国庫補助金の削減，③地方交付税制度改革の3つを同時に行うということから，このように呼ばれる。この結果，国庫負担金，国庫補助金を含めた広義の「国庫補助金」は削減の傾向にある。
参考文献は，例えば，中川真（2005）「平成17年度　補助金改革（三位一体の改革）について」『ファイナンス』大蔵財務協会，65-71頁，西田安範（2006）「平成18年度補助金改革（三位一体の改革）について」，同上，60-70頁，がある。

▶寄附の文化
イギリスなどでは，チャリティーと呼ばれる制度が確立している。非営利民間団体は政府からチャリティナンバーを交付されるため，寄附を募るときの信頼性を高めている。日本においては，多くの人が寄附をしやすくするための制度の充実が必要であるといえる。

▶認定NPO法人
NPO法人への寄附をうながすことを目的に2001年10月に開始された制度。①寄附金や会費が経常収入金額に占める割合が一定以上であること，②会員等にたいするサービス（共益的な活動）が全体の50％未満であること，③組織運営や経理が適切であることなどが求められる。

第1部　理　　論

Ⅰ　社会福祉運営管理の考え方

 供給——利用過程と福祉専門職

① 福祉サービス供給過程における提供主体の優位性

　福祉サービス供給システムは，福祉サービスの提供主体と利用主体の二者がなければ成立しません。需要あっての供給，利用者あっての提供者です。しかしこのことは自明でありながら，長い間，福祉サービス供給システムの運営管理に具体的に反映され，十分に浸透するには至りませんでした。利用者は**生存権・生活権**を行使する主体であるとの認識に立って福祉ニードを抱える対象者を受けとめ，処遇方針，個々の福祉サービスの供給計画，調整，実施，評価という過程を大切にするサービス提供者はもちろん存在しましたが，それは福祉サービス供給システムにしくみとして組み込まれ確立されたものとはなっていなかったのです。福祉サービスという消費財は提供主体の意思によって提供先や内容などの諸事項を決定し流通する傾向が強かったといえます。

　その要因として考えられるのは，ひとつに福祉サービスにたいする社会的認知のありようです。歴史的に形成されてきた福祉サービスは，かつては選別した対象者に供給する方式をとりました。選別は権限をもって行われるものであり，福祉サービスの利用は**反射的利益**によるものでした。選別された者がサービス利用者になるという構図は，積極的に福祉サービスを利用しないという姿勢を招き，サービス利用者が権利主体として意思を示す障壁になりました。

　第二には，福祉ニード保有者に対する福祉サービス量のアンバランスです。**計画化の時代**を迎えて，高齢者，障害者，子どもの各種福祉サービスは，供給量を増しはしました。しかし依然として不足しているサービスは複数あります。サービスの絶対量が足りていない状況，ニードが充足されにくい状況においては，提供者による利用者の選定やサービス内容の選択が，利用者による提供者の選定よりも優位にはたらきます。

② 需給関係を照射する福祉サービス利用過程

　福祉サービス利用者の普遍化は，利用者の膨大な拡大をさすとともに，福祉サービス供給システムにおける利用主体の位置づけをとらえ直すことをうながしました。生活問題の発生，問題解決をはかる意思の形成，**ディマンズ**の認識とニーズの識別，社会サービスの利用方針，利用希望の表明，調整，利用といった過程が，供給過程と並行して利用主体の側にあるということを，あらためて

▶生存権・生活権
基本的人権である。人間が人間として生きる権利を具体的にさし，国家の保障を得る。日本において生存権は憲法第25条に，生活権は憲法第13条による。

▶反射的利益
利益を受ける権利がだれにもあるわけではなく，一定の手続きを経て対象として認定されたことによって反射的に利益が発生するという事実からとらえられること。

▶計画化の時代
問題をふまえて目標を設定し，その確実な達成に向けて手段を明示する福祉政策の展開をいう。ゴールドプラン，エンゼルプラン，障害者プラン，地域福祉計画に象徴される。

▶ディマンズ
本人の要望であり，本人自身が認識する生活問題とその解決・解消の主観的な方途のこと。需要ともいう。社会サービスに連動するニーズ，必要と区別して用いる。

認知させるに至ったのです。また，供給する福祉サービスの多様化や多元化，量的拡大が進むこととあわせて，サービスの効果，質をただすことも一般化されるようになりました。そして利用者がサービスの真の評価者であることが広く知られることになったのです。

サービス利用者は，ニードとサービスとの対照関係に即して，常にサービス提供者と並行してあります。この自明なことがようやくサービス供給システムに反映されるようになりました。供給過程は反射的に利用過程でもあるとの視座は，今や福祉サービス供給システムを適正に運営する礎(いしずえ)になったともいえるでしょう。利用過程は，ある意味で福祉サービスの需給関係がいかに対等であるか否かを示すバロメーターなのです。

❸ 専門職の役割——供給と利用をつなぐ

供給過程と利用過程は反射的な関係にあり，並行して進むものです。このことが長く認知されなかったことには，先にあげたふたつの要因の他に，実は第三の要因があります。ニード保有者の福祉サービスへの**接近性**の問題です。

ニード保有者がサービス利用者になろうというとき，利用過程の当事者となるにはいささかの困難をともなうことが多いものです。自身の生活困難に合うサービスは何か，当該サービスの供給者はどこに所在しどのような利用条件を示しているのか，複数ある供給者の中で自身の希望にもっとも合う供給者はどれかなど，具体的にサービスに近づき手に入れるまでにはいくつもの情報の識別や判断などの関門があります。利用過程の当事者となって以後に直面する困難もあります。利用しているサービスの効果を十分に得られない場合の対処，サービス供給者から示された方針を十分に理解できない場合の対処，利用者自身の心身や環境の変化など，利用（供給）の内容そのものの見直しにかかる関門です。

この溝を生じさせない，あるいは埋める役割を担うのが専門職であるところの社会福祉援助者です（図Ⅰ-6）。利用過程の意義を顕在化させ，供給過程との連動を確保していく使命をもつわけです。ニード保有者の福祉サービスへの接近性を保障するべく，供給にかかわる事柄の解説者になるとともに，利用者の代弁者となることが求められます。具体的には，利用者の生活状態の把握を密に行い，生活設計に求められるであろう情報を複数のパッケージでわかりやすく提供し，公平な立場で助言することです。

（西田恵子）

▷接近性
福祉サービスを利用するにはサービス供給主体に接することができなければならない。利用を叶えるためのサービス供給主体への接近，所要の手続きや調整を行える能力が求められる。

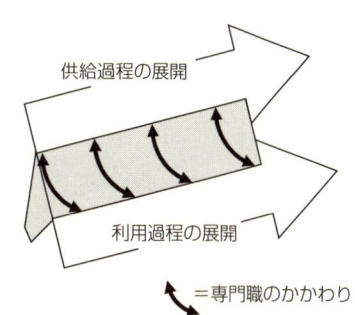

図Ⅰ-6　供給過程・利用過程と社会福祉援助者

出所：筆者作成。

第1部 理　論

Ⅱ　社会福祉供給の基礎理論

 ニード（必要）

1　ニード（need）という言葉

　社会福祉の対象を表す言葉として，社会福祉学のテキスト等では，ニード，ニーズ，需要，必要などの用語が使われています。同じようなことが説明されているにもかかわらず，本によって異なる用語が使われていて戸惑うこともあるでしょう。論者によってはこれらの用語の意味を厳密に区別して使い分けている場合もありますし，区別せずにこれらを総称してニーズという言葉が使われている場合もみられます。このような用語の使い方の違いが生まれてきた要因のひとつに，政策と実践との分野による違いがあります。

　三浦文夫は，実践分野で使用されているニードという用語とは区別して，政策分野でのニードの定義を示しました。それは，政策分野においてはニードを，「個々のニードに共通する社会的な要援護性として把握する」必要があるという理由からでした。三浦は，「ある種の状態が，一定の目標なり，基準からみて乖離の状態にある」ものを広義のニードとし，狭義のニードを「回復，改善等を行う必要があると社会的に認められたもの」と定義しました▷2。

　三浦の定義では，ニードという用語が集合論的にとらえた概念として使用されています。それにたいして実践分野では，個人のもつニードがひとつではなく複数あるという意味で，ニードの複数形であるニーズという用語が使用されてきました。今日では，社会福祉学全体として，ニーズという用語が使用される傾向がみられます。

2　ニードの類型

　ブラッドショウ（Bradshaw, J.）は，ニードを，規範的ニード（normative need），感じられたニード（felt need），表出されたニード（expressed need），比較ニード（comparative need）の4つに類型しました。

　規範的ニードとは，その人あるいはその集団の状態と，専門家や行政官などが「望ましい」と考えた基準とを比較して，基準に達していないと判断されたものをいいます。感じられたニードとは，ニードがあることを本人が自覚しているものをいいます。表出されたニードとは，本人が自覚したニードがサービスの利用行動へと結びついたものをいいます。比較ニードとは，サービスを利用している人と同じ特性をもちながら，サービスを利用していない人がいる場

▷1　本書は，ニードを必要という意味でとらえることが適切であるという見解をもっている。しかし，例えば I-1 で用いた「ニーズ・オリエンテッド・アプローチ」という用語は，この表現で一般的に使用されているため，いたずらに「ニーズ」を「必要」に置き換えてしまうことは混乱を招くと考え，そのまま使用している。
▷2　三浦文夫（1980）『増補　社会福祉政策研究──社会福祉経営論ノート』全国社会福祉協議会, 59-60頁。

合に，ニードがあると判断するものです。

ブラッドショウによるニードの類型は，感じられたニードが即表出されたニードとはならないこと，専門家等が判断する規範的ニードと当事者の感じられたニードとは同じではないことなど，社会福祉の運営において考えるべき重要な点を，示唆してくれています。

3　需　要（demand）

ニードと類似の意味をもつ用語に需要があります。「需要と供給の関係」といった言葉づかいは，日常生活でもひんぱんに使用されています。需要という用語は，経済学や経営学の分野の用語でしたが，社会福祉学の分野でも，**市場化**が進むにつれて使用されるようになっています。

需要とニードとは意味が異なります。それは，ブラッドショウによるニードの類型を考えると明らかです。つまり，社会福祉学の分野では，需要行動に結びつくニードだけでなく，それ以外の3つの類型を含めてニードとして理解します。

4　必　要

武川正吾は，福祉政策の分野においては，ニードやニーズではなく必要という用語を使用すべきだと指摘しています。その第一の理由は，ニードやニーズと言い換えると，社会福祉が必要であるか否かを考えるのを妨げるからであるといいます。必要は，「何らかの価値判断，しかも社会通念として確立した価値判断を前提にして」おり，ここにニード・ニーズとの違いがあるといいます。また，必要と需要の違いを，表Ⅱ-1のように説明しています。

この指摘は，福祉政策の分野においてという限定されたものですから，運営部門ではどのようなとらえ方が適切であるかは，改めて検討しなければなりません。これについての議論はこれからはじめられることになりますが，運営部門が公正な配分のあり方を重要な課題のひとつとしていることから考えると，少なくとも必要という用語に含まれている意味を無視すべきではないということはいえるでしょう。

（小松理佐子）

▶市場化
従来の社会福祉の供給は，市場とは区別された政府セクターで行われていた。しかし，社会福祉基礎構造改革を境に，市場セクター（具体的には民間営利団体である株式会社や有限会社など）によって社会福祉サービスが供給されるようになってきている。

▶3　武川正吾（2008）「福祉政策における必要と資源」社会福祉士養成講座編集委員会編『新・社会福祉士養成講座④現代社会と福祉――社会福祉原論』中央法規出版，119-142頁。

(参考文献)
武川正吾（2008）「福祉政策における必要と資源」社会福祉士養成講座編集委員会編『新・社会福祉士養成講座④現代社会と福祉――社会福祉原論』中央法規出版，119-142頁
福祉士養成講座編集委員会編（1997）『社会福祉士養成講座①社会福祉原論』中央法規出版
三浦文夫（1980）『増補　社会福祉政策研究――社会福祉経営論ノート』全国社会福祉協議会

表Ⅱ-1　必要と需要の対比

	必要	需要
根拠	道徳・価値	欲望・欲求
根拠の性質	客観的・外在的	主観的・内在的
判断基準	善悪（正・不正）	利害（快・不快）

出所：武川正吾（2008）「福祉政策における必要と資源」社会福祉士養成講座編集委員会編『新・社会福祉士養成講座④現代社会と福祉――社会福祉原論』中央法規出版，126頁。

Ⅱ 社会福祉供給の基礎理論

2 福祉サービス

1 福祉ニーズの変化と福祉サービス

　今までの福祉サービスは，低所得や貧困の状態など所得や資産といった経済的な側面を問題とし，その福祉ニーズを解決・緩和するために金銭を給付することによって支援するのが一般的でした。

　しかし，高度経済成長期以降，その福祉ニーズは，社会福祉の対象拡大とともに金銭のみによって対応することが困難となってきました。すなわち，三浦文夫のいう**貨幣的ニーズ**から**非貨幣的ニーズ**へのニーズの変化が出てきたのです。例えば，高級住宅地に住み所得や資産が十分にある一人暮らし高齢者であっても，身体機能が低下することによって，訪問介護員の支援や特別養護老人ホームへの入所など福祉サービスを利用する必要が出てくるといったことなどです。

　また近年では地域の中で孤立しネットワークをもたない高齢者の孤立死や児童虐待，ドメスティック・バイオレンスなどの問題があげられます。

　このように以前のような所得の高低を基準にした福祉サービスの対応だけではなく，複雑多様化した福祉ニーズに応える福祉サービスが必要となってきています。

2 「福祉サービス」とは何なのか

　「福祉サービス」とはどのようなサービスをさすのでしょうか。「福祉サービス」という言葉は1990（平成2）年以降に広く使用されてきたものです。

　この言葉は，社会福祉全般の基本理念など共通的基本事項を定めた社会福祉法に明記されています。

　社会福祉法第3条（福祉サービスの基本的理念）では，「福祉サービスは，個人の尊厳の保持を旨とし，その内容は，福祉サービスの利用者が心身ともに健やかに育成され，又はその有する能力に応じ自立した日常生活を営むことができるように支援するもの」として位置づけられています。すなわち，福祉サービスは，個人の尊厳の保持を前提とし，福祉サービスの利用者の心身の健康と日常生活の自立を支援するものとして見ることができます。

　社会福祉法では，「福祉サービス」の定義やそれに係る具体的な事業や活動については触れられていませんが，「社会福祉事業」，「社会福祉を目的とする事業」，

▶**貨幣的ニーズ**
金銭を支払い，物品等を購入することによって満たされるニーズ。

▶**非貨幣的ニーズ**
金銭を支払うことによってニーズを満たすことが困難なもので，物品や人的サービス等の現物を給付することによって充足することが適当と思われるニーズ。

表Ⅱ-2　社会福祉の概念規定を理解する視点

①目　的	社会福祉は何のために存立するのか。
②対　象	社会福祉を利用するのは誰か，利用者のおかれている状況はどのようなものとして理解されるのか。
③主　体	誰が社会福祉を創出し，担うのか。
④方　法	社会福祉はどのようにしてその成果を達成しようとするのか。
⑤類縁施策との関係	社会福祉とそれに隣接する諸施策，あるいは関連する諸社会サービスとの関係をどのようなものとして理解しようとしているのか。

出所：古川孝順（2008）『社会福祉研究の新地平』有斐閣，35-36頁を参考に筆者作成。

表Ⅱ-3　古川孝順による社会福祉事業の範囲と限定

	特　性	内　容
内実的特性	①福祉ニーズ対応性	人々の福祉ニーズの充足，軽減緩和に寄与するものでなければならない。
	②公益性	私利私欲を超え「世のため人のため」に行わなければならない。
	③規範性	人格の尊厳や人権を保障しようとする意識，それを実現しようとする使命感であり，その達成に人々の行動を方向づけ，自己を律する自己規制力を有しなければならない。
	④非営利性	社会福祉事業は営利追求の手段であってはならない。
形態的特性	⑤組織性	社会福祉事業を組織的に運営しなければならない。
	⑥継続性	一定の時間的な事業の継続と継承が求められる。
	⑦安定性	不安定な経営や恣意的な事業撤退は厳に避け，社会福祉事業が継続的，安定的に実施されなければならない。
	⑧透明性	公益性を基本的な特性とする社会福祉事業では，情報公開，説明責任，苦情処理などの実施を通じて運営の透明性が確保されなければならない。

出所：古川孝順（2001）『社会福祉の運営』有斐閣，48-52頁，古川孝順（2004）『社会福祉学の方法』有斐閣，200-202頁を参考に筆者作成。

「社会福祉に関する活動」の3つに分類されています。これらの3つが「福祉サービス」としてとらえられますが，社会福祉法の中では，それぞれの用語について明確な概念規定はなされていません。

しかし，その中でも「社会福祉事業」である**第1種社会福祉事業**と**第2種社会福祉事業**が，厳密に**社会福祉サービス**と位置づけられるでしょう。

近年の多様かつ複雑で高度化した福祉ニーズに対応する福祉サービスを検討する手掛かりとして，表Ⅱ-2で5つの要素をあげたいと思います。これらの視点が福祉サービスを理解するうえでは大変有効なものとなります。

3 社会福祉サービスの特性

古川孝順は社会福祉事業の範囲の8つの要件として，①福祉ニーズ対応性，②公益性，③規範性，④非営利性，⑤組織性，⑥継続性，⑦安定性，⑧透明性をあげています（表Ⅱ-3）。

これらの要件が厳密に社会福祉サービスと位置づけられる「社会福祉事業」には必要とされ，それがサービス供給における質の担保につながります。

ともあれ，福祉ニーズが複雑多様化し，今後もより高度化し変化していく中で，その福祉ニーズに対応することが可能な福祉サービスが必要となってきます。福祉サービスは何なのかを考察する際，その目的，社会福祉事業の範囲，誰がサービスを供給しているのか（供給主体），どのような手続きによって供給されているのかなど内容的特性についても検討することが私たちには求められます。

（飛永高秀）

▷第1種社会福祉事業
居住型あるいは生活型の社会福祉施設など社会的，公的な責任が問われる事業。経営主体は国，地方公共団体，社会福祉法人に限定されている。

▷第2種社会福祉事業
居宅サービスなどの利用施設の事業。経営主体に制限はないが，国，都道府県以外は届出制である。

▷社会福祉サービス
社会福祉法に規定される「社会福祉事業」（第1種社会福祉事業と第2種社会福祉事業）をいう。

（参考文献）
古川孝順（2001）『社会福祉の運営』有斐閣
古川孝順（2004）『社会福祉学の方法――アイデンティティの探究』有斐閣
古川孝順（2008）『社会福祉研究の新地平』有斐閣

Ⅱ 社会福祉供給の基礎理論

 ## 公共性

1 公共性

○「公共性」という用語

公共性とは，公共のもつ性質のことで，いろいろな意味に用いられます。齋藤純一は公共性には，①国家に関係する公的な（official）もの，②特定のだれかというのではなくすべての人に関係する共通のもの（common），③だれにたいしても開かれている（open）という3つの意味合いがあるとしています。

①は，国家や地方自治体が法や政策などに基づいて行う活動を指しています。例えば，公共事業・公的資金の投入・公教育・公安の維持などがあげられます。これに対置されるのは，民間の私人の活動です。

②は，共通の利益・財産，共通に妥当すべき規範，共通の関心事などを指します。例えば，公共の福祉，公益，公共の秩序，公共心などがあげられます。これに対置されるのは，私権や私利・私益，私心などです。

③は，公開討論，情報公開，公園など，だれもがアクセスすることが可能な空間や情報を指します。これに対置されるのは，秘密やプライバシーなどです。

○対立する公共性

3つの公共性に関する意味をみると，互いにぶつかり合う場合があります。例えば，ふたつ目の公共性は，「共通のもの」という意味合いですが，日本では「公共の福祉」を目的として私権を制限して公共事業や社会資本の整備を行ってきました。そこでは国家や地方自治体が行う行為は社会全体の人々が対象なので公共的性質を有しているとされ，公権力の行使を正当化しています。この場合，特定の利害に偏っていないといえますが，権利の制限や個別性を無視する側面があります。

また，1960年代後半から公害問題や環境問題などをきっかけに市民が公共的な関心をもって参加する運動がありました（市民運動）。ここでは運動によって社会に働きかけて世論を形成することで市民の欲求を国家や地方自治体の政策決定に反映させるという，公権力に対置する公共性という側面があります。

2 公共性の再定義

○公共性の端緒

公共性の議論で代表的なのは，アーレント（Arendt, H.）とハーバーマス

▷1 齋藤純一(2000)『公共性』岩波書店, viii-x 頁。

▷2 アーレント, H./志水速雄訳(1994)『人間の条件』ちくま学芸文庫。アーレントは，人間の行動を「仕事」と「労働」と「活動」の3つに分け，このうち「活動」に参加することが公共性にかかわることだとした。「活動」とは，自由な市民が相互に行う「対話」によって成立する開示されたコミュニケーション行為を指す。

▷3 ハーバーマス, J./細谷貞夫・山田正行訳(1999)『公共性の構造転換（第2版）』未来社。ハーバーマスが著した本書は，中世末から19世紀前半までの「公共性」の成立過程から19世紀後半以降の「社会あるいは私的領域に対する国家の介入の問題」を比較して，その変質から「市民的公共性」を概念化した。

▷文芸的公共性
文芸サロンでは身分に関係なく市民が議論を行う公共的空間として発展し，やがて市民による討議が，国家に対する世論形成の母体となるとしている。

▷形式的公共性
法律や制度の手続きに則って形式だけが整っている公共性。

(Habermas, J.) です。

アーレントは，古代ギリシャのポリスの政治を例に「ポリス的公共性」として論じています。アーレントのいう公共性は，公共性を国家と個人を垂直の関係として位置づけるのではなく，対等で異質な人々の活動という水平な関係としてとらえた点で画期的な意義があります。

ハーバーマスは，近代社会のヨーロッパのカフェで展開された市民による文化や芸術に関する自由な討論を「**文芸的公共性**」としています。この生成過程から公共性はそれまでの**形式的公共性**ではなく，社会の変化変動から生まれた新しい社会ニーズに応えることを通じて，社会や市民から実質的に支持される公共性（**市民的公共性**）に構造を転換させることだとしています。

○公共性議論の停滞

19世紀までは，国家と社会は分離していたために市民的公共性は国家から自律していました。しかし，19世紀に各国で労働組合や労働者によって組織された政党は**社会権**の確立を求め，20世紀には福祉国家を実現しました。これは市民的公共性に大きな変化をもたらし，人々は行政サービスを受ける側になったために批判的に政府に向き合うことができなくなりました。例えば，民主主義社会では，社会集団，政党，行政機構，報道機関が大衆の感情や利益に働きかけることで，議会での多数派を形成することが可能となります。そうなれば公共性の本質である議会は機能を喪失し，討論ではなく利害調整の場になってしまいます。このようにして「公共性」の議論は，社会に福祉が充実し，民主主義が浸透するにつれて関心が薄れていきました。

○求められる新しい公共性

ハーバーマスは公共性の再生を試みています。市民的公共性は民主主義社会でさまざまな集団間の構造的利害対立などによってその存立が疑問視されました。そこでハーバーマスは諸集団の均衡と，その組織の内部において公共性を確立することを提案しています。つまり公共性を「言語によって構築された，開かれた空間」と再定義し，諸集団を通じたコミュニケーションに参加させるネットワークづくりをめざしています。

1980年代以降，社会変動によって公共性を「公」と「私」という二元論的な枠組みではとらえ難くなってきており，「公」と「私」を対置してとらえるのではなく，お互いの違い（異質性）を認め合って（相互承認），議論を基礎としてどのように合意形成をはかっていくのかという点が「新しい公共性」の課題となりました。それはどのようにして「私」を活用して，私的な行為の中に社会に共通する利益としての公共性を見出していくのかということです。新しい公共性の担い手は市民や生活者で，そこに公共空間が生まれ，彼らがめざす方向は個々の生活の安定や自己実現などであり，そこに生まれる公共空間は民主的な話し合いによって形成されていくと考えられます。

（尾里育士）

▷**市民的公共性**
社会の変化変動から生まれた新しい社会ニーズに応えることを通じて，社会や市民から実質的に支持される公共性。

▷**社会権**
個人の生存，生活の維持・発展に必要な諸条件を確保するために，国家に積極的な配慮を求める権利。わが国では，生存権・教育権・勤労権などが日本国憲法に規定されている。

▷4 ハーバーマスは，『事実性と妥当性（上・下）』（河上倫逸・耳野健二訳，2002-3年，未來社）で新たに「政治的公共性」を提示している。国家の権力によって実際に通用している法の実効力（事実性）と，市民の自由な討論によって法が吟味・訂正される（妥当性）というふたつの要請が，近代国家では緊張関係にあるとする。この間の言語コミュニケーションによって公共性が生産されるとしている。

▷5 山脇直司『公共哲学とは何か』（筑摩書房，2004年）は「公私」二元論からの脱却を唱えている。すなわち，山脇は「政府の公/民の公共/私的領域」を相関関係にあるものとしてとらえ，「滅私奉公」ではなく「活私開公」という理念を打ち出している。

参考文献
佐々木毅・金泰昌（2001）『公と私の社会科学』東京大学出版会
塩野谷祐一・鈴村興太郎・後藤玲子編（2004）『福祉の公共哲学』東京大学出版会

Ⅱ 社会福祉供給の基礎理論

 # 公私関係

1 社会福祉の公私関係とは

　今日，複雑化した生活課題やニーズに対応するため，さまざまな福祉サービスが提供されています。具体的には，高齢者や障害者の自立を支えたり，生活に困窮する人の相談に応じたり，子育てをしている親にたいして支援をするなどのサービスをあげることができるでしょう。それではこのような多様なサービスの提供はだれによって担われているのでしょうか。現在，福祉サービス提供の担い手は，行政や社会福祉法人，ボランティア団体や特定非営利活動法人，さらには民間企業等，さまざまとなっています。

　とはいえ，上述のような多様な担い手によって福祉サービスの提供がなされるしくみが成立したのは，本格的には2000（平成12）年の介護保険制度の開始以降のことです。

　「福祉サービスはだれが提供するべきなのか」という問いを立ててみたとき，「公＝行政」と「私＝行政以外の福祉サービスの担い手」の関係性のことを「公私関係」と呼びます。さまざまな福祉サービス提供の担い手の中で，とりわけ「公」と「私」の関係が重要となるのは，福祉サービスは国民の生命や生活のあり方を左右する重要なサービスのひとつであるため，公である行政がそのサービスの提供に責任を負うことが求められているからです。しかしながら，どのようなかたちでその責任を担うのかという「公」の役割や「私」との関係性については，その社会状況によって大きく異なり，普遍的なものではありません。

2 公私関係の考え方とその内容

　「福祉サービスはだれが提供するべきなのか」という公私関係についての考え方は，日本のみならず多くの国において議論がなされてきました。その関係性のあり方は，大別すると3つのかたちがあります。

　ひとつめが，福祉サービス提供にかかわる公と私にはそれぞれの役割があり，その役割はあたかも平行棒のように交差することはないという考え方です。20世紀初頭，イギリスのグレイ（Gray, B.K.）が提唱した「平行棒理論」が代表的なもので，第二次世界大戦以前では中心的な公私関係のあり方でした。

　ふたつめが，公である行政が中心的に福祉サービス提供を行い，私はあくまでも公の補助的な役割を果たすという考え方です。これは第二次世界大戦以降，

1970年代までのイギリスや日本において主流であった公私関係となります。

3つめが，公と私が協働して福祉サービスを提供するというもので，古くはウェッブ（Webb, S.）の「繰り出し梯子理論」から，現在の「福祉多元主義」や「準市場」まで，今日の公私関係の考え方の中心となっています。

特に現在の公私関係の考え方に大きな影響を及ぼしているのが，「福祉多元主義（welfare pluralism）」です。福祉多元主義とは，公＝行政が中心に福祉サービスを提供するのではなく，行政によるサービス提供（フォーマル部門）とあわせて，近隣や家族，友人などによるサービス提供（インフォーマル部門），ボランティア団体やグループなどによるサービス提供（ボランタリー部門），民間企業などによるサービス提供（営利部門）などそれぞれの特徴を生かして，多様な担い手から福祉サービスを協働的に提供するという考え方です。

日本では，行政（行政型供給組織），社会福祉法人や福祉公社（認可型供給組織），民間企業（市場型供給組織），そしてボランティア団体（参加型（自発型）供給組織）に福祉サービス提供の担い手を分類し，「社会福祉供給体制」として，公私関係のあり方を考えることが主流となっています。そこでは公＝行政が衣食住等の基礎的な生活を支えるサービス，私＝行政以外の福祉サービスの担い手が見守りなどの追加的に生活を支えるサービスを提供するという考え方，また私があたかも商品を販売するように福祉サービスを他団体と競争して提供し，公はその条件整備をはかるという「準市場（quasi-market）」という考え方も台頭し（⇨ Ⅱ-5），協働的な公私関係の考え方にも多様性があります。

3 公私関係のこれから

公私関係についてさまざまな考え方があるのは，その時々の社会状況の中で，生活課題やニーズの変化にあわせて，その生活課題やニーズへの対応とそのあり方も変化するからです。今日，高齢者介護をどうしていくのかが，社会が取り組むべき課題として注目を集めています。しかし50年前では，高齢者介護の問題が取り上げられることはほとんどありませんでした。そして高齢者介護をだれが担うのかを考えると，行政＝公だけが中心的に担うより，近隣やボランティア団体，そして企業もともに担う方が，介護や家事，話し相手や見守りなど多様な生活課題やニーズに対応できるようになると考えられています。

現在，公の役割は，福祉サービスを直接，利用者に提供する役割から私が福祉サービスを提供しやすい環境づくりを行う役割へと変化する一方で，私の役割は，福祉サービス提供の中心を担うという関係になりつつあります。生活課題やニーズが変化したとしても，福祉サービスが国民の生活を支えるかけがえのないサービスであることに変わりありません。その意味で公の責任を私に転嫁しない公私関係を基盤とすることが大切であるといえます。

（熊田博喜）

参考文献

秋山智久（1984）「公私分担の視点と新しい課題」阿部志郎・右田紀久惠・永田幹夫・三浦文夫編『地域福祉教室』有斐閣

ジョンソン, N.／青木郁夫・山本隆監訳（2002）『グローバリゼーションと福祉国家の変容』法律文化社

古川孝順（2002）『社会福祉学』誠信書房

三浦文夫（1995）『増補改訂　社会福祉政策研究』全国社会福祉協議会

Ⅱ 社会福祉供給の基礎理論

準 市 場

1 準市場とは

　福祉サービス提供の担い手の中で,「公」＝行政と「私」＝行政以外の社会福祉法人やボランティア団体,民間企業などの役割と関係性のことを「公私関係」と呼びます（⇨Ⅱ-4）。そして公私関係の考え方の中で,今日,大きな影響力をもち,実践されているものが,「準市場 (quasi-market)」という考え方です。では準市場とはどのような考え方のことなのでしょうか。

　例えば私たちが食料品を購入することを例にしてみましょう。私たちが食料品を購入する場合,食料品を販売している店で買います。普通,食料品を販売している店は,何軒かあるものですが,その何軒かある店の中で,どこで食料品を購入するでしょうか。私たちが食料品を購入する際には,高い—安いという値段,鮮度が良い—悪いという品質,品揃えが良い—悪いという種類,自宅から近い—遠いという利便性などを基準にして考えます。一般的には,値段が安く,品質が良く,種類が多く,利便性が良いという条件を重視し,そのような条件が揃っている店を,多数の客が利用することになります。逆に値段が高く,品質が悪く,種類が少なく,利便性が悪い店は客が利用しないため,結果的にはつぶれてしまいます。また店としてもつぶれてしまわないように,値段を安くしたり,品質を良くしたり,種類を多くしたり,利便性を良くするなどして,店を利用してもらえるように努力します。

　上記のように,客の買いたいという動機（需要といいます）と店の売りたいという動機（供給といいます）をめぐってやり取りが行われる場を「市場」と呼びます。市場では,需要を確保するために供給者側はお互いに競い合うことになりますが,そのような「競争」が起きることによって,商品やサービスの質が良くなるとされています。

　つまり,社会福祉の分野に市場の要素を導入して,福祉サービス提供の効率や質を高めようとする試みが,準市場という考え方です。

2 準市場の特徴

　とはいえ,なぜ「準」市場と呼ぶのでしょうか。準市場には,私たちが日常的に食料品を店で購入するといった市場といくつか異なる点があります。

　一点目として,一般的な市場では,供給者側が利益を上げることを目的に競

争を行いますが，社会福祉の市場では，利益を上げることを目的とする民間企業だけではなく，利益よりも「社会福祉や社会を良くする」といった社会的使命を達成することを目的とするボランティア団体や社会福祉法人も供給者となっています。つまりもともと性格の異なる供給者による競争ですので，一般的な市場とは異なります。

二点目として，利用者が福祉サービスを購入する場合のお金は，税金や保険料であるということです。一般的な市場では，商品を購入する際のお金は，全額購入者が支払っています。しかし社会福祉の市場では，一部利用者の自己負担金があるとはいえ，多くは公＝行政からお金が支払われています。そのような意味で，福祉サービスの供給者が勝手にサービスの値段を決めることはできませんし，行政の役割が非常に高いことも一般的な市場とは異なっています。準市場において行政はサービスの値段やサービスの供給者を決定するといった市場の条件整備の役割を担います。

三点目として，一般的な市場では，私たちが自ら判断して自らの望む商品を選択しますが，社会福祉の市場ではどうでしょうか。福祉サービスを利用する人の多くは，障害があるなどして，適切に福祉サービスを選択することが困難な立場にあります。そのため介護保険制度におけるケアマネジャーのように，利用者の立場に立って適切に福祉サービスを選択する人の存在が不可欠となります。この点でも一般的な市場と異なっています。

以上のように市場のしくみを一部取り入れたものとなっているため，「準」市場と呼ばれているのです。

③ 準市場の意義と課題

このような準市場の導入には，生活課題やニーズの多様化，特に介護に関するニーズの量的・質的増大に対して，私＝社会福祉法人やボランティア団体，民間企業が福祉サービス提供の担い手になるとともに，互いに競争することによって，より質の高いサービスを提供できるようにすることが意図されています。実際，公＝行政がすべての福祉サービス提供を担うことは，福祉サービスの質や提供の効率性という観点から考えると現実的ではありません。

とはいえ，準市場もさまざまな課題を抱えています。例えば，障害の重い利用者は，福祉サービスの供給者からすると大変な労力と配慮を必要とします。ですので，そのような利用者を供給者が引き受けたがらないといった介護難民の問題が生じてきています。さらに，競争の中で利益を上げなければならない供給者が，不正を行って行政からお金を受け取るといった問題も起きています。今後，準市場の成否も含め，福祉サービス提供のあり方，さらには公私関係のあり方について検討と議論を進める必要があるといえます。

（熊田博喜）

▷1 準市場というしくみが有効に機能するための必要な要件について，準市場理論に大きな影響を与えているルグラン（Le Grand, J.）とバートレット（Bartlett, W.）は，次の点を指摘している。①市場構造：準市場も市場である以上，多様な供給者による競争が必要となるが，勝手に福祉サービスの提供をやめてしまうと利用者は生活に困るため，そのようなことがないようにする。②情報：利用者に対して供給者がサービスの質の情報提供がなされなければ，サービスの選択ができない。③取引コストと不確実性：供給者から購入者へサービス提供が行われる過程の中で何かトラブルが生じる場合もある。そのような不測の事態に対応できるようにしておく。④動機づけ：市場である以上，供給者は利益の追求のもとにサービスを提供する必要がある一方で，ケアマネジャーは利用者の福祉の追求という動機を大切にしなければならない。⑤クリームスキミング（いいとこどり）：供給者に自分たちに都合のよい利用者を選ばせないようにする。

（参考文献）

駒村康平（2004）「擬似市場論」渋谷博史・平岡公一編『講座 福祉社会11 福祉の市場化をみる眼』ミネルヴァ書房

駒村康平（2008）「市場メカニズムと新しい保育サービス制度の構築」『季刊社会保障研究』Vol.44, No.1, 国立社会保障・人口問題研究所

平岡公一（2002）「福祉国家体制の再編と市場化」小笠原浩一・武川正吾編『福祉国家の変貌』東信堂

Le Grand, J., Bartlett, W. (1993) *Quasi-Markets and Social Policy*, Macmillan

Ⅱ 社会福祉供給の基礎理論

ガバナンス

1 ガバナンスの定義

ガバナンスは元来,「統治」を表す語です。しかし,近年,社会科学では,ガバナンスが「国家や政府が社会を構成するさまざまな主体と協働して**公共的問題**の解決を志向するしくみ」を表す用語として,広く用いられています。ガバナンスが成立するためには,単に国家や政府と企業,NPO,コミュニティ組織といったさまざまな社会の構成員とが対等な関係を築いているだけでは十分でありません。すなわち,それらの多様な主体が協働し,その社会が抱える公共的問題の解決を志向するという機能を有していなければならないのです。

このガバナンスと対置されるのが,旧来型の統治概念としての「ガバメント」です。ガバナンスが多様な組織による協働を重視する統治形態であるのにたいし,ガバメントは国家や政府が唯一の統治機構として他の主体を統制する統治形態を表します。

2 ガバナンス論の台頭

現在は地域社会から国,国際社会に至るさまざまな領域において,「ガバメントからガバナンスへ」の転換が強調されています。その要因として,それぞれの領域における国家や政府の統治能力の衰退が進んだ結果,これを補完するために非政府セクターの役割が拡大していることがあげられます。

例えば,国際社会では,グローバル化の進展により,金融取引や資本と情報の移動が国境を超えて行われるようになると,国家による規制や監督が困難となりました。一方,金融や環境,感染症対策など,国際的な社会問題の解決において,国際機関や多国籍企業,NGO(非政府組織)といった国家以外のさまざまな組織が重要な役割を担うようになりました。これらの傾向にともない,国家と国家以外のさまざまな組織による協働的な統治形態,すなわち,ガバナンスが有効である,という認識が一般化しました。

また,1970年代以降,経済成長の停滞および社会保障支出の増大を契機として,「**福祉国家**の危機」が強調されるようになり,先進諸国では中央政府の権限を地方政府や民間部門(企業やNPO,コミュニティ組織など)へと移譲する分権改革が推進されています。以後,中央政府と地方政府,あるいは政府と民間部門の役割分担のあり方は複雑化しており,社会の多様な構成員が合意に基づき

▶公共的問題
その社会を構成するすべての人々に共通するため,個人ではなく,社会全体で解決すべきとされる問題。

▶福祉国家
社会保障制度の整備と完全雇用の実現を積極的に推進し,国民の生活の安定を最優先する国家。

▶1 もっとも住民に近い行政機構である市町村は,地域の実情を正確に把握したり,地域の組織と緊密な関係を築いたりすることが可能となる。このため,市町村は一般的にローカル・ガバナンスの中核的な役割を担う。

協働するガバナンスを国レベルで形成することへの関心が高まっています。

3 ローカル・ガバナンスの創造

わが国の地域社会では現在，急速な少子高齢化の進展や地域経済の低迷を背景に高齢者介護，子育て支援，虐待，自殺，ホームレスや外国人の社会的排除など，さまざまな課題が発生しています。この結果，これらの多様化，深刻化する課題のすべてを国や地方政府（地方自治体）が解決することはきわめて困難となりました。

一方，わが国では1990年代以降，分権改革によって市町村が福祉サービスの総合的な実施責任を負うことになると同時に，介護保険制度が導入された高齢者介護の分野を中心に，多様な民間の組織が福祉サービスに参入するようになりました。

このような社会情勢から読み取れるのは，市町村が福祉サービスを供給する民間事業者はもちろん，地域のさまざまな組織や住民との連携に基づき，地域社会全体で住民の福祉課題の解決をめざす必要に迫られているということです。すなわち，地域社会においても，地域レベルにおけるガバナンスである「ローカル・ガバナンス」の創造に期待が集まっているのです。

もっとも，国家や政府が非政府系の組織や住民にたいし，ガバナンスへの貢献を強制するのであれば，それは単なる「動員」にすぎません。ガバナンスはあくまで構成員の自発的な参加および構成員同士の対等な関係を前提とするのです。これに関し，ローカル・ガバナンスを創造する際，地域社会の構成員にガバナンスへ自発的に参加する機会を提供するとともに，それぞれのガバナンスにおける役割について協議し，合意を形成する場となるのが，**市町村地域福祉計画**です。

地域福祉計画の策定に際し，市町村は地区懇談会やアンケート調査，当事者のグループインタビューなど，さまざまな方法を用い，すべての地域住民の福祉課題を明らかにしていきます。次に，明らかになった福祉課題について，地域の社会資源を活用して解決すべく，行政や企業，社会福祉法人，自治会，NPO法人など，地域社会の構成員がそれぞれの役割分担について協議を重ね，最終的に解決策を決定していきます。これらの一連の営みにより，地域社会を構成するそれぞれの組織や住民は，公私の役割分担を行政と協議し，これによって得られた合意形成に基づき，ローカル・ガバナンスにおける自らの役割を果たしていくのです。

このようにガバナンスを創造する際，国や地方自治体は統治機構としての自らの責任や担うべき役割を明確にするとともに，非政府系の多様な組織や住民の自主的，自発的な協力に基づいてガバナンスが形成されるよう留意する必要があるのです。

（川村岳人）

▶**市町村地域福祉計画**
地域住民の生活問題全般を地域住民の生活の場である地域社会という枠でとらえ直したうえ，総合的かつ網羅的に解決することを目的とする計画。社会福祉法に基づき，市町村が定める。

▶2　地域住民の福祉課題を把握する際，住民が外部に知られることを避けようとする課題や，ホームレスや外国人労働者のように社会から排除された人々の課題など，表面化しにくい課題も把握できるように留意する必要がある。

参考文献
澤井安勇（2009）「ソーシャル・ガバナンスの概念とその成立条件」神野直彦・澤井安勇編『ソーシャル・ガバナンス』東洋経済新報社，40-55頁
澤井勝（2005）「ガバナンスの時代と地域福祉」武川正吾編『地域福祉計画──ガバナンス時代の社会福祉計画』有斐閣，237-257頁
永田祐（2008）「地域福祉の視点から見るローカル・ガバナンス」『地域福祉研究』No.36，日本生命厚生会，2-4頁
長谷川万由美（2007）「社会福祉と公私・政府間関係」仲村優一・一番ヶ瀬康子・右田紀久惠監修『エンサイクロペディア社会福祉学』中央法規出版，324-327頁
山本隆（2009）「ガバナンスの理論と実際」山本隆『ローカル・ガバナンス──福祉政策と協治の戦略』ミネルヴァ書房，22-55頁
和気康太（2007）「社会福祉の運営・管理」仲村優一・一番ヶ瀬康子・右田紀久惠監修『エンサイクロペディア社会福祉学』中央法規出版，406-411頁

Ⅱ 社会福祉供給の基礎理論

福祉経営論

1 福祉経営論の登場

　最近，社会福祉事業や社会福祉施設の運営のことを，経営と表現されていることがあります。経営という言葉は，利潤を追求する会社経営を連想させ，そこから「社会福祉施設も儲けなければならない時代だ」と誤解されることがあります。そこでここでは，社会福祉学の分野においてどのような意図で経営という用語が使われているかを整理しながら，これからの運営あるいは経営のあり方について考えてみることにしましょう。

　社会福祉学の分野で経営という用語が登場したのは，1980年に刊行された三浦文夫の著書『社会福祉経営論序説』においてです。三浦は社会福祉経営論という用語を，「社会福祉政策の形成とその政策の管理，運営を同時に取り扱うことを意図し」て使用しました。

▷1　三浦文夫（1980）『増補　社会福祉政策研究――社会福祉経営論ノート』全国社会福祉協議会，43頁。

　こうした内容は，従来は社会福祉行政あるいは行財政と呼ばれていたものでしたが，それをあえて経営という用語を用いた理由を，三浦は，狭義の意味での行政という用語と区別し，広義の意味の行政（Administration）を表すためであると説明しています。狭義の意味での担い手は国・地方公共団体という公的セクターに限定されますが，広義の意味での担い手には民間セクターが含まれます。

　つまり経営論という用語が登場した時点で経営論という用語は，公的セクターと民間セクターとによる社会福祉の供給のあり方を考えようとする目的で使用されたのです。

2 第三の領域としての福祉経営論

　三浦の経営論は，現実の社会福祉を政策と実践とに区分し，政策の中の問題として経営論を論じたものでした。それにたいして京極高宣は，社会福祉学を福祉政策学と福祉臨床学とに整理したうえで，両者の間に位置する「第三の中間領域」として福祉経営学を構想しました。

▷2　京極高宣（1990）『現代社会福祉学の構図』中央法規出版，78頁。

　京極の理論の背景には，社会福祉をとりまく状況の変化があります。1980年代後半になると，社会福祉施設にたいして，措置費の受け皿としての施設ではなく，公費を効率的に使うことや，地域社会における社会資源としての役割を果たすことなどが，社会から要請されるようになりました。京極は，このよう

な要請に応える努力から，処遇論でも政策論でもない独自の領域が成立すると考えました。

　三浦の経営論と異なるのは，京極は，経営論の基本概念として効果性よりも効率性の方を重視すべきであると指摘した点です。また京極は，地域福祉全体の運営管理という新たな経営論の課題を示し，それを検討するにはアドミニストレーションではなく，マネジメントの視点が重要であることを指摘しました。

③ 市場化と福祉経営論

　三浦や京極の経営論は，措置制度を基本とする社会福祉の体制を前提として論じられたものでした。ですから経営という言葉を使用していても，その中で議論されていることは，公費である措置費をもとに，公的セクターと民間セクターによって社会福祉サービスを供給するための効率的な運営管理のあり方にとどまるものでした。

　ところが，社会福祉基礎構造改革によって，契約利用制度が導入され，サービスの供給に民間営利事業者が参入するようになると，福祉経営論は概念としてよりも，「いかに施設を経営するか」などの方法論の面での探求が進みました。その中で，福祉経営論は混乱しはじめています。

　最初に経営という用語を用いた三浦は，都市経営や農村経営という公共経営をヒントに構想しました。それにたいして，社会福祉基礎構造改革後の福祉経営論では，これまでの社会福祉の運営方法が効率性に乏しかったという反省から，市場を前提にして発展した経営学の方法を導入しようとするようになりました。効率的な方法の開発は，社会福祉にとって重要な意味があるといえます。

　しかし現在の福祉経営論の中には，例えば「役所から助成金はなくなると思え」など，政府セクターや民間セクターでの社会福祉の供給を前提としていない考え方をもって論じられているものもみられています。これは社会福祉の性格を変えようとするものであるといえます。介護保険事業等が実施されている市場は，一般の市場とは区別して**準市場**と呼ばれています。社会福祉の運営に経営学の方法をそのまま導入することは，社会福祉の本質を見失うことにもなりかねません。経営学から何を学ぶのかが問われているといえます。

④ 福祉経営論の展望

　このような混乱の現状を考えると，今は福祉経営論という用語を使用することは控えた方がよいように感じます。しかし，これまで福祉経営論をめぐって検討されてきたことは，社会福祉の実施において大切な要素を含んでいるといえます。公共経営と経営学で蓄積された方法を，社会福祉の理念を実現させる方向で採り入れ，新たな福祉経営論として再構築することは可能ではないでしょうか。

（小松理佐子）

▷3　三浦は，経営の公準として，①効果性，②効率性，③公平性，④アクセス性をあげていた。京極は，これにたいして①効果性よりも②効率性を重視すべきであると指摘した。
京極高宣（1990）『現代社会福祉学の構図』中央法規出版，80頁。

▷4　YNIコンサルティンググループ編（2004）『施設トップのためのわかりやすい福祉経営』中央法規出版，4頁。

▷準市場
⇨ Ⅱ-5 を参照のこと。

参考文献
宇山勝儀編（2005）『社会福祉施設経営論』光生館
京極高宣（1990）『現代社会福祉学の構図』中央法規出版
西川克己（2006）『福祉事業経営特論』中央法規出版
三浦文夫（1980）『増補社会福祉政策研究——社会福祉経営論ノート』全国社会福祉協議会
YNIコンサルティンググループ編（2004）『施設トップのためのわかりやすい福祉経営』中央法規出版

Ⅲ 社会福祉組織運営（経営）の基礎理論

1 意思決定

1 社会福祉組織における意思決定

　意思決定とは「一定の目標を達成するために，ふたつ以上の代替案の中からひとつの代替案を選択するプロセス」と定義されています[1]。社会福祉組織では「どのようなサービスを提供するか」「資金をどのように調達するか」「どのような職員体制で実施するか」「利用者からの苦情にどう対応するか」などについての検討をしていますが，これらの検討過程が，意思決定の過程であるといえます。

　社会福祉組織は，利用者に継続してサービスを提供することが必要ですから，意思決定には必ず組織を維持するという命題が課せられてきます。社会福祉組織に課せられた使命（ミッション）を果たすことができる結論を導くために，どのようなメンバーや，プロセスで意思決定するかということは，社会福祉組織にとって重要な課題です。

2 バーナードによる意思決定論

　意思決定論に大きな影響を与えたのが，チェスター・Ｉ・バーナード（Barnard, C.I.: 1886-1961）です。バーナード以前の組織管理論は「他人に仕事をさせる」というとらえ方をし，組織における権限や責任をどのように配置するかを問題にしていました。それにたいしてバーナードは，人間を「自由な意思をもって自由に行動する存在」ととらえ，自由意思をもつ人間の意思決定能力は，物的・精神的限界によって制約されるため，二人以上の人間によって目的達成のために協力して活動しようとするときに協働体系が生まれるとしました。組織は協働の関係であり，人間が行う相互作用のシステムであるとしました。

　このことからバーナードは「組織とは，二人またはそれ以上の人間の意識的に調整された行動または諸力のシステムである」と定義し[2]，組織の成立のための条件として，共通目的，協働意欲，コミュニケーションの３つをあげました。

　バーナードの理論によって，それ以後，組織管理において意思決定が重視されるようになりました。バーナードの理論では，組織を望ましい方向に導くには，権限をもつ人の命令以上に，共通の目的に向かう協働の関係が人々の相互作用によって形成されるように，その過程を重視することの方が有効であるとしています。

▷1　大月博司・高橋正泰・山口善昭（2008）『経営学——理論と体系（第３版）』同文舘出版，167-168頁。

▷2　橋本行史（2002）『マネジメントのフレームワーク』みるめ書房。

3 意思決定のプロセス

ハーバート・Å・サイモン（Simon, H. Å.）は，バーナードの理論の発展型として，組織を意思決定過程としてとらえました。サイモンは第一に，意思決定の前提を「価値」と「事実」に分け，「事実」に前提を置くことによって合理的な意思決定が行えると考えました。

第二に，意思決定のプロセスで合理的な形は，①代替案を列挙し，②その結果を正確に予測，そののち③代替案を正しく評価するものであるとしました。しかし実際に意思決定を行う際には，代替案をすべて出すことは不可能であり，結果を導くことにたいして知識不足や，結果の評価が正当でなかったりすることも多く，正確かつ合理的な意思決定は難しいとされます。そのために，合理的な意思決定にならない（制限された合理性），ある水準で満足するしかない（満足化原則）ことに終わります。サイモンは，バーナード以前の古典的管理論に基づく全知全能の人間観（経済人）を，「制限された合理性」に基づく人間観（経営人）として組織の意思決定をとらえました。

図Ⅲ-1　フラット組織とネットワーク組織

出所：井原久光（2000）『テキスト経営学（増補版）』ミネルヴァ書房，212頁。

4 意思決定のための組織形態

組織の意思決定のためには，組織内メンバー相互の意思を調整し，ネットワーク化することが必要となります。

図Ⅲ-1に示したようにAの従来型の組織は，命令系統がトップから最下位まで一本に結ばれている形態のものでした。この形は組織が大きくなると管理者から部下，さらに顧客までの距離が長くなり，意思決定と行動に乖離や遅れが生じるという短所をもっています。これにたいして，最近では意思疎通を良くするためにBのフラット組織が多くみられるようになっています。フラット組織は上司と直接対話ができるので，情報が早く正確に伝達されるというメリットをもっています。しかし，コミュニケーションが多く行われるほど，組織長の負担が増えるというデメリットがあります。そうしたことから発展してきたのがCのネットワーク組織です。ネットワーク組織は，各組織が自律性と主体性を保ちながら，目的達成のために結合する形態で，企業間の提携などに用いられています。

近年福祉組織の中心である社会福祉法人は，経営の安定化の必要から，単独の施設を経営する形態から複数の施設を経営する形態へと大規模化を進めています。社会福祉法人は，意思決定のための組織のあり方を，こうした経営学の研究の蓄積を参考に再検討する必要があるといえます。

（千葉真理子）

参考文献

井原久光（2000）『テキスト経営学（増補版）』ミネルヴァ書房

大月博司・高橋正泰・山口善昭（2008）『経営学――理論と体系（第3版）』同文舘出版

金井壽宏（2005）『踊る大捜査線に学ぶ組織論入門』かんき出版

サイモン，H. Å.／稲葉元吉・吉原英樹訳（1999）『システムの科学』パーソナルメディア

バーナード，C. I.／山本安次郎訳（1968）『新訳経営者の役割』ダイヤモンド社

ピュー，D. S.・ヒクソン，D. J.／北野利信訳（2003）『現代組織学説の偉人たち』有斐閣

Ⅲ 社会福祉組織運営（経営）の基礎理論

2 人事・労務管理

1 人事管理と労務管理

　人事管理と労務管理は，どちらも施設等ではたらく人たちが安心してはたらくうえで大変重要な経営の要素です。日本においては，第二次世界大戦の終結前はホワイトカラーを対象とする「人事管理」とブルーカラーを対象とする「労務管理」というように区別されていましたが，戦後は区別がなくなり，近年では両者をあわせて「人事・労務管理」と呼ぶのが一般的になっています。

　人事・労務管理の中身には，雇用管理，時間管理，賃金管理，教育訓練などがあります。

　日本における一番の人事管理は，雇用管理の中の採用といえます。多くの企業が採用に関して「ヒト・モノ・カネ・情報」を投入しています。人材＝人財と考えている経営者は多く，ひとりでも優秀な人材を採用しようと採用専門の部署をつくっているところが大企業を中心に多くあります。

　大企業の多くは，新卒や中途入社の募集にはインターネット上の採用専門サイトを活用しています。合同の就職説明会などに積極的に出て行っています。中小企業の多くは職業紹介安定所に求人票を出したり，地元の新聞の求人欄に求人広告を出して募集をしています。

2 福祉施設における人事・労務管理

　福祉の業界では，主に新卒においては福祉の専門学校や福祉系学部や学科のある大学等に求人票を出したり，福祉の仕事のみが集まる合同就職説明会に出ていって人材採用を行っています。福祉の業界は，新卒の定期採用を行っている施設は少なく，地元に就職する場合には，施設にボランティアなどに行き，その際に自分を売り込むことも必要となります。各施設のホームページにも注意をはらっておく必要もあります。しかし，福祉施設のホームページの充実度合いは必ずしも高いとはいえません。

　雇用管理の一環として採用がありますが，そのほかには配属（配置），人事考課などがあります。良質な人材（労働力）の確保や適材適所の配置が目的となります。

　時間管理は，労働時間や休業・休暇の制度を決めるものです。

　賃金管理は，給与を月給制から年俸制に変えたり，退職金制度，資格手当な

ど賃金制度全般を扱います。

福祉の業界では，年功序列型給与体系だけでなく職種や資格の有無によって賃金を変化させる施設が増えてきています。

福祉の業界の職種としては，施設長（管理者），生活相談員，介護員（支援員），介護支援専門員（ケアマネジャー），看護師，リハビリテーションの専門職としての理学療法士（PT），作業療法士（OT），（管理）栄養士，調理員，宿直員などがあります。それぞれの職種によって賃金は違うのが一般的です。

福祉の専門職としての社会福祉士や介護福祉士，精神保健福祉士国家資格の有無，そのほか介護支援専門員（ケアマネジャー）の資格も特に高齢者や障害者分野の施設では賃金決定および採用において重要な決定要素になっています。多くの福祉施設においては，収入は限りがありますので，賃金水準も各施設の収入状況に応じた水準になります。

教育訓練も重要な人事・労務管理の一環です。

施設に新人スタッフが入職すると導入研修を行います。その後はキャリアアップをはかるために各種研修に参加させる機会を与えたり，OJT（オン・ザ・ジョブ・トレーニング⇒Ⅷ-3）で先輩スタッフが付いて新人スタッフの研修を行い，成長させるシステムをつくったりします。外部研修の案内や資格取得奨励なども行います。人材の質向上が福祉の施設においても重要な課題となっています。また良質の人材確保・人材定着のために育児休業が取得しやすい職場環境づくり，施設内託児所の設置や勤務日数，勤務時間の短縮，児童のいる職員には運動会や学芸会などの学校行事には休みがとりやすいように配慮するなど細かい心配りが必要になってきています。福祉施設は，職員のうち女性の割合が高い職場になっているので，女性が働きやすい職場づくりが不可欠です。

❸ 人事・労務管理と他の部署との関係

人事・労務管理担当部署と関係が深いのは，広報の部署です。

広報は，企業や商品・サービスなどをひろく世間によいイメージをもってもらうための部署です。人材採用や長期にわたって人材が定着してもらうためには，企業イメージがよくないとうまくいきません。そこで企業は，ホームページの中身の充実や，プロスポーツチームを自社で所有したり，いろいろな大会のスポンサーになったり，地域のイベント会場に協賛したりして世間によいイメージをもってもらうように動いています。福祉の分野でももっとホームページを充実したり，地域のイベントに参加したり，地域の住民の目に触れる活動をもっと増やして良いイメージをもってもらう必要があります。

（芳賀祥泰）

第1部　理　論

Ⅲ　社会福祉組織運営（経営）の基礎理論

3 マーケティング

1 マーケティングとは

　経済市場において企業が生き残っていくためには，消費者の求めているものを分析し，理解し，それを満たすための活動が必要になります。企業による消費者ニーズ充足のための戦略をマーケティングと呼びます。

　福祉施設や在宅サービスの事業所が生き残っていくには，利用者の求めている**ニーズとウォンツ（欲求）**を分析し，理解し，それを満たすためのサービス提供が必要になるということです。

　マーケティングの活動には，市場分析と市場創造活動（戦略）に分けることができます。

2 市場分析

　顧客の調査をマーケット・リサーチと呼びます。そして顧客の調査のほかに競争相手の調査，マーケティング手段の調査，環境の調査まで含めた調査をマーケティング・リサーチと呼びます。この手法を用いて市場分析を行います。福祉施設においては，高齢者，障害者，児童など企業でいうところの顧客＝利用者のニーズは違うはずです。福祉施設の種類，サービスにおいても利用者のニーズは違います。きちんと利用者のニーズを分析し，理解することが重要です。ほかの同種の施設はどこが優れているのか，どこが劣っているのかの調査も必要です。

3 市場創造活動

　市場創造活動（戦略）は，顕在需要を満たし，潜在需要を掘り起こして充足させる活動です。これは，**マッカーシー**（McCarthy, J.）の4つのPが有名です。すなわち製品戦略（Product），価格戦略（Price），チャネル戦略（Place），プロモーション戦略（Promotion）で，これらがマーケティングの手段になります。

　製品戦略としては，機能やスタイル，サイズ，ブランド，パッケージ，保証などが含まれます。価格戦略は，メーカー希望小売価格や値引，リベート，支払い条件などになります。チャネル戦略は，取引相手，販売エリア，輸送，物流拠点などが含まれます。プロモーション戦略は，広告，PR，セールス・プロモーション，人的販売，インターネット，口コミなどになります。

▷ニーズ
人間生活を営むうえで不可欠な衣・食・住などの生理的な必要（⇨Ⅱ-1）。

▷ウォンツ（欲求）
ニーズが満たされた後により贅沢なものが欲しいという欲求。例）高級車，宝石，ブランド品，地位など。日本では一般的にニーズとウォンツを一括してニーズと呼んでいる。

▷マッカーシー（McCarthy, J.）
アメリカのマーケティング学者。1961年に「4P」を提唱。

福祉施設においては，製品戦略は施設の設備およびサービス内容に置き換えられます。福祉施設の外観・内装，ネーミング，食事内容，風呂の設備などと考えてよいでしょう。価格戦略は，実費も含めた利用料と考えます。チャネル戦略は，対象とする利用者層，営業エリア，送迎ルートおよび方法になります。

プロモーション戦略は，施設紹介のパンフレット，ホームページ，市役所や居宅事業所などへの訪問活動などと考えればよいでしょう。

これら4つのPがきちんと分析され，利用者のニーズやウォンツをもっとも効率的，効果的に満たせば，利用者満足度の高い施設になれるのです。

4 マーケット・セグメンテーション

企業が販売活動を行う市場は，多様な年齢，職業，収入，価値観，生活様式などをもった多数の消費者からなっています。企業は，市場全体を顧客として画一的な製品の開発を行うよりも，自社の製品をより強く求める顧客層にたいして販売活動を行うほうが合理的です。市場を細分市場（セグメント）に分ける手法をマーケット・セグメンテーションと呼びます。

福祉の分野では，例えば有料老人ホームなどの分野でこの手法が活かされます。市場をより細かなセグメントに分ける基準がいくつかあります。

人口属性基準として，年齢，性別，収入などの利用者像を決めます。地理基準としてどの地域に建設するかを決めます。心理基準としてどんな性格，ライフスタイル，価値観の利用者が満足する施設および設備にするかを決めます。

行動基準として，建設予定地域では，これまでの他施設の設備や価格をもとにどれくらいの利用者が存在するのかを想定します。

5 マネジリアル・マーケティング

マネジリアルとは，経営者的という意味です。顧客志向の理念で自分たちの製品やサービスを買っていただこうとすると，製造や販売，財務などの一部門だけでは決定できず，企業の全部門に精通し，調整，管理を行うことができる経営者が意思決定しなくてはならなくなりました。全社的な視点から企業の方向づけ（トータル・マーケティング・マネジメント）を行う経営者による市場創造活動（戦略）なのです。

福祉施設でも，施設長が最終的に意思決定を行い，サービスの中身を決定し，利用者へサービスを提供しているのです。

（芳賀祥泰）

参考文献
野口智雄（2009）『一冊でわかる！マーケティング』PHPビジネス新書

Ⅲ　社会福祉組織運営（経営）の基礎理論

4　リスクマネジメント

1　リスクマネジメント

　リスク（危険）を予想し，リスクが現実に起こってもその影響を最小限に抑えるように工夫する経営手法をいいます。リスクの発見，確認からはじめ，あらかじめリスクの処理方法を多面的に検討しておく必要があります。

2　福祉施設におけるリスク

　まず福祉施設において，すべての事故を防ぐことができるわけではないということを認識する必要があります。

　福祉施設では日々生活が営まれています。人が生活するうえでは，必ず歩いていると転んだり，椅子から転落するなどの突然の事故もあります。

　事故には「防げない事故と防ぐべき事故」があります。これをきちんと区別して防ぐべき事故は1件も起きないように事故防止策を徹底する必要があります。

　防げない事故とは，施設に過失のない事故です。防ぐべき事故は，施設に過失のある事故として区別します。つまり防ぐべき事故は，やるべきことをきちんとやれば防ぐことのできる事故ということになります。

　福祉施設で介護を行う施設においては，介護事故のリスクは，転倒，誤嚥，表皮剥離，溺死，やけど，感染，食中毒などがあげられます。施設の構造自体，扉や段差などのリスクがあります。

　訪問介護の場合は，上述のほかにも家具や食器の破損や盗難などがあげられます。

3　福祉施設におけるリスクマネジメント

　福祉施設におけるリスクマネジメントのポイントは予見可能性です。

　あらかじめ事故のリスクの可能性を認識していたのに何の防止対策もとっていないで介護事故が起きてしまった場合は，業務上過失障害罪や業務上過失致死罪が，施設管理者だけではなく，直接介護を行っていた介護職員本人にも適用される場合が出てきました。施設管理者だけではなくすべてのスタッフが，リスクにたいする考え方と対策を共有する必要があります。

　まず施設のハード面でのリスクを予想する必要があります。そして防止策を

講じる必要があります。次に利用者一人ひとりについての生活面でのリスクを認識する必要があります。利用前に利用者の情報収集を必ず行う必要があります。その際，利用者の家族からの情報収集を忘れないようにしなくてはいけません。また利用者と家族にできるサービスとできないサービスを，きちんと説明することを忘れないことが重要です。リスクについてもきちんと伝える必要があります。

要介護認定を受けている人の場合は，ケアマネジャーが立てるケアプランに応じた施設の介護計画を立てる必要があります。一人ひとりのADLに応じた介護方法もきちんと認識する必要があります。

施設として同じ利用者に対する介護の仕方は，どの介護スタッフが行う場合も同じでなくてはならないはずです。モニタリングを経て新しいケアプランになるたびに介護スタッフ全員で再確認をする必要があります。

4 事故発生時の対応

万が一介護事故が起きてしまったときは，まず利用者のケガを最優先して治すことに全力を注ぎます。次に家族にたいして事実をお話しします。

時間を追ってきちんと「いつ，だれが，だれにたいしてどうした。」という事実をきちんと記録しなくてはいけません。客観的な事実だけを記録し，想像部分は，報告書などの記録文書には記録しないことです。

家族にたいしては，まずケガをさせてしまったことを謝罪します。謝罪してから事故に至った経緯を時系列に事実のみを説明します。家族からの質問にも想像で語るのではなく，事実だけを述べるべきです。

中には，家族が施設側を激しく叱責する場合がありますが，その背景には，日ごろの施設と家族との交流の薄さがある場合が多いのです。日ごろから家族が面会にきたときには，必ず利用者の日ごろの様子を伝えたり，あまり面会にこない家族には施設側から近況報告の手紙を出したりするなど，日ごろのコミュニケーションが重要になってきます。事故が起きたときには，誠意をもって利用者にも家族にも接する姿勢を，施設が示し続けることが重要です。その際，きちんと施設長が謝罪と説明を行うことで，施設側の姿勢が家族に伝わります。事故が起きたときは，謝罪と誠意をもった行動を，時間を置かずすばやく行う必要があります。

（芳賀祥泰）

参考文献

芳賀祥泰（2005）『介護塾——ワンランク上の介護サービス読本』日本医療企画

山田滋（2008）『事故例から学ぶデイサービスの安全な介護』筒井書房

Ⅲ 社会福祉組織運営（経営）の基礎理論

5 会　　計

　本書で扱う会計の対象は，社会福祉法人，特定非営利活動法人，医療法人という非営利法人または当該法人の施設・事業所です。ここでいう非営利とは，法人の出資者（所有者）に利益配当の分配，解散時に残余財産の分配という形で分配しないことをいいます。一方，株式会社を典型とする営利法人は，利益配当の分配や解散時の残余財産の分配が行われる法人です。近年，この非営利法人の会計基準（**会計処理の会計基準と表示様式の会計基準**）は，営利法人の会計基準に接近するという形で変化してきています。

1 会計の領域

　上場株式会社の会計は財務会計と管理会計に大きく2つに分けられます。前者は株主と債権者等の会社外部の利害関係者に報告するための会計ですが，法律の規制等に準拠して実施されるため制度会計とも呼ばれます。後者は経営管理に役立つ資料を会社内部の経営者に提供することを目的にした会計です。

　非営利法人の場合，所轄官庁が縦割りで会計基準を定めており，同法人が作成する財務書類にはその会計基準を適用する必要がありますので，非営利法人の会計は制度会計です。非営利法人の会計にも上場株式会社の財務会計や管理会計と同様の財務会計や管理会計が存在するとはいえませんが，その制度会計は一定の利害関係者への開示を求める点では財務会計的要素を持っており，予算作成等を求める点では管理会計的要素を持っているといえるでしょう。

2 非営利組織会計の変化

　表Ⅲ-1は代表的な非営利組織と営利組織の会計基準を簡単に比較しています。非営利組織の会計基準は，株式会社（この場合は上場株式会社等の特定の株式会社）のそれに類似してきています。

　非営利組織に株式会社の会計基準が導入されていること，同組織に黒字・赤字の採算性を示す損益計算書（公益法人の場合にはフロー式の正味財産増減計算書，社会福祉法人の場合には事業活動計算書〔NPO法人の場合には活動計算書〕）が導入されていること，などが確認できます。

　非営利組織の会計は，日本の企業会計の基準への接近と**国際的な企業会計の基準への接近**という形で，企業会計化の動きが進んできています。

（新谷　司）

▶**会計処理の会計基準と表示様式の会計基準**
会計基準には大きく分けて会計処理の基準と表示様式の基準がある。会計処理は取引の認識，測定を行い，その取引を勘定科目（表示科目）と貨幣額に変換する。表示様式は，勘定科目と貨幣額を計算書類の特定の場所に配置したり，必要な補足的情報を追加する。

▶**国際的な企業会計の基準への接近**
企業会計は，金融商品取引法の下で上場株式会社等に適用される会計基準に基づく財務会計である。企業会計のグローバル化の主体は，新自由主義，自由貿易主義を思想的基盤とする先進諸国主導の国際会計政策である。この政策を左右するその他の主要な利害関係者には，経済・金融領域の国際的機関と多国籍企業およびその代理機関があり，会計・監査領域として国際会計基準委員会および国際会計士連盟と多国籍監査事務所ビック4およびその代理機関がある。
新谷司（2007）「発展途上国の会計グローバリゼーションの現状と将来」伊藤秀俊編『会計グローバリズムと国際政治会計学』創成社，133-160頁。

Ⅲ-5 会 計

表Ⅲ-1 代表的な非営利組織の会計基準または会計指針の特徴（営利組織＝株式会社との比較含む）

種別	会計基準の名称	財務諸表または計算書類の体系	当該会計基準中に明示される企業会計の基準
公益法人	「公益法人会計基準」1985年9月公表	・収支計算書（予算・実績対比） ・正味財産増減計算書（ストック式が原則） ・貸借対象表 ・財産目録	「企業会計原則」の一部
	「公益法人会計基準」2004年10月公表	・正味財産増減計算書（フロー式に統一） ・貸借対照表 ・財産目録 ・キャッシュ・フロー計算書（大規模法人のみ）	研究開発の会計を除くほぼすべての企業会計の基準（連結を除く）
社会福祉法人	「経理規程準則」1976年公表	・収支計算書 ・貸借対照表 ・財産目録	「企業会計原則」の一部
	「社会福祉法人会計基準」2000年4月公表	・資金収支計算書（予算・実績対比） ・事業活動収支計算書 ・貸借対照表 ・財産目録	退職給付の会計と「企業会計原則」のほとんど
	「社会福祉法人会計基準」2011年7月公表	・資金収支計算書，資金収支内訳表，事業区分資金収支内訳表，拠点区分資金収支計算書 ・事業活動計画書，事業活動内訳表，事業区分事業活動内訳表，拠点区分事業活動計算書 ・貸借対照表，貸借対照表内訳表，事業区分貸借対照表内訳表，拠点区分貸借対照表	ほぼすべての企業会計の基準（連結を除く）
医療法人等の病院	「病院会計準則」1983年8月全面改正	・損益計算書 ・貸借対照表 ・利益金処分計算書又は損失金処理計算書 ・附属明細表	「企業会計原則」のほとんど
	「病院会計準則」2004年8月全面改正	・損益計算書 ・貸借対照表 ・キャッシュ・フロー計算書 ・附属明細表	減損会計を除くほぼすべての企業会計の基準（連結を除く）
医療法人	社会医療法人債を発行した社会医療法人「社会医療法人債を発行する社会医療法人の財務諸表の用語，様式及び作成方法に関する規則」2007年3月公表	・事業報告書 ・財産目録 ・貸借対照表 ・損益計算書 ・キャッシュ・フロー計算書 ・純資産変動計算書 ・附属明細表	ほぼすべての企業会計の基準（連結を除く）
	上記以外の医療法人 一般に公正妥当と認められた会計の慣行（特定の会計基準なし）	・事業報告書 ・財産目録 ・貸借対照表 ・損益計算書	なし
特定非営利活動法人（NPO法人）	特定の会計基準なし（ここでは1999年「特定非営利活動法人の会計の手引き」に準拠）	・財産目録 ・貸借対照表 ・正味財産増減計算書を取り込んだ形の収支計算書（実績のみ）	なし
	「NPO法人会計基準」2010年7月公表	・活動計算書 ・貸借対照表	ほぼすべての「企業会計原則」
株式会社（証券取引所に上場されている有価証券の発行会社の場合）	金融商品取引法：内閣府令の「財務諸表等規則」等（表示様式）企業会計審議会公表の「企業会計原則」など，企業会計基準委員会公表の「企業会計基準」など（会計処理） ↑ 企業会計の基準	・貸借対照表／連結貸借対照表 ・損益計算書／連結損益計算書 ・キャッシュ・フロー計算書／連結キャッシュ・フロー計算書 ・附属明細書／連結附属明細表 ・株主資本等変動計算書／連結株主資本等変動計算書	

注：1）金融商品取引法の下で作成される連結貸借対照表，連結損益計算書，連結キャッシュ・フロー計算書などの連結財務諸表は，複数の株式会社が支配・従属関係にある場合にその複数の株式会社の資産・負債，費用・収益などを合算し，一定の調整計算を行った財務諸表である。

2）「企業会計原則」とは会計の基本ルールである「一般原則」と損益計算書の基本ルールである「損益計算書原則」と貸借対照表の基本ルールである「貸借対照表原則」からなる。企業会計の基準にはこの「企業会計原則」と「企業会計基準」等が含まれる。「企業会計基準」等は，個別の取引に関する会計処理と表示様式のルールを定めた基準である。

3）発行総額1億円以上の公募債（50名以上の募集）で社会医療法人債を発行する社会医療法人は，金融商品取引上の規制を受ける。

Ⅲ 社会福祉組織運営（経営）の基礎理論

6 情報管理

1 社会福祉組織における情報管理

　社会福祉組織が扱う情報には，利用者に関する情報と組織に関する情報との大きく分けて二種類の情報があります。利用者に関する情報管理という面では，利用者の情報が外部に漏れることがないように管理するという課題（情報の保護）と，複数の援助者の間で利用者の情報を共有できるようにするという課題（情報の共有化）があります。

　また，組織に関する情報管理という面では，ひとつには利用者のサービスの選択権を保障するためにいかに適切な情報を提供するかという課題（情報の公開）があります。これは組織の側に立てば，利用者から選ばれるようにいかに組織の情報を提供するかという課題といいかえることもできます。もうひとつは，組織の方針や事業計画などを決定するために必要な組織内外の情報をいかに収集したり整理したりするかという組織の内部における課題（情報処理）があります。

2 IT の活用

　私たちは，携帯電話からパソコンまで広く IT を使っています。機器の使用によって，文書をつくる等での効率的作業が可能となります。同時にインターネットや SNS などのネットワークを用いることにより，大量で，さまざまな質の情報を取得することが可能です。このような手段で情報を共有することにより，効率的に作業を進めていくことができます（図Ⅲ-2）。

　例えば，その地域にはひとりしか身体的障害をもつ福祉利用者がおらず，その地域のさまざまな資源を活用したい場合，データによる資源の蓄積は特に必要となるでしょう。病院の情報（コメディカル・医師の情報），相談場所などが蓄積されていることで，もしそのひとりの利用者が必要な資源が見つからなくても隣接地域の情報が役に立ってきます。

3 個人情報の管理

　IT の普及によって効率化がはかられた反面，個人情報の流出という問題も生じています。個人情報の流出は，故意に行われる場合もありますが，例えば「職員が利用者の資料を職場から持ち出して置き忘れた」「自宅のパソコンで作

業しようとしたところファイル共有ソフトを使用していたために公開されてしまった」などが原因となる場合もあります。

個人情報が流出することによるプライバシーの侵害を防ぐため，2006年5月に**個人情報の保護に関する法律**が制定されました。この法律には，個人情報の適切な取り扱いについての国・地方公共団体の責務と，個人情報取扱事業者の義務が記されています。この中で個人情報取扱事業者には，個人情報を取り扱うにあたっては利用目的を特定しなければならないこと，個人情報の取得は適切な方法で行われなければならないこと，第三者に情報を提供する際にはあらかじめ本人の同意を得なければならないこと，などが義務づけられています。

また同年12月には，厚生労働省から**「医療・介護関係事業者における個人情報の適正な取扱いのためのガイドライン」**が策定されました。ガイドラインには，例えば認知症の高齢者の病状を家族に説明する際や，児童虐待に関する通告をする際などは，本人の同意を得ずに行うことができることなど，医療・介護サービスの利用者の特性に合わせた個人情報の取扱いについての考え方が示されています。

④ 情報の非対称性

一般に情報は，情報を提供する側と受ける側の間に格差が生じるものであるといわれています。経営学の分野では，情報をもっている側が一方的に有利になると，受け手が納得できないために取引が円滑に進まないといわれています。うまく取引をするには，受け手の側が納得できたり，それを選択するかどうかを判断できたりするだけの情報を提供し，両者の格差を解消することが有効であるといえます。

このことを利用者から選ばれるための情報の提供という社会福祉組織の課題にあてはめると，サービスを提供する側が利用者に対して，納得できるだけの情報を提供することが重要であるということがわかります。ところが福祉サービスの利用者は，情報を得にくい状況におかれていたり，一般向けに発信された情報を理解することが困難であったりなど，情報を受ける準備が整っていない場合が少なくありません。ですから，福祉の利用者の状況に応じた情報提供の仕方を工夫することが必要となります。

（千葉真理子）

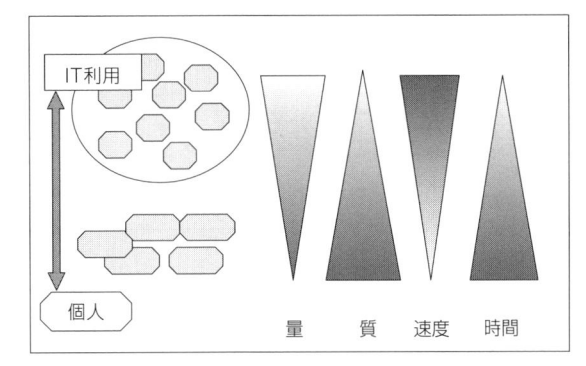

図Ⅲ-2 情報の効率化

出所：筆者作成。

▷**個人情報の保護に関する法律**
この法律では「個人情報」を「生存する個人に関する情報であって，当該情報に含まれる氏名，生年月日，その他の記述等により特定の個人を識別することができるもの」と定義している（第1条）。国や地方公共団体には，個人情報の適切な取り扱いを確保するために必要な施策を講じることが義務づけられている。

▷**「医療・介護関係事業者における個人情報の適正な取扱いのためのガイドライン」**
このガイドラインが摘要される介護関係事業者には，介護保険法に規定する居宅サービス事業，居宅介護支援事業および介護保険施設を経営する事業，老人福祉法に規定する老人居宅生活支援事業および老人福祉施設を経営する事業その他高齢者福祉サービス事業を行う者が該当する。

▷**情報の非対称性**
『基本経営学用語辞典』（同文舘出版）によれば，「一般に，情報が意思決定主体間で偏在している状態をいう」とされている。

（参考文献）

吉田和夫・大橋昭一（1999）『基本経営学用語辞典』同文舘出版

Ⅲ 社会福祉組織運営(経営)の基礎理論

7 経営戦略

1 経営戦略とは

　経営戦略とは，企業(組織)が存続するための中・長期的な方針や計画，戦術などです。伊丹敬之は，「市場のなかの組織としての活動の長期的な基本設計図」と定義しています。

　経営戦略は，さらに3つに分けて考えることもできます。ひとつ目は，企業(組織)全体としてどのような方向性で経営していくのかの全社戦略があります。ふたつ目は，各事業単位でどのような行動をとり，他の同事業体と優位性を構築するのかの競争戦略(事業戦略)があります。3つ目は，生産，販売，人事，財務，マーケティングなどそれぞれの機能ごとに共通の戦略を構築することがあり，これを機能別戦略と呼びます。これら企業(組織)経営にかかわるさまざまな戦略を総称して経営戦略と呼びます。

2 ビジョンとミッション

　経営戦略を立てる前に，所属企業(組織)は何を達成するために存在しているのかを示す必要があり，それをビジョンと呼びます。

　ミッション(使命)は，他の企業(組織)と明白に違いがあることを示す目的があり，長年にわたって通用させ，その企業の存在理由を示すものです。

　明確なミッションは，企業目的の確立と戦略策定には不可欠な要素です。日本では，経営理念や社是・社訓などがミッションに近い言葉です。ミッションを続けていれば，ビジョンが達成できるという関係にあります。

3 ドメイン

　企業(組織)の生存領域，事業領域をドメインと呼びます。所属する企業(組織)の事業は何であるかを示すものということです。

　ドメインは，「市場」「技術」「顧客機能」の3つの次元で考える必要があります。市場が成熟し，顧客ニーズが多様化してくると，単にターゲットとする顧客層(市場)を明確にしただけの製品やサービス(技術)だけでは顧客の満足は得られず，顧客が求める製品やサービスにたいする機能(顧客機能)を明確にしたドメインが必要になってきたのです。

▷1　伊丹敬之(2003)『経営戦略の論理(第3版)』日本経済新聞社。

4 環境・資源の分析

　経営戦略を立てるうえでは,「環境・資源分析」が必要です。環境は,政治・経済・社会・文化等のマクロ的環境と,顧客・競合・業界のタスク環境に分けられます。資源は,ヒト（人材）・モノ（製品・サービス）・カネ（資金）・情報（技術・スキル・ノウハウ等）などがあります。環境分析とともに資源の強み・弱みを正しく分析し,経営戦略を立てる必要があります。

5 福祉施設における経営戦略

　介護保険法,障害者自立支援法などの施行により,福祉の世界も措置制度から契約サービスへと環境が変化しました。そして制度も何年かに一度は改正されます。その環境のもと各福祉施設が自分たちの事業領域（ドメイン）の中で事業を継続するために環境・資源分析をきちんと行い,ミッション（使命）をかかげ,競争の中で生き残るための経営戦略が必要になりました。
　福祉の分野の市場は,まず商圏（販売・サービス提供地域）が他の業界に比べて狭いということがいえます。地域密着型のサービスを提供しています。
　顧客であるご利用者と働くスタッフも地域の住民です。その地域でNo.1の製品やサービスを提供すれば組織は継続されるということになります。他の競合施設と自分たちの施設を比べ,自分たちの強みを伸ばし,弱みは改善することで地域No.1の地位を確立できます。
　福祉施設の場合,ハード面（施設）,ソフト面（製品・サービス）の両面で戦略を立てていきます。
　ハード面は,施設の外観,室内の設備（居室,トイレ,風呂,ベッド,机,イス,食器,テレビ,パソコン,床暖房,壁紙など）を今までより顧客（利用者）によくなったと思ってもらえる計画を短・中・長期で立てます。
　ソフト面では,スタッフの制服,身だしなみ,言葉づかい,笑顔などが対象となります。
　福祉施設での一番の経営戦略は,顧客（利用者）,家族,スタッフ自身がぜひ使ってみたいと思う施設になっているかどうかなのです。
　経営戦略を誤ると顧客（利用者）の満足度は得られず,施設は衰退していきます。経営戦略は,組織が組織として生き続けるための設計図といえます。

（芳賀祥泰）

Ⅲ 社会福祉組織運営（経営）の基礎理論

8 チームマネジメント

1 社会福祉組織におけるチーム

　社会福祉の仕事はすべてチームで行われているといっても過言ではありません。社会福祉施設の中を見ると，ひとりの利用者にサービスを提供する職員で構成されるチームや，ひとつのユニットを担当する職員で構成されるチームなど，固定的に設定されているチームがあります。また，業務改善に取り組むためのチームや，新しい事業を開始するための検討チームなど，施設の課題に合わせてそれが解決されるまでの期間限定でつくられるチームもあります。

　こうしたチームには，主任やチーフなど呼び方はさまざまですが，チームの取りまとめ役をする人が置かれます。こうした立場の人をここではチームマネジャーと呼びます。一般的に集団のとりまとめ役をする立場の人はリーダーと呼ばれますが，ここではリーダーと区別する意味でマネジャーという呼び方をしています。それは，Ⅲ-1 で説明したように望ましいと考えられる組織形態が，従来型からフラット組織やネットワーク組織へと変化していることと関係しています。従来型のリーダーとは違う取りまとめ役への期待を，マネジャーやマネジメントという言葉で表しているのです。

2 多職種チームのマネジメント

　社会福祉の現場では，福祉の専門職が保健・医療・介護等の専門職とチームで仕事をすることが多くあります。近藤克則は「多様なニーズに応えるには，多職種からなるチームでアプローチすることが必要になるが，関わる職種が増えるほどチームはバラバラになりやすいため，チームの力を発揮するためにはチームをマネジメントすることが必要である」[1]と指摘しています。チームで仕事をする場合，分業と統合の必要性とそのバランスが重要になり，チームとしての統合度が高くなるほど効率的な援助を行えるとしています。社会福祉のチームにおいては，この統合度がチームマネジメントの重要な鍵となります。

　チームマネジメントを行う際には，①組織の3要素である，共通目的があり，協働意欲をもち，コミュニケーションがうまくはかられること，②連携に必要な知識および専門的技術が十分にあること，③共通理解に必要な知識，専門用語の理解がされていること，が重要な要素となります。

▷1　近藤克則（2007）『医療・福祉マネジメント——福祉社会開発に向けて』ミネルヴァ書房，53頁。

3 課題解決を目的としたチーム

社会福祉組織では，利用者から苦情が寄せられるなどの課題が生じて，その解決に取り組むことがあります。課題によっては従来の業務の改善だけでなく，新たな事業の開始や業務分担の変更などの検討が必要になることもあります。こうした課題を解決する際に，組織の代表者や管理職で検討するのではなく，チームで検討することでより望ましい解決策を導くことが期待できます。

そうした場合のチームの形態として，企業内に組織されている**プロジェクト・チーム**が参考になります。プロジェクト・チームは，状況に応じた機動的な対応が可能で，新規事業や製品開発などに有効であるといわれています。企業内のプロジェクト・チームは専門家によって構成されるものですが，社会福祉分野でこれを参考にする場合，専門家を「国家資格者」と限定せず，行政分野の専門家としての行政職員や，ボランティアの専門家，サービス利用の専門家としての当事者・家族，といった解釈でさまざまな立場の人をメンバーに加えることで，多様な可能性をもつチームを形成することができるでしょう。

表Ⅲ-2 場の中のマネジャーの4つの顔

場の マネジメント役	マネジャーの 役割	場のマネジャーの顔	何でないか
場の生成役	設計者	ヒトの間の「空間」の設計者	ヒトの行動を操る設計者
	哲学者	大義を伝える哲学者	即物的な目標設定者
場のかじ取り役	調整者	最後の声を発するプロセス調整者	間に入って駆けずり回る調整者
	決定者	10%の独断決定者	ものわかりのよい追認者

出所：伊丹敬之（2005）『場の論理とマネジメント』東洋経済新報社，371頁。

4 チームマネジャーの役割

従来型の組織は，上司と部下の関係のようなタテの関係で形成されるのにたいして，チームはヨコの関係によって形成されるという点にあります。ですからチームマネジメントの方法は，従来型の組織にみられた指示型ではなく，プロセス重視型に転換させることが課題となります。

伊丹敬之は，マネジメントを「人々の間の情報と心理の相互刺激の舞台づくりをすること」と説明し，この舞台を「場」と呼びました。そして場のマネジメントは，場の生成と，生成した場を活き活きと動かしていくためのかじ取り，にポイントがあると考え，マネジャーの役割を，①設計者，②哲学者，③調整者，④決定者，と整理しました（表Ⅲ-2）。その根底には，組織というものはシステムだけでは動かず，現場のプロセスから生まれる秩序が組織を動かすエネルギーになるという考え方があります。

場のマネジメントの過程を通して，チームの内発力を生み出し，それを組織を動かすエネルギーへと高めていくことがチームマネジャーに課せられた本来の役割であるともいえましょう。

（千葉真理子）

▷**プロジェクト・チーム**
特定の企画や事業に取り組むために編成され，終了すると解散する一時的なチーム。組織内のさまざまな部署に関連する課題を解決するために，部署を超えた多様な専門家で組織される。

▷2 伊丹敬之（2005）『場の論理とマネジメント』東洋経済新報社，23頁。

参考文献
伊丹敬之（2005）『場の論理とマネジメント』東洋経済新報社
井原久光（2000）『テキスト経営学（増補版）』ミネルヴァ書房
近藤克則（2007）『医療・福祉マネジメント――福祉社会開発に向けて』ミネルヴァ書房
古川久敬（2004）『チームマネジメント』日本経済新聞出版社

Ⅲ 社会福祉組織運営（経営）の基礎理論

9 キャリアマネジメント

1 キャリアとは

　人ははたらくことで所属する組織（企業）での仕事を覚えていきます。仕事を続けるとその人その人の経験が蓄積されていきます。その経験の積み重ねが経歴となっていきます。キャリアとは，経験や経歴をさします。

　キャリアには，所属する組織内でしか通用しないものと他の組織でも通用するものがあります。

2 キャリアパス

　キャリアパスとは，組織（企業）内での昇進・出世を可能とする職務経歴を指します。昇進や出世は，はたらく人の賃金にも大きく関係しますから，組織内できちんと評価されなくては昇進や出世はできません。組織は，どのような知識，技能や資格をもてば，またどのような部署や仕事を経験すれば昇進や出世が可能になるのかの基準を明確に示す必要があります。キャリアパスを採用時に示すことで，人は所属する組織が何を求めているのかをイメージすることができますし，最短で何年でどのような昇進が可能なのかを理解することで，行き違いによる退職のリスクを軽減できます。

3 キャリアマネジメント

　キャリアマネジメントは，組織（企業）にとってのはたらく人たちに対するキャリアマネジメントと，個人が自分自身の人生のキャリアを自立的に形成しようとするキャリアマネジメントのふたつの面が考えられます。

　組織のキャリアマネジメントは，まずはたらく人一人ひとりを組織の**人的資源**と考え，組織が戦略上必要な経験を意識的に行う管理方法です。

　一人ひとりの適正をふまえ，将来にわたって組織にプラスになるはたらきをしつづけてもらうための経験を積んでもらいます。個人の意思よりも組織の戦略が優先されます。人的資源の最適な適用とその継続的な能力開発を，組織は考えるのです。

　個人のキャリアマネジメントは，組織でのキャリア形成を追求する場合と，人生全体における自分のライフプランをふまえてのキャリア形成を追求する場合があります。組織でのキャリア形成を追求する人は，組織のキャリアパスに

▶人的資源
組織（企業）において優れた研究員や従業員がもつ能力の経済的価値を，他の物的資源と同じように生産資源のひとつとみなした語。

沿った技能や資格取得に励む必要があります。

4 福祉におけるキャリアマネジメント

　福祉施設の経営者は，職員を人材＝人財と考え，きちんとしたキャリアパスを示す必要があります。まず資格の取得について示す必要があります。

　社会福祉士，介護福祉士，保育士，ケアマネジャー（介護支援専門員），ホームヘルパー2級，普通免許などの資格は必要なのか，入社後何年間で取得してほしいのかを示します。

　資格をもっていれば資格手当や給与などに違いが出るのかも示さなければなりません。

　生活相談員や，ケアマネジャー，施設長になれる最短勤務年数および給与はどうなるのかなども示すべきです。そうすることで新卒・中途採用においても有利になりますし，退職理由がキャリアパスが示されていなかったせいという人が減少します。組織のキャリアマネジメントで注意がいるのは，はたらいている人たちの動機づけです。人がやる気を起こすのは，昇進や出世とは限りません。人は，他人から頼りにされたり，感謝されたりすることでさらにやる気を出す場合があります。

　そこで大切なのがミッション（使命）です。施設は何を実現するために何をがんばっているのかを何回も確認する作業が必要になります。

　そして組織の期待するキャリア形成と個人の考えているキャリア形成をお互いが確認しあう場を年に何度かもつ必要があります。そこでミッションを確認し，ミッションを達成するために今後するべき経験を相互確認すればいいのです。

　そうした場を定期的にもつことで，組織はその人の経験値の確認を行い今後のキャリア形成への期待をその人に直接伝える機会をもつことができます。個人も組織の現状や今後の戦略や自分への期待値を確認することができ，モチベーション（やる気）の継続性も高まります。

　キャリアマネジメントにおいては，組織の個人のキャリアについてのズレを最小限に抑え，人材が成長していくための配置や資格取得支援，研修・訓練を効果的に行うことが求められます。

　キャリアパスがきちんと示され，それに基づいた配置や研修・訓練を行い続けている施設は，どんどん組織をつくっている人材の質が上昇し，チーム力（組織力）もいっそう強くなることができます。キャリアマネジメントは，人事・労務管理，経営戦略とも関係が深いのです。

（芳賀祥泰）

Ⅲ 社会福祉組織運営（経営）の基礎理論

10 リーダーシップ

1 リーダーシップ

　リーダーとは，指導者，統率者，指揮者などの意味で使われます。指導者とはある目的や目標に向かって教え導く人をさします。統率者とは多くの人をまとめ率いていく人をさします。指揮者とは，全体がまとまりを持って動けるように人の上に立って指図する人をさします。リーダーには，指導力，統率力，指揮力が必要です。そのような素質，能力，統率力をリーダーシップと呼びます。

　人間にも動物にも頭脳があります。頭脳で考えて私たちは手足や首や指などを動かします。頭脳がないと動けません。組織（企業）において頭脳の役目をするのがリーダーです。

2 リーダーシップの機能

　リーダーが果たすべき組織での機能（役割）は，次のようなことがあります。第一に，ビジョンやミッション，経営戦略の明確化です（⇨ Ⅲ - 7 ）。ビジョンやミッション，経営戦略を組織に示さないと組織は進むべき正しい方向すらわからなくなり，無駄や無理が生まれ，目標の達成が難しくなります。第二は，目標達成のための組織体制の構築です。目標を達成できるチームをつくる必要があります。第三は，目標達成の手段，資源の供給・補給です。組織ができてもそれが目標を達成するための経営資源（ヒト・モノ・カネ・情報）を目標達成するまで供給・補給し続けなくてはなりません。第四は，組織的決定機能です。さまざまな問題にたいして最終決定をしなくてはなりません。第五は，評価機能です。組織の構成員に正当な評価を与え，やる気（モチベーション）を持続させなくては組織は維持できません。

3 求められるリーダーの資質

　求められるリーダーの資質とはどのようなものでしょうか。

　まず中心にあるのが人間力です。人として魅力的な人でなくてはリーダーにはなれません。リーダーは，人間的魅力に加え，基軸をもっている人でなくてはいけません。歴史観と世界観をもったうえで自分自身の強い志をもち，夢とビジョンを語ることができる人であるべきです。夢とビジョンを形に変え

る構想力も必要です。さらに構想を実現する実行力が必要になります。

リーダーは，確固たる基軸をもち，構想力と実行力をもち，人間的な魅力にあふれた人がなるべきなのでしょう。

しかし，リーダーの資質は生まれながらに備わっているわけではなく，その人の日常の経験によって徐々に備わっていくものです。

知識だけもっていても，実際にできるわけではありません。水泳や野球の手引書を読んでもすぐにはできないのと同じです。知識と経験を積んでいくことで徐々にリーダーシップは備わっていくのです。

リーダーは，言葉だけでなく，行動と態度で示さなければなりません。

④ 福祉施設におけるリーダーシップ

福祉施設においては，施設全体の決定機能は施設長がもっている場合が多くなります。施設長は，施設全体の目標（運営方針や運営目標）を他の職員に示すことが必要です。そして目標が達成できるような職員配置（チームづくり）を行います。チームが組織できたら，目標をチーム全体で共有し，各チームメンバー一人ひとりの役割をわかってもらいます。大切なのは，リーダーからのトップダウンの命令ではなく，施設がこれから取り組む目標を施設のメンバー全員で共有し，メンバー全員が各々の役割を自覚し，全員で目標達成に向かって進んでいく雰囲気が施設全体に起こってくるようにするということです。

リーダーは，そういう施設になるように常に気配りと行動をし続けます。

リーダーは，目標達成がなされるまで必要な人材や備品，アドバイスを続けなくてはなりません。チームが悩んだときには施設のトップとして決断をしなくてはなりませんが，チームのメンバーがその決定に納得していない場合は，メンバーを説得しなければなりません。決して命令にならないように注意が必要です。

福祉施設のリーダーが忘れてはいけないのは利用者の存在です。利用者の声や要望を，クレームとはとらないように注意が必要です。

リーダーは，利用者が安全・安心・楽しく施設で暮らせるように最善の努力をしなければなりません。

施設の外観，内装，空調の効き具合，食事の内容，見た目，スタッフの言動，身だしなみ等にいつも気を配っておく必要があります。

利用者の表情も重要なサインです。リーダー自らが利用者一人ひとりに気づきと思いやりをもって接することが必要です。

リーダー次第で，施設の利用者の満足度はずいぶん違ってくるのです。

（芳賀祥泰）

参考文献

伊藤雅俊（1987）『商いの心くばり』講談社

第2部 社会福祉組織の運営管理

Ⅳ 福祉サービスの提供主体

1 国・地方自治体

1 行政機関の役割

　社会福祉基礎構造改革以前は，社会福祉サービスは行政責任によって提供されるものでした。社会福祉サービスの整備は公的責任で進められ，サービス提供のしくみは，措置制度に基づき，行政処分としてサービスが提供されるという位置づけでした。

　しかし，社会福祉基礎構造改革によって，社会福祉サービスの多くは，措置制度から契約制度へと移行しました。このため，行政機関は，サービス利用の可否と提供するサービスを決定する措置権者という立場から，要介護認定や障害程度区分という手続きによってサービスの量を決める立場になりました。

　措置制度においては，社会福祉サービスの利用について，行政職員の専門性に依拠して決定されます。また，措置制度においては，行政には措置委託をした事業所によるサービスの内容にも一定の責任があると考えられます。

　契約制度に移行したことにより，どのサービスも利用者の選択によるものとなりました。行政の役割は，利用者一人ひとりのサービス内容決定から，事業者が適切なサービスを行っているかどうかの監視，評価を行うという立場になりました。社会福祉法人においては監査，介護保険制度や障害者自立支援制度の事業所については事業所指定という権限をもって適格かどうかをチェックすることになります。

2 サービスの実施体制

　行政機関が行うサービスは，全国どこででも受けることができるように，実施体制が組織化されています。社会福祉の専門機関として，**福祉事務所**，**身体障害者更生相談所**，**知的障害者更生相談所**，**児童相談所**，**婦人相談所**が設置されます。福祉事務所は，福祉六法に関する事務を行うこととされています。

　町村においては福祉事務所は任意設置となっており，設置しない町村では，老人福祉法，身体障害者福祉法，知的障害者福祉法の事務を行います。生活保護法，児童福祉法，母子及び寡婦福祉法に関する事務は，都道府県が設置した福祉事務所が行います。

▶**社会福祉基礎構造改革**
改正内容の柱は，①利用者の立場に立った社会福祉制度の構築，②サービスの質の向上，③社会福祉事業の充実・活性化，④地域福祉の推進となっている。
①の中に「福祉サービスの利用制度化」があり，「行政が行政処分によりサービス内容を決定する措置制度」から「利用者が事業者と対等な関係に基づきサービスを選択する利用制度」へと説明されている。

▶**福祉事務所**
社会福祉法第14条に規定される福祉に関する事務所。都道府県，市，特別区は福祉に関する事務所を設置しなければならないとされる。町村については，同条3項で，「福祉に関する事務所を設置することができる」と規定されている。

▶**身体障害者更生相談所**
身体障害者福祉法第11条に定められた行政機関。1項には「都道府県は，身体障害者の更生援護の利便のため，及び市町村の援護の適切な実施の支援のため，必要の地に身体障害者更生相談所を設けなければならない」と定められている。

▶**知的障害者更生相談所**
知的障害者福祉法第12条に定められた行政機関。1項には「都道府県は，知的障害者更生相談所を設けなければならない」と定められている。

3 「公設民営」のサービス提供

　社会福祉サービスのニーズが拡大していく中で，1980年代に民間委託は次第に広まってきました。背景には高齢者介護サービスにおける，施設福祉から在宅福祉への流れがあります。行政サービスを見直す，臨調「行革」の時代，ホームヘルプサービスやデイサービスを行政が直接運営するということが難しい状況でした。そのため，社会福祉協議会などに委託するという形でサービスを確保しました。これと合わせて社会福祉施設の運営も民間に委託するということがはじまりました。

　民間委託された施設は，「公設民営」と呼ばれます。施設や事務所は公の所有のままで，働く人は委託先の所属という形になります。施設の名称には公立であるということを明確にしているものもあります。

　民間委託は，行政委託とも呼びます。1963年の地方自治法の改正により「公の施設」が定義され，管理委託制度を導入されたことからはじまります。このとき，委託先は「公共団体」または「公共的団体」に限定されていました。しかし，この時期には社会福祉サービスは十分整備されていなかったため，民間に委託するという動きにはなりませんでした。

　1991年の地方自治法改正により，行政委託の委託先が拡大されました。「普通地方公共団体が出資している法人で政令で定められるもの又は公共団体若しくは公共的団体」とされ，地方自治体が資本金，基本金などに2分の1以上出資している団体への委託が可能となりました。

　この時期に，地方自治体が出資した社会福祉事業団が設立され，公立施設が「公設民営」に大きく移行していくことになります。

4 指定管理者制度の導入

　2003年，地方自治法の改正により指定管理者制度が導入されました。これまでの行政委託に変わり，指定管理者の選定をオープンにし，競争の原理を取り入れました。これにより「公設民営」で行われてきた社会福祉サービスも，**指定管理者制度**の手続きを行って指定管理者になることになりました。

　社会福祉サービスは専門性が求められるため，引き続きこれまでの団体がサービスを提供しているというところが多くあります。しかし，指定管理者としての指定は期間が決められていることから，委託を受ける団体の経営は不安定になるといえます。

　さらに，地方自治体の財政問題から施設そのものを民間に移譲するという動きも見られます。サービス提供に関しては，より費用のかからない民間団体で実施するという姿勢が明確になっている地方自治体もあります。

（大薮元康）

▷児童相談所
児童福祉法第12条に定められた行政機関。1項に「都道府県は，児童相談所を設置しなければならない」と定められている。

▷婦人相談所
売春防止法第34条に定められた行政機関。1項に「都道府県は，婦人相談所を設置しなければならない」と定められている。

▷指定管理者制度
条例の定めによって，公の施設の管理を行わせるという制度である。根拠は次のとおり。
地方自治法第244条の2第3項「普通地方公共団体は，公の施設の設置の目的を効果的に達成するため必要があると認めるときは，条例の定めるところにより，法人その他の団体であつて当該普通地方公共団体が指定するもの（以下本条及び第244条の4において「指定管理者」という。）に，当該公の施設の管理を行わせることができる。」
地方自治法第244条の2第4項「前項の条例には，指定管理者の指定の手続，指定管理者が行う管理の基準及び業務の範囲その他必要な事項を定めるものとする。」
地方自治法第244条の2第5項「指定管理者の指定は，期間を定めて行うものとする。」

Ⅳ 福祉サービスの提供主体

2 社会福祉法人

1 社会福祉法人の法的位置づけ

社会福祉法人は、**社会福祉法第22条**に定義されています。社会福祉法人とは、社会福祉法に基づき、社会福祉事業を行うことを目的として設立された法人ということになります（⇒Ⅴを参照）。

社会福祉法人ができた背景には、**憲法第89条**の「公私分離の原則」があります。これによって「公の支配に属しない」団体が行う社会福祉事業にたいしては、公的な資金を出すことができません。このため、公的な規制の厳しい社会福祉法人を設立させ、この法人が社会福祉事業を行う場合には、公的な助成を行うことが可能であると解釈しています。

社会福祉法人については、**社会福祉法の第6章**に定められています。社会福祉法人は、社会福祉事業を行うに必要な資産を備え、定款を定めたうえで**所轄庁**の認可を受けた法人ということになります。

所轄庁は、都道府県、政令指定都市、中核市の区域内で事業を行うのであれば、それぞれの長となります。ふたつ以上の都道府県で事業を行う場合で、ひとつの地方厚生局の管轄区域内の事業であれば地方厚生局長、それ以外の場合は厚生労働大臣となります。

2 社会福祉事業

社会福祉事業は、社会福祉法第2条に制限列挙という形で示されています。社会福祉事業は第1種社会福祉事業、第2種社会福祉事業に分けられ、このうち第1種社会福祉事業は、国、地方公共団体または社会福祉法人が経営することが原則とされています（社会福祉法第60条）。

3 公益事業と収益事業

社会福祉法人は、社会福祉事業のほか、**公益事業**および収益事業を行ってもよいことになっています。

公益事業は、社会福祉事業以外の公益を目的とした事業を指します。例えば、次のようなものがあげられます。

・必要な者にたいし、相談、情報提供・助言、行政や福祉・保健・医療サービス事業者等との連絡調整を行う等の事業

▶**社会福祉法第22条**
この法律において「社会福祉法人」とは、社会福祉事業を行うことを目的として、この法律の定めるところにより設立された法人をいう。

▶**憲法第89条**
公金その他の公の財産は、宗教上の組織若しくは団体の使用、便益若しくは維持のため、又は公の支配に属しない慈善、教育若しくは博愛の事業に対し、これを支出し、又はその利用に供してはならない。

▶**社会福祉法第6章**
次のような内容が含まれる。第1節　通則（第22条～第30条）、第2節　設立（第31条～第35条）、第3節　管理（第36条～第45条）、第4節　解散及び合併（第46条～第55条）、第5節　助成及び監督（第56条～第59条）

▶**社会福祉法人の所轄庁**
以下の4つに該当しない場合、事業がふたつ以上の地方厚生局の管轄区域にわたる場合でも、法人本部の所在地の管轄の地方厚生局長が所轄庁となる、と規定されている。
① 全国を単位として行われる事業
② 地域を限定しないで行われる事業
③ 法令の規定に基づき指定を受けて行われる事業
④ ①から③までに類する事業
多くの場合、③に該当するため、ふたつ以上の地方厚生局の管轄区域にわたる場

表Ⅳ-1　社会福祉法人数の年次推移

（各年度末現在）

	1990年度	1995年度	2000年度	2005年度	2006年度	2007年度	2008年度
総　数	13,356	15,090	17,002	18,258	18,412	18,537	18,625
社会福祉協議会	3,074	3,376	3,403	2,077	1,992	1,977	1,962
共同募金会	47	47	47	47	47	47	47
社会福祉事業団	105	138	152	147	145	140	139
施設経営法人	10,071	11,455	13,303	15,852	16,075	16,157	16,240
その他	59	74	97	135	153	216	237

注：2つ以上の都道府県の区域にわたり事業を行っている法人（厚生労働大臣及び地方厚生局長所管分）は含まれていない。
出所：厚生労働省「社会福祉行政業務報告の概要」。

・必要な者にたいし，入浴，排せつ，食事，外出時の移動，コミュニケーション，スポーツ・文化的活動，就労，住環境の調整等（以下「入浴等」という）を支援する事業
・入浴等の支援が必要な者，独力では住居の確保が困難な者等にたいし，住居を提供または確保する事業
・社会福祉の増進に資する人材の育成・確保に関する事業（社会福祉士・介護福祉士・精神保健福祉士・保育士・コミュニケーション支援者等の養成事業等）
・社会福祉に関する調査研究等

　収益事業は，法人が行う社会福祉事業または公益事業の財源に充てるために行われる事業を指します。「一定の計画の下に収益を得ることを目的として反復継続して行われる行為であって，社会通念上事業と認められる程度のもの」とされています。

❹ 社会福祉法人の現状と課題

　社会福祉法人数の変化は表Ⅳ-1のとおりです。施設経営法人は，近年増加しており，1997年からの10年で1.3倍，1990年から2007年の間では1.6倍となっています。

　社会福祉基礎構造改革以前は，ひとつの社会福祉法人でひとつの施設を運営するということが一般的でした。しかし，社会福祉法人の運営の弾力化が示され，2000年に社会福祉事業法が社会福祉法となったことにともない，ひとつの法人で複数の施設を経営するということが進んできています（⇨Ⅴ-4）。

　しかし，WAM NETの社会福祉経営情報を見ると，一法人が経営する社会福祉事業は平均で7.6，そのうち社会福祉施設は平均で3.9という結果が出ています。また，経営する施設の数に関するデータを見ると，一施設のみの経営という法人が29％，二施設を経営する法人が22％という結果が出ています。

　今後，社会福祉法人の経営基盤を強化していくうえで，社会福祉事業を多角的に展開をしていく必要があるといえます。

（大藪元康）

合，厚生労働大臣が所轄庁となる。

▷**公益事業**
公益事業については，本文中にあげたものの他に，「日常生活を営むのに支障がある状態の軽減または悪化の防止に関する事業」「入所施設からの退院・通所を支援する事業」「子育て支援に関する事業・福祉用具その他の用具または機器および住環境に関する情報の収集，整理，提供に関する事業」「ボランティアの育成に関する事業」があげられている。詳しくは，「社会福祉法人の認可について（通知）」（平成20年3月31日，雇児発第0331006号，社援発第0331018号，老発第0331015号）を参照。

▷1　2010年1月10日現在。1府3県（岐阜県，三重県，京都府，山口県），政令指定都市3市（川崎市，名古屋市，京都市），中核市1市（旭川市）から公表された情報に基づいて作成されている。

Ⅳ　福祉サービスの提供主体

3　特定非営利活動法人

▷**指揮管理**
集団における責任者を中心としたまとまりと、その指示によって業務・作業に取り組むことができる体制のことを指す。

▷**特定非営利活動の17の分野**
①保健、医療又は福祉の増進を図る活動
②社会教育の推進を図る活動
③まちづくりの推進を図る活動
④観光の振興を図る活動
⑤農山村漁村又は中山間地域の振興を図る活動
⑥学術、文化、芸術又はスポーツの振興を図る活動
⑦環境の保全を図る活動
⑧災害救援活動
⑨地域安全活動
⑩人権の擁護又は平和の推進を図る活動
⑪国際協力の活動
⑫男女共同参画社会の形成の促進を図る活動
⑬子どもの健全育成を図る活動
⑭情報化社会の発展を図る活動
⑮科学技術の振興を図る活動
⑯経済活動の活性化を図る活動
⑰職業能力の開発又は雇用機会の拡充を支援する活動
⑱消費者の保護を図る活動
⑲前各号に掲げる活動を行う団体の運営又は活動に関する連絡、助言又は援助の活動
⑳前各号に掲げる活動に準ずる活動として都道府県又は指定都市の条例で定める活動

① NPOと特定非営利活動法人

　現在、特定非営利活動法人（以下、NPO法人）と呼ばれる団体が、高齢者の介護や障害者の自立支援、さらには子育て支援など、福祉サービス提供において幅広く重要な役割を担っています（⇨ Ⅶ ）。NPO法人は、1998年に成立した「特定非営利活動促進法（以下、NPO法）」を根拠法とする法人となりますが、どのような性格や特徴を有する法人なのでしょうか。

　NPO法人は、NPO（Non-Profit Organization）、日本語では民間非営利組織の一形態となります。さらには広くとらえるとボランティア団体やグループと呼ばれるもののひとつでもあります。このような集団や組織の中で、ある特定の原則を満たすものをNPOと呼んでいます。その原則でもっとも有名なものが、サラモン（Salamon, L.M.）によるものです。サラモンは、ある集団・組織をNPOと呼べるための原則として、次の6つをあげています。

　一点目が「組織の形態をとっている」ことです。人の集まりにはさまざまなかたちがあります。その中でNPOと呼べるには、集まりが継続的に維持され、役割分担があり、**指揮管理**の系統がしっかりと整備されている必要があります。二点目が「政府組織の一部を構成していない」ことです。つまり国や地方自治体でなく、民間の団体であるということです。三点目が「利益の配分をしない」ことです。一般的に企業は活動によって得た利益を企業への出資者にたいして配分しますが、NPOでは活動によって得た利益は配分せず、活動に使われます。四点目が「自主管理」です。団体の活動は、所属するメンバーが自ら決定し実行するということです。五点目が「有志によるもの」です。団体のメンバーは強制されて集まったのではなく、メンバー自らの意志で集まったものであるということです。そして六点目が「公益のためのもの」です。団体の活動は不特定多数の利益に資するものでなければなりません。

　NPO法人はNPOの一形態であるため、上述した6つの原則をすべて満たしていますが、NPO法人とNPOは必ずしも同一のものではありません。NPOの6つの原則を満たし、かつNPO法で認証された団体がNPO法人となります。そのような意味でNPOはNPO法人よりも広い考え方であるといえます。

❷ 特定非営利活動促進法とその概要

　NPO法は，1995年の阪神淡路大震災をきっかけに，ボランティア団体やNPOが社会の中で安定した役割を果たせるような条件を整備することを目的として，1998年に成立した法律です。

　法律の大きな目的のひとつは，ボランティア団体やNPOに法人格を与えることです。「法人」は団体を法の上で人とみなします。したがって団体として建物を借りたり，事業を請け負うことができるうえに，税制上の優遇措置もあり，団体の活動がしやすくなります。NPO法が成立する以前，多くのボランティア団体やNPOには取得できる法人格が存在しなかったため，取得の難しい財団法人や社団法人，社会福祉法人を取得して活動を行うことが一般的でした。しかし法律が成立し，多くのボランティア団体やNPOが比較的容易に法人格を取得することが可能となりました。

　NPO法では，「不特定かつ多数のものの利益の増進に寄与すること」を「特定非営利活動」と規定し，その内容として**17の分野**をあげ，かつ**設立要件**を満たす団体にたいして法人格を与えるとしています。このような諸要件を満たす団体が，NPO法人の所轄庁である都道府県知事や指定都市▷1の長に設立申請書を提出し認証されれば，NPO法人という法人格を取得することができます。

❸ 特定非営利活動法人の役割

　NPO法人は，NPOの一形態であることは先程述べたとおりですが，NPOにとってもっとも重要なもののひとつが，ミッション（mission），つまり社会的使命です。ミッションとはすべての組織が個々にもつ結成理由にして存在理由であり，当然ですが企業にもミッションはあります。しかし企業のミッションとNPOのミッションが決定的に異なるのは，企業には必ず利益の追求が含まれるのにたいして，NPOには利益の追求は含まれない点です。「社会でどのような役割を果たすのか」ということこそが，NPO法人の存在理由なのです。

　その意味で，単にサービスを提供するという「事業的性格」だけではなく，社会や地域をどのようにしていくのかといった「運動的性格」もNPOは本質として併せ持っているといえます。配食サービスや移動支援サービスなどNPOによって生み出された福祉サービスは少なくありません。これらの諸サービスは「高齢者が暮らしやすい地域をつくる」という観点から，高齢者のニーズに即してサービスをつくり出し，必要によって行政や社会に働きかけて生み出されたものです。そしてこのような実践がNPOによって行われるのも，上述の本質に根ざしたものであるといえましょう。つまりNPO法人は，「事業的性格」と「運動的性格」の両面から理解される必要があるのです。

（熊田博喜）

▷**特定非営利活動法人の設立要件**
　特定非営利活動を行うことを主たる目的とすること，営利を目的としないことに加えて，次の要件を満たすことが必要である。
①宗教の教義を広め，儀式行事を行い，及び信者を教化育成することを主たる目的とするものでないこと。
②政治上の主義を推進し，支持し，又はこれに反対することを主たる目的とするものではないこと。
③特定の公職の候補者若しくは公職にある者又は政党を推薦し，支持し，又はこれらに反対することを目的とするものではないこと。
④社員の資格の得喪に関して不当な条件をつけないこと。
⑤役員のうち報酬を受ける者の数が，役員総数の三分の一以下であること。
⑥暴力団，又は暴力団若しくはその構成員の統制下にある団体でないこと。
⑦10人以上の社員（会員）がいること。

▷1　政令で指定する人口50万以上の市。都道府県が法律又はこれに基づく政令を定めて行うことができる。

（参考文献）
　雨宮孝子（2008）「特定非営利活動促進法（NPO法）と税制度」山岡義典・雨宮孝子編『NPO実践講座（新版）』ぎょうせい
　サラモン，L.M./入山映訳（1994）『米国の非営利セクター入門』ダイヤモンド社
　サラモン，L.M./山内直人訳（1999）『NPO最前線』岩波書店
　シーズ＝市民活動を支える制度をつくる会（1998）『NPO法人ハンドブック（C'sブックレット・シリーズNo.5）』シーズ＝市民活動を支える制度をつくる会

Ⅳ 福祉サービスの提供主体

4 医療法人

▷1 医療法人の解散時などに出資者である社員が残余財産の分配を請求できる権利。これは事実上の配当の受け取りにほかならないとされ、株式会社による病院経営の解禁をめぐっては、この点が論点となった。

▷医療法改正
医療法改正について、医療法人制度を中心に振り返ると、次のようになる。
○第一次改正（昭和60年12月公布、翌年10月施行）
改正前は、診療所を開設する医療法人については、医師、歯科医師が常時三人以上勤務していることが要件とされていたが、診療所経営の近代化のため一人または二人でも認めることとした。
○第二次改正（平成4年7月公布、同月施行）
医療法人の附帯業務に疾病予防運動施設等が追加された。このほか、同改正では特定機能病院や療養型病床群の創設が行われた（平成5年4月より施行）。
○第三次改正（平成9年12月公布）
特別医療法人制度が創設され、翌年4月から施行されたほか、医療法人の附帯業務が第2種社会福祉事業にまで拡大され、平成9年12月から施行された。同改正では診療所の療養型病床群の設置が認められたほか、地域医療支援病院が創設された。

1 医療法人とは

医療法人とは、医療提供体制の確保と国民の健康の保持のため、1950（昭和25）年に医療法で定められた法人です。医療法では、医療法人について、「病院、医師若しくは歯科医師が常時勤務する診療所又は介護老人保健施設を開設しようとする社団又は財団」（第39条）と定義しています（⇨ Ⅵ を参照）。

医療法人は、全国で44,027法人（2007年3月末現在）あり、全国の病院の約60％、診療所の約30％を開設しています。また、病床全体では約50％を占め、わが国の医療の根幹を支えています。

医療法人制度の趣旨は、医療事業の経営主体を法人化することにより、医業の永続性を確保するとともに、資金の集積を容易にすることにあります。個人経営の医療機関が法人化すると、信用力が増し金融機関からの融資が受けやすくなり高額な医療機器の購入や設備投資が可能になります。また、法人化により事業承継がスムーズに行われ安定的に医療を提供することができます。

医療法人を設立するには、都道府県知事の認可が必要となります（医療法第44条）。2つ以上の都道府県において病院等を設立する場合には厚生労働大臣の認可が必要となります。

2 医療法人の特徴

医療法人の最大の特徴は、非営利性にあります。医療は国民の生命や身体の安全に直接かかわるため、営利企業にゆだねることは適切ではないという考えが医療法人制度の根底にあります。

医療法では、営利を目的として、病院、診療所等を開設しようとする者にたいしては許可を与えないことができる（医療法第7条5項）と規定しています。

このため医療法人も営利を目的としないよう、「医療法人は、剰余金の配当をしてはならない」（医療法第54条）と厳格に規制されているのです。

しかし、医療法人が「非営利」であることを明確にするためには、「持ち分」◁1の存在が大きな課題となっています。

3 医療法人制度改革

医療施設に関する基本法である医療法は1948年に制定され、1950年に医療法

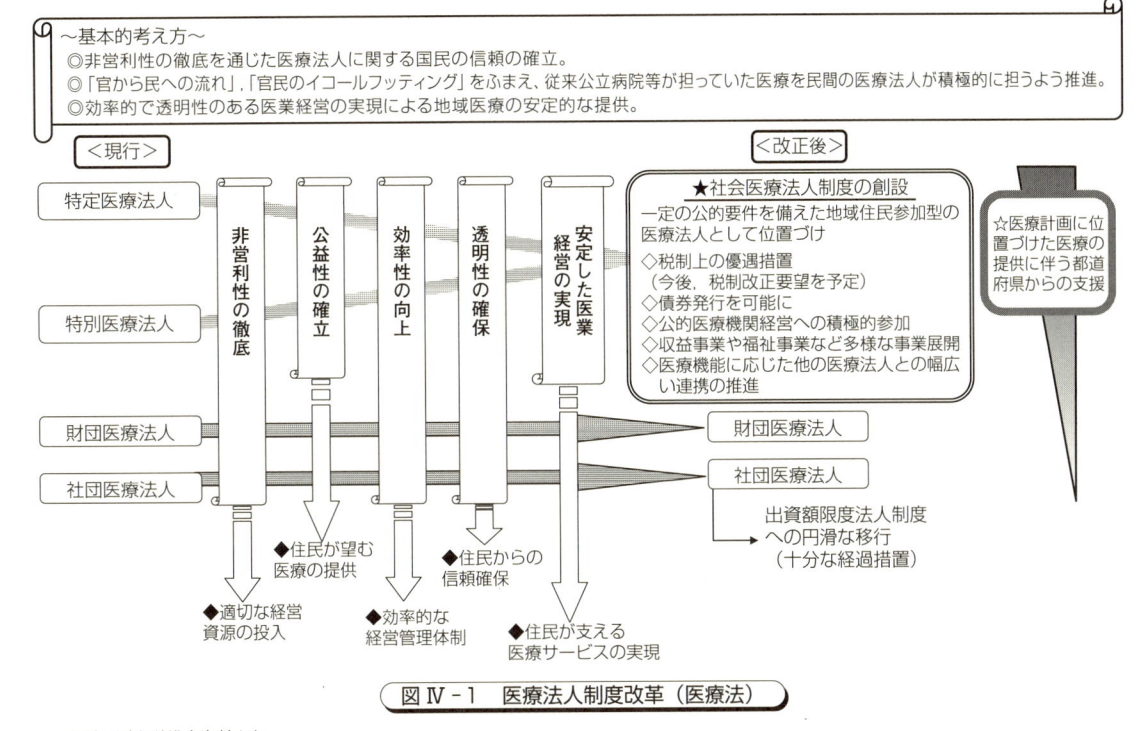

~基本的考え方~
◎非営利性の徹底を通じた医療法人に関する国民の信頼の確立。
◎「官から民への流れ」、「官民のイコールフッティング」をふまえ、従来公立病院等が担っていた医療を民間の医療法人が積極的に担うよう推進。
◎効率的で透明性のある医業経営の実現による地域医療の安定的な提供。

<現行>　　　　　　　　　　　　　　　　　　　　　　　　　　　　　<改正後>

特定医療法人

特別医療法人

財団医療法人

社団医療法人

非営利性の徹底／公益性の確立／効率性の向上／透明性の確保／安定した医業経営の実現

★社会医療法人制度の創設
一定の公的要件を備えた地域住民参加型の医療法人として位置づけ
◇税制上の優遇措置（今後、税制改正要望を予定）
◇債券発行を可能に
◇公的医療機関経営への積極的参加
◇収益事業や福祉事業など多様な事業展開
◇医療機能に応じた他の医療法人との幅広い連携の推進

☆医療計画に位置づけた医療の提供に伴う都道府県からの支援

財団医療法人
社団医療法人
　出資額限度法人制度への円滑な移行（十分な経過措置）

◆住民が望む医療の提供
◆住民からの信頼確保
◆適切な経営資源の投入
◆効率的な経営管理体制
◆住民が支える医療サービスの実現

図Ⅳ-1　医療法人制度改革（医療法）

出所：厚生労働省資料より。

人制度が同法に規定されました。その後、医療法は5回にわたって**重要な改正**が行われ、現在に至っています。今回の第五次医療法改正では、図Ⅳ-1のような医療法人制度改革が行われました。

医療法人制度改革の基本的な考え方は、①非営利性の徹底を通じた医療法人に関する国民の信頼の確立、②「官から民への流れ」「**官民のイコールフッティング**」をふまえ、従来公立病院等が担っていた医療を民間の医療法人が担うよう推進、③効率的で透明性のある医業経営の実現による地域医療の安定的な提供の3点です。

また、医療法人のうち、一定の公的要件を備えた医療法人を「社会医療法人」として認定して、公募債（社会医療法人債）の発行ができるようにし、地域において必要とされる医療を安定的に提供する制度を創設しました。

❹ 医療法人制度の課題

日本の医療法人の98％は持ち分ありの社団です。医療法人の「非営利性」を徹底するためには、この「持ち分」の問題を解決する必要があります。また、医療法人の「公益性」という面から、積極的に情報開示を進め、地域住民から信頼される医療機関経営を行う必要があるでしょう。

（徳広隆司）

○第四次改正（平成12年12月公布、翌年3月施行）
医療法人制度には改正なく、病床区分の見直しのほか、一般病床の看護配置基準強化、病床面積拡大等が行われた。

○第五次改正（平成18年12月公布）
平成19年4月より新設医療法人（新しく許可される医療法人）は「基金拠出型法人」などに分類された（すでに許認可が出されている医療法人については、現在の状況にて継続）。

▷官民のイコールフッティング
補助金や税制で優遇を受ける公営事業者と民間事業者が対等に競争できるよう条件を整えることにより、公正な競争をうながし経営の効率化をめざす。

Ⅳ　福祉サービスの提供主体

5　その他の公益法人と任意組織

1　協同組合

　国際協同組合連盟が定めた定義によると、協同組合とは、「共同で所有し民主的に管理する事業体を通じ、共通の経済的・社会的・文化的ニーズと願いを満たすために、自発的に手を結んだ人々の自治的な組織である」[1]とされています。

　協同組合が積極的に福祉活動や福祉事業に取り組むようになったきっかけとしては、1980年代以降、高齢化や介護問題が顕在化してきたことがあげられます。現在、わが国において福祉事業を担う主な協同組合には、①農業協同組合（以下、農協）、②生活協同組合（以下、生協）、③ワーカーズ・コレクティブなどがあります。

　農協とは、農業協同組合法（1947年）に基づいて設立される協同組合のことです。農協の福祉活動の発端は、1980年代ごろから全国各地で取り組まれてきた農協女性部の助け合い活動でした。現在では、組合員のみならず、地域で暮らすすべての高齢者が安心して生活できるように、「支援や介護が必要な高齢者対策」とあわせて、「元気な高齢者対策」も行っています。また、民間事業者では採算を取ることが難しい過疎地域においても、組合員同士の相互扶助や地域の高齢者の生活を守るという理念をもとに介護サービス等を展開しています。

　生協とは、消費生活協同組合法（1948年）に基づいて設立される協同組合のことを指します。一定の地域住民（組合員および会員）の助け合い精神を基調としていることから、地域社会における共助の担い手としての役割を期待されています。生協が展開する福祉事業としては、①物品の購買事業を通じた福祉関連製品の開発・供給、②子育て支援やミニデイサービスなどの組合員相互の助け合い活動、③高齢者や障害者にたいする公的サービスの展開、などがあげられます。

　またワーカーズ・コレクティブとは、労働者が共同で出資し、その運営に参画する協同組合です。1982年に日本初のワーカーズ・コレクティブが生協の業務委託を行って以降、全国に広がりました。その特徴として、地域や家庭の中に存在した**アンペイド・ワーク**を社会化していくという目的をもち、活動を展開してきたという点があります。事業内容は家事、介護、移動支援、子育て支援など多岐に渡っており、2006年現在、全国で424団体、1万202人の組合員が活動しています。

▷1　日本地域福祉学会編（2006）『新版　地域福祉事典』中央法規出版、246頁。

▷**アンペイド・ワーク**
家事や育児、介護などの家庭内の仕事や地域活動など、報酬はもらっていないものの生活に必要な労働のことを指す。女性が担う場合が多く、これらの労働が過小評価されていることが女性の社会進出を妨げているという指摘がある。
また、イヴァン・イリイチ（Illich, I.）は、家事や通勤・通学、奉仕活動など、市場の外に存在する無報酬の労働を「シャドウワーク」と名づけ、消費社会からは隠れた労働であるが、賃金を得る活動を支え、生活基盤を整えるために必要であることを指摘した。

2 町内会・自治会

　町内会・自治会は，一定範囲に居住する住民や事業所を対象にした地域活動組織であり，日本全国に存在します。戦後に再組織化されましたが，高度経済成長期以降，人口移動や社会状況の急激な変化によって，組織力が低下したといわれています。しかし，1970年代に入り，新たなコミュニティづくりを推進する際の担い手として再び期待されるようになりました。

　町内会・自治会の活動としては，主に①運動会や納涼祭，クラブ活動などのレクリエーション活動，②交通安全や地域内パトロール，防犯・防災対策などの治安の維持，③ごみ処理，公共空間の掃除などの環境整備，④共同募金への参加や慶事・弔事への協力，子育て支援や高齢・障害者に対する福祉活動などの福利厚生活動，⑤自治体広報の配布や地域住民の意見の収集，研修会などの広報・調査活動があります。また，1991年の地方自治法の改正により，町内会・自治会が「地縁による団体」として法人格を有することが可能になりました。近年では，町内会・自治会が公民館や福祉施設を管理したり，NPO法人を立ち上げ，地域内の生活支援を行ったりするなどの取り組みもみられます。

3 ボランティア団体

　ボランティア団体は，自由意思で金銭的報酬を動機とせずに，公共の利益を目的として活動する団体です。全国社会福祉協議会の「ボランティア活動年報2005年」によると，全国の社会福祉協議会において把握されているボランティアの人数は7,385,628人，ボランティア団体数は123,926で，調査を開始した1980年に比べて人数は4.6倍，ボランティア団体数は7.7倍に増加しています。

　また1970年代には，「**住民参加型在宅福祉サービス**」が都市部を中心に誕生し，広がりをみせる中で，「有償ボランティア」という言葉が登場しました。ボランティアという言葉には，本来「無償性」という意味が含まれることから，「有償ボランティア」という用語にたいする根強い反対意見も存在します。しかしながら，住民同士がお互いに気兼ねなくサービスのやり取りができるよう，定額の利用料を介在させるという「住民参加型在宅福祉サービス」の手法が徐々に浸透し，「有償ボランティア」という概念は実体として人々に受け入れられつつあります。

　このようなボランティア精神に基づく身近な人々同士の助け合いやネットワークは，1995年に起きた阪神・淡路大震災により，多くの人たちにその必要性が認識されました。ボランティア活動が以前にも増して注目されはじめたことで，この年は「ボランティア元年」と呼ばれています。団体に所属するメンバーの高齢化や，人材・資金不足などの課題もありますが，地域福祉活動を支える民間団体として今後も活躍が期待されます。

（永井裕子）

▶住民参加型在宅福祉サービス
住民の相互扶助の精神と自主的な参加をベースとして，制度の狭間にある生活課題を自分たちで解決していこうという取り組み。「住民互助型」「社協運営型」「生協型」「農協型」「ワーカーズコレクティブ型」など，その運営主体はさまざまで，多くの団体が会員制と有償制というふたつの特徴を有している。また，サービスを通して地域づくりを志向しているという性質ももち合わせている。2004年3月末現在で約2,200団体が活動している。

参考文献
　日本地域福祉学会編(2006)『新版　地域福祉辞典』中央法規出版
　上野谷加代子・松端克文・山縣文治編(2004)『よくわかる地域福祉』ミネルヴァ書房
　全国社会福祉協議会・全国ボランティア活動振興センター(2003)「全国ボランティア活動者実態調査報告書」全国社会福祉協議会
　全国社会福祉協議会・全国ボランティア活動振興センター(2005)「ボランティア活動年報」全国社会福祉協議会

Ⅳ 福祉サービスの提供主体

6 営利法人

1 営利法人とは

　営利法人とは，営利を目的とする法人のことです。営利とは利益のことです。法人は営利活動によって得た利益を法人の構成員に分配することを目的とします。営利法人としては，国，地方公共団体は認められません。財団法人にも認められず，社団法人は，営利法人として認められます。

　営利法人の代表は，株式会社です。そのほかには合資会社，合名会社，合同会社などがあります。

2 株式会社

　株式会社は，株式の引き受け価額を限度とする有限の出資義務を負う株主によって設立されます。会社の最高意思決定機関として株主総会があります。株主総会は，議決権を有する株主によって構成されます。一年に一度決算期ごとに招集される定時株主総会と，随時に招集される臨時株主総会とがあります。株主総会では，会社の目的・組織・業務などに関する根本規則である定款の変更，法人の解散，合併，取締役・監査役の選任・解任などを決めます。

　業務執行に関する会社の意思決定機関として取締役会があります。取締役全員で構成され，株主総会の権限に属する事項以外の会社運営上の重要事項を決定します。取締役会は，審議，決定すべき事項があれば随時開催されます。

　株主総会で選出された取締役が会社でのリーダー役になります。取締役の中で代表者として代表取締役をおきます。代表取締役は，会社の業務執行を代表して行います。代表取締役はひとりとは限らず，複数の取締役がなる会社もあります。会長，社長，専務，常務などは，役職名です。

3 福祉における営利法人の役割

　2000年4月に介護保険制度が開始され，介護サービスの多くの分野で営利法人の参入が認められました。

　急増する高齢者を従来介護サービスを行ってきた市町村や社会福祉法人，社会福祉協議会だけではまかないきれないという判断と，市場競争社会を生き抜いている営利法人のノウハウを導入すればもっと介護サービスの質が向上するという見方もありました。特に在宅（自宅）で暮らし続けることができるよう

にしなければならないという判断で，在宅分野を中心に参入が認められたのです。

営利法人は，特に訪問介護，通所介護（デイサービス），居宅介護支援，認知症対応型共同生活介護（グループホーム），特定施設入居者生活介護（介護付有料老人ホーム，福祉用具貸与などで参入が急増しました。

超高齢社会と呼ばれる現在，高齢者が長期的に増加することが明らかなことで，営利法人は市場（マーケット）として有望な市場ととらえ，ビジネスチャンスが存在すると判断したのです。

介護サービスを利益が見込めるビジネスだと多くの営利法人は判断したのです。

その結果，在宅分野では，多くの地域で利用者が，デイサービスの利用希望時に複数の事業所の中から自分に合った設備や雰囲気のデイサービスを選択できるようになりました。選択の幅が大きく広がったのです。

同種の介護サービス事業所が複数ある地域では，競争原理が働くことで，社会福祉法人や医療法人が運営する事業所も含め介護サービスの質の向上がはかられてきました。介護サービス事業所は，新規利用者獲得のため，既存の利用者が他の事業所に移らないように自分たちの介護サービスの質をハード面，ソフト面の両面ではかる必要がでてきました。

このように利用者の選択の幅を広げ，介護サービスの質の向上にも一定の役割を果たしています。

4 営利法人の課題

営利法人は，2000年の介護保険制度開始から4～5年間は介護サービスへの参入が著しかったのですが，2006年4月の介護報酬の改定，介護付有料老人ホームやグループホームの総量規制などの影響もあり，参入が減ってきています。介護サービスを行う営利法人の収入源の大部分を占める介護報酬が引き下げられたことで，ビジネスとしての介護サービスという市場に魅力がなくなってしまったということです。営利法人は，事業に投入した資金以上の利益が何年間かのうちに入ってくるという前提で資金を事業に投資するのです。利益が見込めなければ参入をするという行動にはでません。

また，国や市町村の意向に基づく施策で，自由なはずの市場に参入制限が設けられている現在，事業としての魅力はかなり低下してきています。その結果，営利法人の中には，介護サービス事業所を休止したり廃止したりしたところが出てきており，今後の課題になっています。

（芳賀祥泰）

V 社会福祉法人の運営管理

1 組 織

1 社会福祉法人の組織

1951（昭和26）年制定の社会福祉事業法（現・社会福祉法）では、社会福祉法人の定義を「社会福祉事業を行うことを目的として、この法律の定めるところにより設立された法人」と定めています。社会福祉法人が福祉施設を設置して事業経営を行う場合には、この社会福祉法の要件を満たすことが前提となります。**社会福祉法第31条**の要件では、社会福祉法人の設立には、必要事項を取り決めたうえで、定款をもって所轄庁の認可を受けなければなりません。

社会福祉法で定められた定款には、施設の「目的」や「名称」「社会福祉事業の種類」「事務所の所在地」などの項目のほか、「役員に関する事項」や「会議に関する項目」が必須の項目となっています。さらに、理事、監事、評議員会という機関の定めには、社会福祉法とは別に、社会福祉法人審査基準や、社会福祉法人定款準則等によっても、これらの機関の職務や要件が定められています（図V-1）。

2 役員の選出基準と職務

社会福祉法人組織における役員は、理事長（発起人）が、学識経験者、地域代表者（区長・民生委員）、職員代表（施設長）などから選出を行うのが一般的です。しかし社会福祉法の要件では、次のいずれかに該当する者は役員になることができません（同法第36条4項）。

・成年被後見人、被保佐人
・生活保護法、児童福祉法、老人福祉法、身体障害者福祉法、社会福祉法の規定に違反して刑に処され、その執行が終わり、または執行を受けなくなるまでの者
・禁錮以上の刑に処され、その執行が終わり、または執行を受けなくなるまでの者
・所轄庁の解散命令により解散を命ぜられた社会福祉法人の解散当時の役員

また、その役員、その配偶者および三親等以内の親族が役員の総数の2分の1を超えて含まれてはいけません（同法第36条3項）。理事または監事のうち、その定数の3分の1を超える者が欠けた場合、遅延なくこれを補充しなければなりません（同法第37条）。

▶社会福祉法第31条
社会福祉法人を設立しようとする者は、定款をもって少なくとも次に掲げる事項を定め、厚生労働省令で定める手続に従い、当該定款について所轄庁の認可を受けなければならない。
 1）目的
 2）名称
 3）社会福祉事業の種類
 4）事務所の所在地
 5）役員に関する事項
 6）会議に関する事項
 7）資産に関する事項
 8）会計に関する事項
 9）評議員会を置く場合には、これに関する事項
 10）公益事業を行う場合には、その種類
 11）収益事業を行う場合には、その種類
 12）解散に関する事項
 13）定款の変更に関する事項
 14）公告の方法
2. 設立当初の役員は、定款で定めなければならない。
3. 第1項第12号に掲げる事項中に、残余財産の帰属すべき者に関する規定を設ける場合には、その者は、社会福祉法人その他社会福祉事業を行う者のうちから選定されるようにしなければならない。
4. 前条第2項の社会福

V-1 組織

図 V-1 社会福祉法人組織図

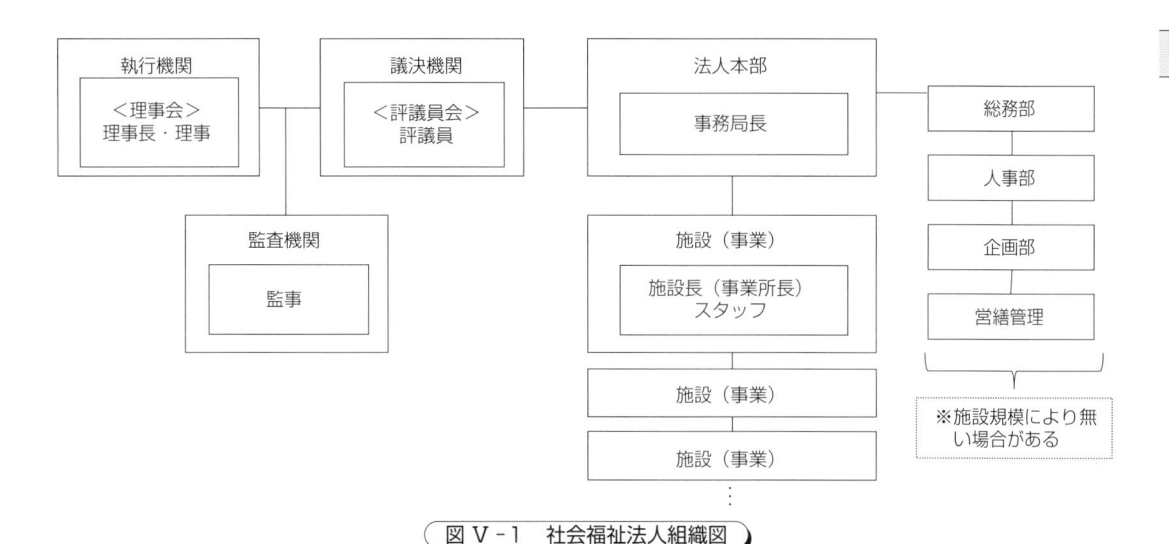

出所：筆者作成。

○理　事

　理事はその法人の目的や理念の遂行のために，理事会による決議を行い，事業の執行機関として社会福祉法人の意思決定を行います。社会福祉法人には，3人以上の理事を置かなくてはなりません（社会福祉法第36条1項）。社会福祉法人の業務は，定款に別段の定めがない場合は理事の過半数の同意をもって決定されます（同法第39条）。また，社会福祉法人審査基準，社会福祉法人定款準則のなかでは，責任体制を明確にするため，理事のなかから理事長を選出することとされており，理事長はその法人の代表となります。

○評議員会

　社会福祉法人には，評議員会を置くことができ，理事の定数の2倍を超える数の評議員で構成されます（同法第42条1項，2項）。評議員会は，理事および理事会を客観的立場から牽引し，業務執行の公正，法人運営の適正をはかるための機関です。また，社会福祉法人定款準則において，評議員会は理事にたいして重要事項に関する意見を述べる諮問機能と，理事・監事を選任する機能を持たせているのは，その法人の独善的運営を評議員会がチェックし，業務の公正さを確保することを目的としています。

○監　事

　社会福祉法人には，1人以上の監事を置かなければなりません（同法第36条1項）。監事は，理事，評議員，社会福祉法人の職員を兼ねてはなりません（同法第41条）。監事の職務は，理事の職務執行および法人の財産状況を監査することであり，これらの状況について理事に意見を述べることができます。

（中村英三）

法人に係る第1項の規定による認可の申請は，当該社会福祉法人の主たる事務所の所在地の都道府県知事を経由して行わなければならない。この場合において，当該都道府県知事は，必要な調査をし，意見を付するものとする。

V 社会福祉法人の運営管理

2 財　　源

1 運営の財源

　社会福祉事業の経営においては，法遵守のもとに公的資金の支出が認められており，一般的な財源としては，利用者への措置委託料や，設立時または設備改修などへの補助金があります。また個人や団体からの寄付金は，利用者の生活面に利用される施設寄付と，設備改修などに利用される法人寄付があります。
　その他に，介護保険施設では，介護保険請求によって支払われる介護報酬と，利用者が負担する応益負担が主な財源となります。

○措置委託料
　措置における公的資金の流れは，措置委託料が施設にいったん全額支給された後，利用者が行政に負担額（応能負担）を支払う費用徴収制となっています。負担額は利用者の年金などの収入に応じて決められた額を**措置権者**に収めますが，無収入者の例では，負担額が発生しないので全額が公費からとなります。

○介護保険と応益負担
　介護保険（社会保険）制度の利用において，利用者は1割を負担額とし，利用施設に支払います（応益負担）。残りの9割は，介護保険請求によって利用施設に支払われます。またその他の負担額には，施設利用にともなう部屋割や食事代などが利用者の自己負担となっており，各施設の取り決めた契約内容によって利用額が異なります。

○自立支援給付費と利用者負担金
　障害者支援を行う福祉施設において，利用者の障害程度によって決められた行政からの給付費を利用できる制度です。給付費は法定代理受領として施設が受領することで利用者に支給した形になりますが，措置とは違い利用者と施設間で利用するサービス内容の契約が行われ，その利用負担分を利用者が施設に支払います。

2 その他の財源

　一般的には，本来営利を目的としていない社会福祉法人が，その事業に要する経費の一部をまかなうために，収益を目的とした収益事業を行う場合があります。収益事業は，その経営する社会福祉事業に支障がない限り，その収益を社会福祉事業の経営に充て財源とすることができます。

（中村英三）

▶**措置権者（措置の実施者）**
各種法律に基づく福祉の措置を行う行政庁。それは通常，都道府県または市町村であるが，福祉の措置はその全部または一部をその管理に属する行政庁（福祉事務所，児童相談所等）に委託することができるとされている。生活保護法においては申請に基づいて保護することを原則としているが，老人福祉法・児童福祉法・身体障害者福祉法および精神薄弱者福祉法においては，措置の実施者の職種によって保護することを原則としている。

参考文献
中央法規出版編集部(2008)『社会福祉用語辞典』中央法規出版

V-2　財　源

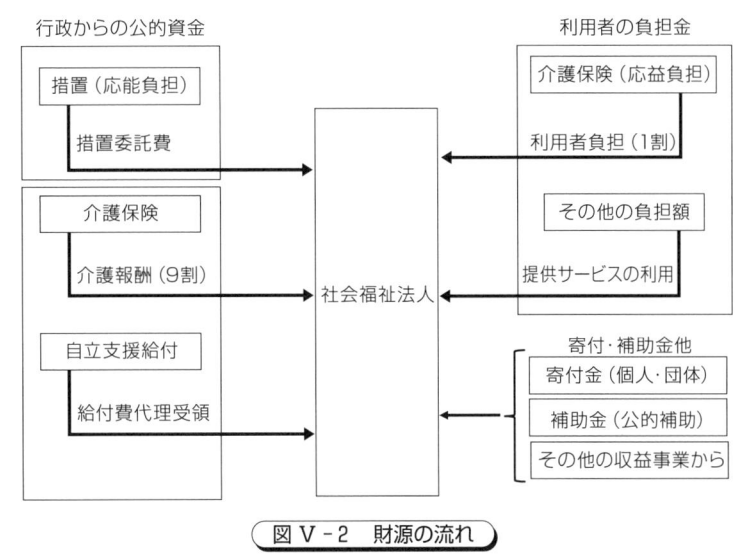

図V-2　財源の流れ

行政からの公的資金
- 措置（応能負担）→ 措置委託費
- 介護保険 → 介護報酬（9割）
- 自立支援給付 → 給付費代理受領

↓ 社会福祉法人 ←

利用者の負担金
- 介護保険（応益負担）→ 利用者負担（1割）
- その他の負担額 → 提供サービスの利用

寄付・補助金他
- 寄付金（個人・団体）
- 補助金（公的補助）
- その他の収益事業から

出所：筆者作成。

表V-1　社会福祉事業の財源

施設	施設の特徴	財源 寄付・補助金	財源 公的資金	財源 利用者負担	行政の支払分担
養護老人ホーム	65歳以上で，環境上の理由および経済的理由により居宅において介護が困難な者。	寄付（個人・団体）	措置	応能負担	国　2分の1 都道府県・市町村　2分の1
保育園	0歳から6歳の，保育に欠ける乳児または幼児。	補助金（公的補助）			国　2分の1 （僻地の保育所は3分の1）
児童養護施設	乳児を除く18歳未満の保護者のいない児童，虐待されている児童，その他環境上養護を要する児童。20歳まで入所可能。				国　2分の1
救護施設	身体上または精神上著しい欠陥があって，自立できない要保護者。			※自己負担は原則なし	国　4分の3 都道府県・市町村　4分の1
更生施設	身体上または精神上の理由によって，養護や生活指導を必要とする要保護者。				国　4分の3 都道府県・市町村　4分の1
介護老人福祉施設	65歳以上で，心身の障害のため常時介護を必要とし，かつ居宅介護が困難な者（65歳未満でも入所可能）。	寄付（個人・団体）	介護保険	応益負担 自己負担分	介護保険給付9割
介護老人保健施設	要介護認定で要介護以上の認定を受けたもので，病状安定期にあり，入院をする必要はないが，リハビリ・介護・看護を必要とする者。	補助金（公的補助）			介護保険給付9割
介護療養型医療施設	要介護認定で要介護以上の認定を受けたもので，病状安定期にあり，入院をする必要はないが，リハビリ・介護・看護を必要とする者。				介護保険給付9割
障害者支援施設	以下の施設を含む。①障害者支援施設　②地域活動支援センター　③生活介護事業所　④就労移行支援事業所　⑤就労継続支援事業所　⑥小規模作業所　⑦更生施設　⑧授産施設（小規模通所授産施設を含む）　⑨福祉工場	寄付（個人・団体） 補助金（公的補助）	自立支援給付	自己負担分	国　2分の1 （もしくは給付適用外）

注：2009年3月現在。
出所：筆者作成。

V　社会福祉法人の運営管理

3　会　　計

　2000年に改称された社会福祉法は，社会福祉法人にたいして，その財務書類を法人事務所に備え置くとともに，この財務書類を含む現況報告書を所轄官庁へ提出するよう定めています。同法は，すべての利害関係者から財務書類の開示請求があるときには事務所で閲覧させること，また所轄官庁でも閲覧させることを定めています。所轄官庁（厚生労働省）は社会福祉法人が作成する財務書類に適用される会計基準（会計処理の基準と表示様式の基準）（⇨Ⅲ-5）として2000年に社会福祉法人会計基準を定め，2011年に新しい社会福祉法人会計基準（以下「新会計基準」）を定めています。

1　「新会計基準」と財務諸表

　「会計基準」は会計処理の基準と表示様式の基準を定めています。「新会計基準」の求める主な財務書類とは貸借対照表，事業活動計算書，資金収支計算書の財務諸表です。この財務諸表は複式簿記と呼ばれる一連の手続きを通じて作成されます。

　「新会計基準」では，法人レベル，社会福祉事業・公益事業・収益事業の事業レベル，一体として運営される施設・事業所等を単位とする拠点レベル，同拠点で実施される各種事業レベルなどのように，複数のレベルで財務諸表の作成を要求しています。

　以下では，法人全体で作成される財務諸表のうちのふたつの表の概要を説明します。

2　事業活動計算書

　株式会社の損益計算書に相当する事業活動計算書の概要は表V-2のように示すことができます。この書類は黒字・赤字の状況（活動増減差額）とその原因である収益と費用を示します。

　収益と費用とこの差額の**活動増減差額は活動ごとに3つに分けられます**。

　サービス活動収益には本業である介護保険事業による介護保険事業収益などが含まれます。サービス活動支出には本業での人件費，事務費，事業費の他に**減価償却費**などが含まれます。

　事業活動計算書の末尾に繰越活動増減差額の部があります。当期活動増減差額に前期からの繰越分を加えると当期末繰越活動増減差額になります。この他

▷3つの活動増減
3つの活動増減差額は，サービス活動増減差額，サービス活動外増減差額，特別増減差額であり，前者2つの合計が経常増減差額，3つの合計が当期活動増減差額です。

▷減価償却費
建物等の長期利用物件の消費分を費用として認識した分であり，これを認識すると建物等の金額がその分だけ減少する。

表 V-2　事業活動計算書（報告式）
自○年○月○日～至○年○月○日

```
1  サービス活動増減の部
      サービス活動収益                   ××
      サービス活動費用                   ××
         サービス活動増減差額             ××
2  サービス活動外増減の部
      サービス活動外収益                 ××
      サービス活動外費用                 ××
         サービス活動外増減差額           ××
         経常増減差額                    ××
3  特別増減の部
      特別収益                          ××
      特別費用                          ××
         特別増減差額                    ××
         当期活動増減差額                 ××
4  繰越活動増減差額の部
      前期繰越活動増減差額               ××
      当期末繰越活動増減差額             ××
      基本金取崩額                       ××
      その他の積立金取崩額               ××
      その他の積立金積立額               ××
      次期繰越活動増減差額               ××
```

表 V-3　貸借対照表（勘定式）
○年○月○日現在

資産の部			負債の部	
流動資産			流動負債	負債の部
固定資産	基本財産		固定負債	
			基本金	純資産の部
			国庫補助金等特別積立金	
	その他の固定資産		その他の積立金	
			次期繰越活動増減差額	

注：勘定式と報告式…勘定式は中央線のある表の左側と右側に勘定科目と金額を表示する方法。報告式は表の中の上から下へと勘定科目と金額を順次列挙して表示する方法。ここに掲示した貸借対照表は勘定式で，事業活動計算書は報告式である。

の項目に金額がなければ，それが次期繰越活動増減差額にもなります。

3　貸借対照表

貸借対照表の概要は表V-3のように示すことができます。貸借対照表は財産の運用形態と調達源泉を示します。財産の運用形態は資産，調達源泉が他人である場合は負債，自己（補助金等含む）である場合は純資産です。

資産の部は**流動資産**と**固定資産**に分かれますが，流動資産には現金預金や未収金などが含まれます。固定資産は**基本財産とその他の固定資産**に分かれますが，双方の区分には建物，土地などが含まれます。負債の部も流動負債と固定負債に分かれますが，流動負債には事業未払金，短期運営資金借入金などが含まれ，固定負債には長期運営資金借入金や設備資金借入金などが含まれます。

純資産は基本金，国庫補助金等特別積立金，その他積立金，次期繰越活動増減差額（事業活動計算書のそれと同額）に分かれます。基本金には施設創設時の寄付金品の金額などが入ります。国庫補助金等特別積立金は施設整備時に国・地方から受け入れた補助金などが入ります。その他の積立金と次期繰越活動増減差額は過去の当期活動増減差額の合計額です。

（新谷　司）

▶流動と固定の区別
資産と負債は流動と固定に区別される。この区別の基準にはいくつかあるが，もっともわかりやすいのは1年基準である。1年以内に現金化するものは流動資産と流動負債である。現金化に1年超の期間を有するものは固定資産と固定負債である。

▶基本財産とその他の固定資産
社会福祉法人の定款において基本財産と定めたものが基本財産で，それ以外の固定資産はその他の固定資産となる。

V 社会福祉法人の運営管理

4 施設運営（経営）

　社会福祉法人は営利を目的としない団体としながら，利用者への質の高いサービスを提供することが求められています。しかし，現実的には非営利団体であるがゆえに，公費や介護報酬だけの財源では，職員への待遇やより良い設備環境を整えることが困難であることを理由に，運営者によっては多業種サービスへ参入するなど，経営意識へと転換する法人も出てきました。

　しかし，従来の公的資金で運営を行ってきた施設では財政面の問題から経営の転換を行えない法人もあります。こういった方針の違いから，社会福祉法人はその母体や規模によってその内容が多様化し，昨今のさまざまな経営タイプを生む理由となっています（図Ⅴ-3）。

1 一法人一施設

　社会福祉法人において，一施設運営を行う事業には，養護老人ホーム，保育園，児童養護施設，救護施設，更生施設があり，2000（平成12）年の介護保険制度成立以前の措置としての社会福祉理念をもった，伝統的な施設が多いのが特徴です。また，公益性の高い社会福祉法人は，本来営利を目的とせず，その利益（各年度の剰余金）はすべて地域の福祉増進に充てられます。しかし，措置としての運営を行うことは，非営利法人として厳しい経営を行うことにつながることから，会計方法を一般企業会計とする介護保険事業へ参入する法人も増え

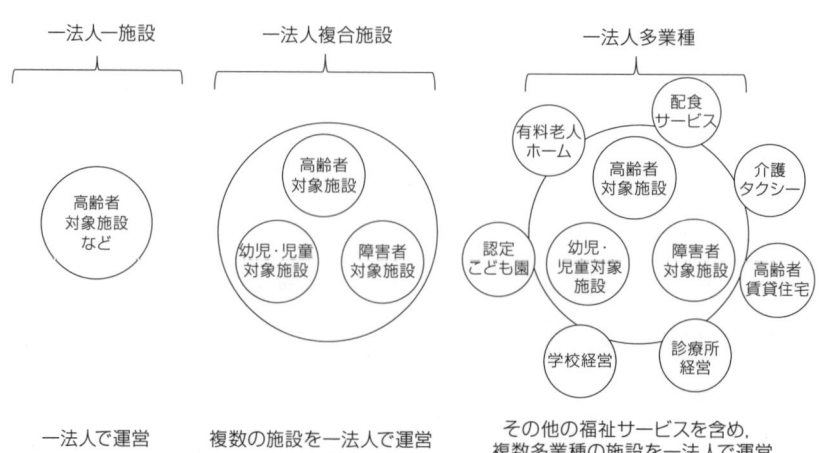

図Ⅴ-3　経営タイプ

出所：筆者作成。

ています。

❷ 一法人複合施設

　介護保険制度の成立後，養護老人ホームが介護保険事業として特別養護老人ホームなどを経営し，さらには施設福祉（第1種社会福祉事業）だけではなく，デイサービスやショートステイなどの在宅福祉（第2種社会福祉事業）も視野に入れ，利用者の多種多様なニーズに対応することを目的に経営の転換を進めています。また，介護保険事業は企業会計と同様の会計方法が認められており，措置制度と比較した場合，会計方法に制限が少ないことから経営の安定化をはかりやすいとされています。

❸ 一法人多業種

　一法人多業種は，福祉事業だけではなく，有料老人ホームや高齢者賃貸住宅，介護関係の専門学校などの事業を経営するケースをいいます。他業種の中には，介護タクシー，配食サービス，診療所，認定こども園などがあり，社会福祉法人とは経営的な視点に違いがあることが特徴的です。

（中村英三）

Ⅴ 社会福祉法人の運営管理

5 措置施設の施設運営(経営)

1 措置制度とは

措置では,生活問題を抱えた人が福祉サービスを実施している機関(実施機関)に相談するのをきっかけにして,実施機関に与えられた権限(**職権**)に基づいてサービスを利用できるかどうかが決定されます。生活問題を抱えた人が相談するにあたって利用者の**申請権**は認められていません。つまり,措置では生活問題を抱えた利用者の福祉サービスの利用は,実施機関(**措置権者**)の**行政処分**(措置)の結果として可能となる**反射的利益**です。

措置制度は,福祉サービスの実施主体である地方自治体が,生活問題を抱えた人を社会福祉施設に入所委託する制度です。措置を実施した地方自治体は委託した費用(措置費)を施設に支払い,施設は入所を受託した利用者にサービスを提供します。福祉サービスの利用にあたっては,利用者本人もしくは扶養義務者にたいして,その負担能力に応じた費用徴収(応能負担)が行われます。

2 措置費とは

措置費は,図Ⅴ-4のとおり,施設で働く職員の給与などの人件費,施設の維持管理に必要な管理費などの事務費,飲食物費など施設を利用する人が最低限度の生活水準を維持するための事業費からなっています。

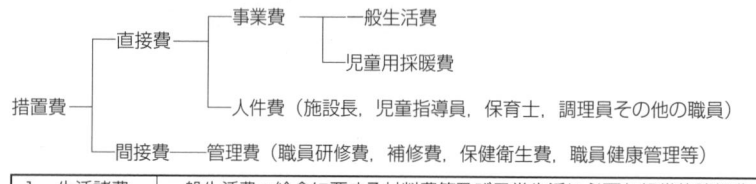

措置施設に支払われる措置費は,利用者一人(世帯)当たりの月額単価(保護単価)に,毎月初日の在籍者数(措置費=保護単価×毎月初日の在籍人数)から計算されます。なお,事務費は施設を運営するために必要な費用なので,定員に応じて支払われ(定員払い方式),事業費は実

▷措置
社会福祉の領域において,行政庁が社会福祉の対象者にたいして社会福祉に関する法律に基づいて行う援護,育成,保護,更生に関する行政処分のこと。

▷職権
公の機関や公務員などがその地位や資格に基づいて一定の行為をなしうる権限およびその範囲。

▷申請権
国や公共の機関などにたいして認可・許可その他一定の行為を求める権利。

▷措置権者
都道府県や市町村などサービスの実施主体で,措置する権限をもつもの。

▷行政処分
行政機関が国民にたいし,

```
                ┌─事業費─┬─一般生活費
        ┌─直接費┤        └─児童用採暖費
措置費─┤        └─人件費(施設長,児童指導員,保育士,調理員その他の職員)
        └─間接費──管理費(職員研修費,補修費,保健衛生費,職員健康管理等)
```

1	生活諸費	一般生活費:給食に要する材料費等及び日常生活に必要な経常的諸経費
2	教育諸費	(1) 教育費:義務教育用の学用品費,教材代等
		(2) 学校給食費:学校から徴収される実費
		(3) 見学旅行費:小学6年生,中学3年生の修学旅行の交通費,宿泊費等
		(4) 入進学支度金:小学1年,中学1年への進学に必要な学用品などの購入費
		(5) 特別育成費:高等学校等教育用の学校納付金,教科書代,学用品費,通学費等
		(6) 夏季等特別行事費:夏季等に行われる臨海,林間学校等に出席するために必要な交通費等
3	その他の諸費	(1) 期末一時扶助費:年末の被服等の購入費
		(2) 医療費:診察,治療,投薬,手術等のいわゆる医療費
		(3) 職業補導費:義務教育修了児が職業補導機関に通う交通費等
		(4) 児童用採暖費:冬季の採暖に必要な燃料費
		(5) 就職支度費:退所児の就職に伴い必要な寝具類,被服類等の購入費

図Ⅴ-4 児童福祉施設における措置費の内容

表Ⅴ-4 措置施設の措置費負担割合

施設種別	措置の主体の区分	支弁義務者	施設サービス利用料の徴収者	負担区分 町村	市	都道府県 指定都市 中核市	国
保護施設	都道府県知事 指定都市長 中核市長	都道府県 指定都市 中核市	都道府県 指定都市 中核市			1/4	3/4
	市長（福祉事務所設置町村を含む）	市	市		1/4		3/4
老人福祉施設	市町村長	市町村	市町村長	10/10			
婦人保護施設	都道府県知事	都道府県	都道府県知事			5/10	5/10
児童福祉施設	都道府県知事 指定都市長 児童相談所設置市長	都道府県 指定都市 児童相談所設置市	都道府県知事 指定都市長 児童相談所設置市長			1/2	1/2

注：児童福祉施設とは，保育所，母子生活支援施設，助産施設を除いた施設である。
　　老人福祉施設の措置費の費用負担は，指定都市・中核市を含む市町村である。
出所：厚生統計協会（2008）『国民の福祉の動向2008』厚生統計協会，202頁を加筆修正．

際に施設を利用している人数に応じて支払う（現員払い方式）こととなっています。

3 措置施設とは

措置施設には，以下の施設があります。それぞれの施設の国と地方自治体の措置に関する費用の負担割合は表Ⅴ-4のとおりです。
① 生活保護関係（救護施設，更生施設，授産施設，宿所提供施設）
② 老人福祉法関係（養護老人ホーム）
③ 児童福祉法関係（乳児院，児童養護施設，情緒障害児短期治療施設，児童自立支援施設）
④ 売春防止法関係（婦人保護施設）

4 措置施設の課題

措置施設の経営には，いくつかの課題があげられます。

措置制度は，行政処分によって福祉を必要とする対象者にたいして福祉サービスを提供するしくみです。このため，利用者のサービス選択権や決定権は認められていません。福祉サービス利用の仕方が「措置」から「契約」へと移行する中で，措置施設も利用者との「契約」による福祉サービス提供について段階的な利用制度の検討が求められています。高齢者施設や保護施設では，介護を必要とする利用者が増えてきており，これに対応した施設のあり方が問われています。また，施設運営に要する費用は公費で賄われるため，社会福祉法人などの民間施設の経営は独自の財源をもつことがほとんどありません。ですから，その自主性，独自性を喪失しがちで，いかに自立的な経営を確立するかが大きな課題です。

（尾里育士）

法律と規則に基づいて権利を与えたり義務を負わせたりすること。
▶反射的利益
法律に基づいて行政処分されることで反射的にうみだされる利益として利用者が福祉サービスを利用できること。

参考文献
古川孝順（2008）『福祉ってなんだ』岩波書店
厚生統計協会（2008）『国民の福祉の動向2008』厚生統計協会

V 社会福祉法人の運営管理

6 介護報酬による施設運営（経営）

① 介護保険制度利用の手続き

介護保険制度の介護サービスを利用できるのは，**第1号被保険者**，**第2号被保険者**の要介護状態の人と，家事援助を必要とする程度の要支援状態の人です。介護サービスを受ける場合は，まず市町村が実施する**要介護認定**を受け，それによって**要介護者**（要介護1～5）もしくは**要支援者**（要支援1・2）と認定された人が，介護支援専門員（ケアマネジャー）に介護サービス計画（**ケアプラン**）を作成してもらい，介護サービス事業者の了解のうえでサービスを利用することができます。

② 介護報酬の利用の流れ

介護保険制度では，要介護状態に応じて支給限度額が定められています。介

▷**第1号被保険者**
寝たきり状態，病気・けがなどによる障害，認知症状態などによる要介護状態の者。

▷**第2号被保険者**
脳血管疾患，パーキンソン病，初老期認知症など老化を原因とする特定疾患による要介護状態の者。

▷**要介護者・要介護認定**
身体上または精神上の障害があるために，入浴，排泄，食事などの日常生活における基本的な動作の全部または一部について継続して，常時介護を要すると見込まれる状態であって，その介護の必要の程度に応じて認定区分のいずれかに該当する者。要介護認定では，市町村などに設置されている介護認定審査会において79項目の基本調査から，要介護認定等基準時間の算出によるコンピュータの一次判定の結果と，特記事項ならびに主治医の意見書などに基づいた二次判定の結果により，認定区分（要支援1・2もしくは要介護1～5）が決定する。

▷**要支援者**
要介護認定の結果，要介護状態区分でもっとも軽いランクに該当する者。予防給付が保険給付として行われ，家事援助など日常生活を支援するサービスが中心となる。

表Ⅴ-5 介護保険で利用できる介護サービス

対象者	給付区分	在宅（居宅介護サービス）	施設（施設介護サービス）
要介護1～5	介護給付	訪問介護（ホームヘルプ） 訪問看護 訪問リハビリテーション 通所介護（デイサービス） 通所リハビリテーション（デイケア） 訪問入浴 短期入所生活介護（ショートステイ） 短期入所療養介護（ショートステイ） 認知症対応型共同生活介護（グループホーム） 特定施設入所者生活介護 　（養護老人ホーム・有料老人ホーム・ケアハウスなどでの介護サービス） 福祉用具の購入・貸与 住宅改修 居宅療養管理指導（医師の訪問による指導）	介護老人福祉施設（特別養護老人ホーム） 介護老人保健施設（老人保健施設） 介護療養型医療施設 　（療養病床―病院，診療所，老人性認知症疾患療養病棟）
要支援1・2	予防給付	上記サービスのうち，認知症対応型共同生活介護（グループホーム）以外のサービスが利用できる	（利用できない）
居宅介護支援事業（ケアプランの策定，相談など。このサービスは利用者の1割負担なし）			

注：2009年3月現在。
出所：筆者作成。

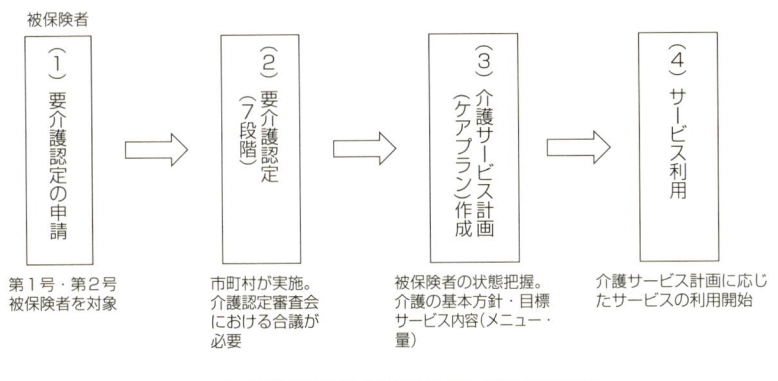

図 V-5 介護サービス利用の手続き

①要介護認定の申請（被保険者）— 第1号・第2号被保険者を対象
②要介護認定（7段階）— 市町村が実施。介護認定審査会における合議が必要
③介護サービス計画（ケアプラン）作成 — 被保険者の状態把握。介護の基本方針・目標サービス内容（メニュー・量）
④サービス利用 — 介護サービス計画に応じたサービスの利用開始

注：2009年3月現在。
出所：筆者作成。

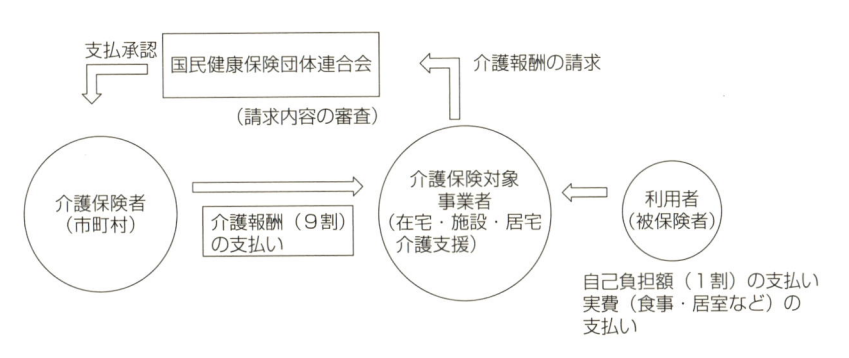

図 V-6 介護報酬と負担額の流れ

国民健康保険団体連合会（請求内容の審査）→支払承認→介護保険者（市町村）→介護報酬（9割）の支払い→介護保険対象事業者（在宅・施設・居宅介護支援）←介護報酬の請求
利用者（被保険者）→自己負担額（1割）の支払い、実費（食事・居室など）の支払い→介護保険対象事業者

注：2009年3月現在。
出所：筆者作成。

護サービスを利用した場合には，その費用の1割は自己負担しなければなりません。居宅介護サービスの場合は，もっとも低い要支援でも1か月の支給限度額分を利用した場合には，1か月4,970円の自己負担であり，要介護5の場合には1か月3万5,830円の自己負担となっています（2008年現在）。

3 介護報酬制度の課題

　介護保険制度のねらいのひとつは，サービス利用の手続きの簡便化，利用しやすさの実現でしたが，実際の利用開始には要介護認定の通知を待つ必要があり，利用者の切迫した状況では，必ずしもすぐに利用できない場合があります。
　また，施設経営においては介護報酬請求から支払いまでの期間が2か月かかることから資金繰りを圧迫していることや，十分なサービスを提供するため介護報酬額の見直しが必要であるという意見もメディアなどで報道されています。

（中村英三）

▷ケアプラン
ケアプランは，制度上自分や家族が作成してもよいことになっているが，実際は居宅介護支援事業者のもとにいるケアマネジャーに作成してもらう場合が多い。

V 社会福祉法人の運営管理

7 障害者へのサービス提供

1 サービス利用の流れ

2005年，利用者主体，自己選択・決定を中心理念とした障害者自立支援法が成立しました（2006年施行）。それまでは地方自治体が措置という一種の行政処分として福祉サービスを提供していたのにたいし，契約方式のもと，利用者がサービスを選択することとなったのです。その後，法改正により障害者の日常生活及び社会生活を総合的に支援するための法律（以下，総合支援法）が成立し（2013年施行），これまでの障害者（児）に加え，難病患者等もサービスの対象に含まれることになりました。◁1

障害福祉サービスは，当該障害者の心身の状況に応じてその支給量が決定されます。サービス利用を希望する障害者等がサービス利用申請を行うと，申請を受けた市町村（または委託相談支援事業者）によるアセスメントや市町村審査会による判定を経て，障害程度区分が認定されます。さらに，**勘案事項**◁や障害児者本人の意向について調査が行われ，その結果をふまえて必要なサービスの支給が決定されます。

支給決定がなされた障害者は，相談支援事業者に依頼したり，あるいは自分自身でサービス利用計画を定め，各サービス事業者と契約し，サービスを利用することとなります（図Ⅴ-7）。

2 サービスの提供

サービス事業者は，支給決定を受けた障害者等からの利用申し込みを受けて契約し，サービスを提供することとなります。

サービス事業者は，契約に基づき適切なサービスを提供するために，サービス管理責任者を配置し，個別支援計画を策定するよう義務づけられています。サービス管理責任者には，一定の実務経験に加え，研修受講が必要となります。

サービス管理責任者の役割は，支援目標の達成に向けたサービス全体のプロセスや，各関係機関による支援チームのマネジメント，さらに苦情解決や利用契約の遂行といった観点からのリスクマネジメントとなります。

▷1 「治療方法が確立していない疾病その他の特殊の疾病であって政令で定めるものによる障害の程度が厚生労働大臣が定める程度である者」（総合支援法第4条）とされ，障害者の日常生活及び社会生活を総合的に支援するための法律第4条第1項の規定に基づき厚生労働大臣が定める程度（厚生労働省告示第7号平成25年1月18日）及び障害者の日常生活及び社会生活を総合的に支援するための法律施行令（政令第10号平成18年1月25日）により，現在130の難病が指定されている。

▷**勘案事項**
障害者の住居や家族，社会生活の状況等，障害児者の生活を取り巻く状況。

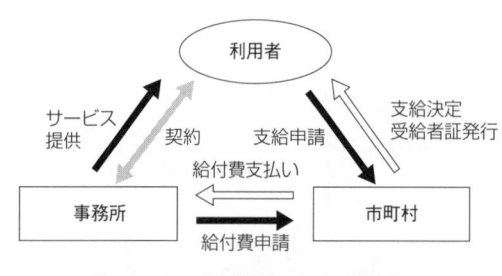

図Ⅴ-7 障害福祉サービスの流れ

出所：厚生労働省の図を筆者改変。

具体的には，利用者のアセスメントに基づき個別支援計画を作成し，当該利用者に説明を行い，同意を得て交付します。サービス提供職員は，その計画に基づいて支援を行います。その後，計画に沿った支援が実施されているか，支援目標が達成されているか，定期的にモニタリングや評価を行い，サービス提供プロセス全体を管理・調整していきます。さらに，適切なサービス提供を行うために，サービス提供職員のスーパーバイズや指導，ケア会議の開催，各関係機関との連絡調整等を行います。

3 サービスに係る費用

総合支援法による介護給付費・訓練等給付費は，本来は市町村から障害者等本人にたいして支払われるものですが，サービス事業者が本人の代わりに請求・受領することができます（法定代理受領）。事業者は，月ごとに提供したサービスの量に応じて審査支払い機関に請求を行います。請求を受けた審査支払い機関は，報酬基準，設備および運営に関する基準に基づいた審査を行い，施設報酬として支払います。また，一定の基準を満たした施設・サービス提供にたいしては加算が定められています。一方，利用者数が定員を超過していたり，職員数が基準を満たさない場合等には，減算措置が行われます。

サービス事業者は，これらの給付および障害者等本人の負担する利用料を主たる収入として事業経営を行います。しかし，現在の制度においては，例えば施設の定員は同じでも，利用者の平均障害程度区分が変わると，必要と算定されるサービス提供職員数すなわち報酬も増減したり，あるいは，入所施設において利用者が入院・外泊した場合には，その日数分の報酬は支払われないことになる等，経営の安定は容易ではありません。そうした中で，いかにより良いサービスを提供していくかが，大きな課題となっています。　　　（堀内浩美）

▷2 支払事務は市町村が行うが，市町村はこれを国民健康保険連合会に委託することができる（総合支援法第29条の7）。

▷3 障害者の日常生活及び社会生活を総合的に支援するための法律に基づく指定障害福祉サービスの事業等の人員，設備及び運営に関する基準（厚生労働省令第171号　平成18年9月29日）等による。

▷4 入所時特別支援加算，栄養管理体制加算等がある。なお，これらの加算も施設報酬の一部であるため，利用者の定率負担の対象となる点に注意が必要である。減算の場合の利用者負担額は，減算後の報酬に応じて算定される。

▷5 障害者に個別に提供される「自立支援給付」は，その費用の内，食費や光熱水費等を除いた額の1割を障害者本人が負担し（定率負担），残る費用は市町村が1/4，都道府県が1/4，国が1/2の割合で負担することとなっている。食費や光熱水費といった費用は，利用者の実費負担である。これらのしくみは，サービス受給量に応じた費用負担により公平性を確保するとともに，食費・光熱水費の実費負担により在宅障害者と入所施設利用者の負担の公平を確保するためのものである。利用者の定率負担には所得に応じた月額上限額が定められ，これを超える分は減免されるほか，さまざまな減免措置が設けられている。

▷6 2009年の報酬改訂により，入所施設における利用者の入院・外泊による事業所経営の圧迫を避け，さらに当該利用者のための空床を確保する観点から，施設が入院している利用者を訪問し支援を行った場合に算定される入院時特別支援加算が新たに設けられた。

V　社会福祉法人の運営管理

8　職員管理

1　労務管理

　人と人とのコミュニケーションを求める職場において，施設で働く職員の意識を維持することは，利用者サービスの充実をはかることに関係します。つまり，法人には職場環境を整えることや，スタッフの適正な人事評価が求められます。そういった労務管理のねらいは，経営目的実現に向けて高い生産性をもった組織をつくることと，職員一人ひとりが意欲をもって日々の業務に取り組めるように適正な評価と処遇が実現されること，そして全体を通じて適法性が確保されることにあります。

　特に社会福祉法人の職場では，法律で規定されたサービス提供に必要な労働力が確保されているか，職員の役割分担や指示命令系統などの体制が整っているか，適正な労働時間管理がなされているか，給与，健康管理，福利厚生等の処遇が適切であるか，といった**基本項目**がポイントとなります。

　また，社会福祉法人の労務管理では多くの法的な基準があり，これら労働関係法令の遵守（コンプライアンス）がもっとも重要です（表V-6）。

2　人事システムと評価

　人事や労務管理のシステムは，その法人組織の文化や風土によって形成されるべきであり，かつ組織全体にわたる使命，価値観が明確でなくてはなりません。それによって経営戦略が形成され，組織そのものの構造化が成立します。

　法人は，その組織を形成する人に関するシステム（人事システム）を構築し，

▶**労務管理における基本項目**
①就業規則の制定，変更，改廃
②労働契約
③男女雇用の均等
④賃金，賞与
⑤勤務管理，勤務の割り振り
⑥労働時間，休暇
⑦懲戒処分
⑧安全衛生，福利厚生・社会保険管理
⑨適切な労使関係の構築
（出所：社会福祉士養成講座編集委員会（2009）『福祉サービスの組織と経営』中央法規出版，158頁）。

表V-6　労働関係法令

労働基準法
最低賃金法
職業安定法
労働者派遣事業の適正な運営の確保及び派遣労働者の就業条件の整備等に関する法（労働者派遣法）
短時間労働者の雇用管理の改善等に関する法律（パートタイム労働法）
育児休業，介護休業等育児又は家族介護を行う労働者の福祉に関する法律（育児・介護休業法）
雇用の分野における男女の均等な機会及び待遇の確保等に関する法律（男女雇用機会均等法）
高年齢者等の雇用の安定等に関する法律（高年齢者雇用安定法）
障害者の雇用の促進等に関する法律（障害者雇用促進法）
個別労働関係紛争の解決の促進に関する法律（個別労働紛争解決促進法）
労働保険および社会保険関係法令など

出所：社会福祉士養成講座編集委員会（2009）『福祉サービスの組織と経営』中央法規出版，158頁。

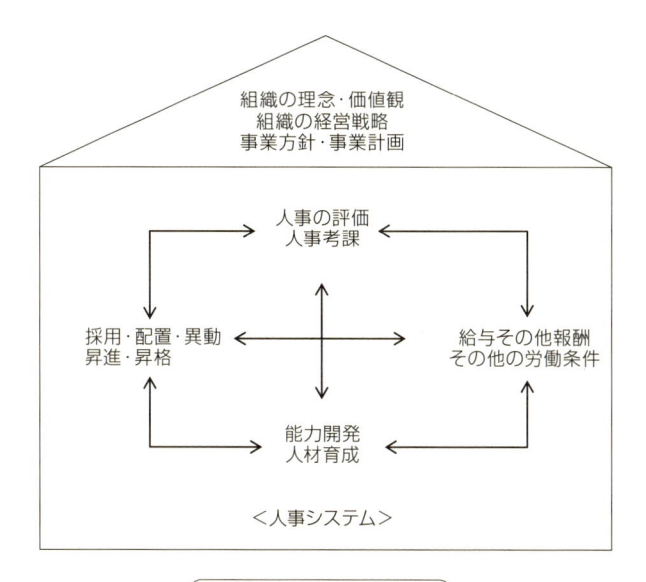

```
        組織の理念・価値観
        組織の経営戦略
        事業方針・事業計画

              人事の評価
              人事考課
                ↑
    採用・配置・異動  ←→  給与その他報酬
    昇進・昇格            その他の労働条件
                ↓
              能力開発
              人材育成

           ＜人事システム＞
```

図Ⅴ-8　人事システム

出所：表Ⅴ-6に同じ，142頁。

「採用，能力開発等によって組織に必要な人材を確保・育成」→「その人材を適材適所に配置」→「その労働条件を整備」→「働きを評価」→「報酬を与える」といった一連の管理活動を行います（図Ⅴ-8）。

また，法人が職員を評価することを人事考課ともいい，個人の能力・勤務態度・仕事の結果などをもとに「良い悪い」の判定を行います。他人と比較するような考課ではなく，本人が仕事に求められる能力をどのように努力し向上させたかを見ることが大切であり，それにより公正で納得性のある評価が可能となります。

3 職員管理の課題

福祉サービス業界の労働人口が十分ではないといわれている今日では，給与，労働条件，福利厚生等の処遇などの改善も必要であり，加えて職場の人材育成の活性化や従業員のコミュニケーションが重要視されています。さらに，職場研修システムなどの充実や，個々の職員の育成とサービス事業全体のレベル向上をはかることで，仕事の達成感と成長の実感を得られるようにすることも必要です。

（中村英三）

Ⅵ 医療法人の運営管理

1 組織

1 医療法人の種類

　医療法人の組織形態は大きく2種類に分けることができます。ひとつは人の集まりを基盤として設立される社団，もうひとつは提供された財産を運営するために設立される社団です。どちらの種類でも設立できますが，医療法人の場合には社団が一般的です。また，法人設立の際の出資者を「社員」といいます。

　医療法人は必ず，社団か財団のいずれかに該当しますが，これとは別に一定要件を充たした医療法人だけがなれる特定医療法人と特別医療法人があります。これらふたつの医療法人は公共的な運営により公益的な医療を実施することにより，法人税率の優遇もしくは収益業務が可能といった優遇措置が講じられています（表Ⅵ-1）。

　なお，特別医療法人は社会医療法人に発展的に解消されることとなり，2012年3月に廃止される予定です。

　また，2004年8月の厚生労働省通知により，医療法人解散時の残余財産の帰属先を国や地方公共団体等に限定するなど，医療の永続性・継続性の確保をはかり，非営利性を徹底した「基金拠出型法人」ができました。これにより，2007年4月以降新設される医療法人は「基金拠出型法人」となっています。

表Ⅵ-1　医療法人の形態

	医療法人（財団又は社団）	特定医療法人	特別医療法人
根拠法	医療法	租税特別措置法	医療法
認可・承認	都道府県知事の認可	国税庁長官の承認	都道府県知事による定款変更の認可
要件	・資産要件 　病院等を開設する場合： 　　自己資本比率20％以上 ・役員数 　理事3人 　監事1人以上 ・理事長 　原則医師又は歯科医師	医療法人のうち， ・財団又は持分の定めのない社団 ・自由診療の制限 ・同族役員の制限 ・差額ベッドの制限 　（30％以下） ・給与の制限 　（年間3,600万円以下） 　　　　　　等を満たすもの	医療法人のうち， ・財団又は持分の定めがない社団 ・自由診療の制限 ・同族役員の制限 ・給与の制限 　（年間3,600万円以下） 　　　　　　等を満たすもの
法人税率	30％	22％	30％
収益業務の可否	・収益業務は行えない	・収益業務は行えない	・収益業務が可能
法人数	40,030 （うち一人医師医療法人33,057）	374	47

出所：厚生労働省資料より。

Ⅵ-1　組　織

図 Ⅵ-1　医療法人のしくみ

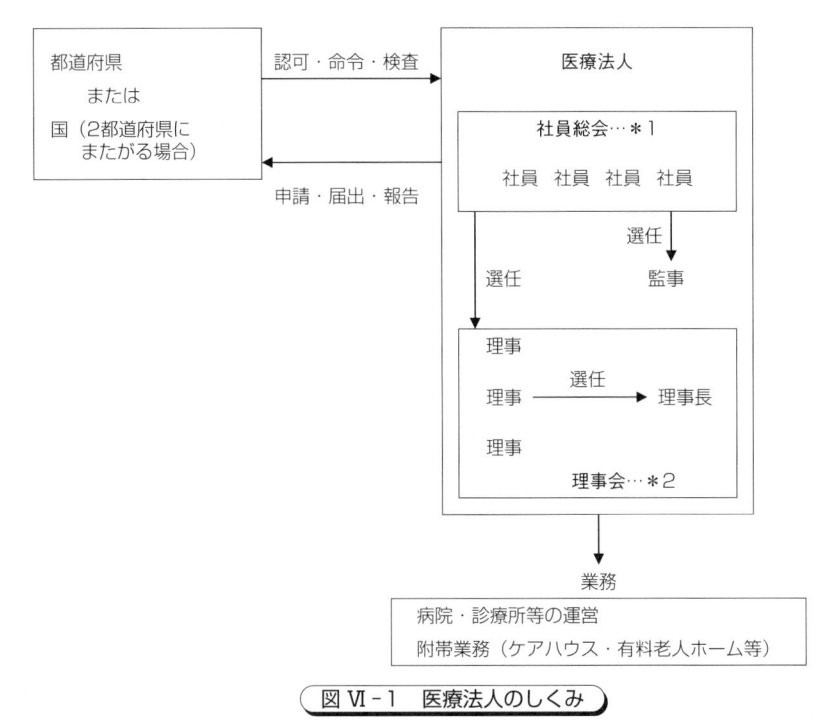

出所：医療法人設立事務センター HP，筆者一部加筆，修正（http://www.iryou-houjin.jp/whats.html）。

＊1 社員総会…「社員総会」は医療法人を構成する社員で組織され，法人の最高意思決定機関。定款の変更や事業計画の決定および変更，収支予算および決算の決定など法人の重要な事項については，社員総会の議決が必要になる。

＊2 理事会…「理事会」は役員である理事で構成され，社員総会で決定された事項を執行する機関。理事のうち1人は，理事長として原則，医師（歯科医師）の中から選出しなければならない。

2　医療法人の仕組み

　一般的な医療法人（医療法人社団の場合）のしくみは図Ⅵ-1のようになっています。医療法人は，役員として，理事3人以上および監事1人以上をおかなければならないとされています（医療法第46条の2第1項）。また，理事のうち1人は理事長とし，医師または歯科医師である理事のうちから選出することとなっています。ただし，都道府県知事の認可を受けた場合には，医師または歯科医師でない理事のうちから選出することができます（医療法第46条の3第1項）。

　医療法人（社団）には理事で組織される理事会と医療法人を構成する社員で組織される社員総会があります。ここで示す社員とは，医療法人で働いている従業員ではなく，医療法人への出資者のことです。社員総会は法人の最高意思決定機関であり，定款変更等法人運営にとって重要な事項については社員総会の議決が必要となります。理事長は，少なくとも毎年1回，定時社員総会を開かなければなりません（医療法第48条の3第2項）。

　なお，財団である医療法人は評議会をおくことが定められています（医療法第49条）。さらに，予算，借入金および重要な資産の処分に関する事項，事業計画の決定または変更，合併，解散等については，あらかじめ評議会の意見を聴かなければならないとされています（医療法第49条の2第1項）。　　　　（徳広隆司）

Ⅵ 医療法人の運営管理

2 財　　源

① 診療報酬

　医療法人の主な収入は，「診療報酬」です。診療報酬は「診療報酬表」の点数によって定められています。診療報酬表は，それぞれの診療行為ごとに点数がつけられていて，1点が10円で計算されて医療費の価格となります。

　診療報酬の点数は，厚生労働大臣のもとに設置された中央社会保険医療協議会で審議して決められます。診療報酬は2年に1回改定されます。診療報酬を変えることによって，国は医療政策を一定の方向に導くことができます。

② 国民医療費

　国民医療費とは，当該年度内の医療機関における傷病の治療に要する費用を推計したものです。この額には診療費，調剤費，入院時の食事療養費，訪問看護療養費のほかに，健康保険等で支給される移送費を含んでいます。

　正常な妊娠・分娩の費用や健康診断などの費用，患者が負担する**差額ベッド**の費用などは含まれていません。

　わが国の2005年度の国民医療費は33兆1289億円です。その内訳を財源別にみると公費負担分12兆610億円（36.4％），保険料分は16兆2893億円（49.2％），その他（患者負担等）が4兆7786億円（14.4％）となっています（表Ⅵ-2）。

③ 医療費の財源確保

　医療費の財源は大きく分けて，公費，保険料，患者負担の3つで構成されて

▶差額ベッド代
健康保険適用の範囲外で患者に請求される特別病室の費用のこと。厚生労働省の通知により，医療機関が差額ベッド代を患者に請求できるのは，患者側に希望がある場合に限られており，医療機関が特別室の設備や構造，料金などについて説明し，料金などを明示した同意書に患者の署名が必要となる。また，受付窓口や待合室など医療機関の見やすい場所に，差額ベッドの数や料金を掲示する必要がある。
1日20万円以上する病室もあるが，1日5,000円程度が一般的である。

表Ⅵ-2　財源別国民医療費

財　源	平成17年度 推計額（億円）	平成17年度 構成割合（％）	平成16年度 推計額（億円）	平成16年度 構成割合（％）	対前年度 増減額（億円）	対前年度 増減率（％）
国　民　医　療　費	331,289	100.0	321,111	100.0	10,178	3.2
公　　　　　費	120,610	36.4	114,716	35.7	5,894	5.1
国　　庫	82,992	25.1	83,619	26.0	△ 627	△ 0.7
地　　方	37,618	11.4	31,097	9.7	6,521	21.0
保　　険　　料	162,893	49.2	159,978	49.8	2,915	1.8
事　業　主	67,082	20.2	65,989	20.6	1,093	1.7
被　保　険　者	95,811	28.9	93,989	29.3	1,822	1.9
そ　の　他	47,786	14.4	46,453	14.5	1,333	2.9
患者負担（再掲）	47,572	14.4	46,196	14.4	1,376	3.0

出所：厚生労働省資料より。

Ⅵ-2　財　源

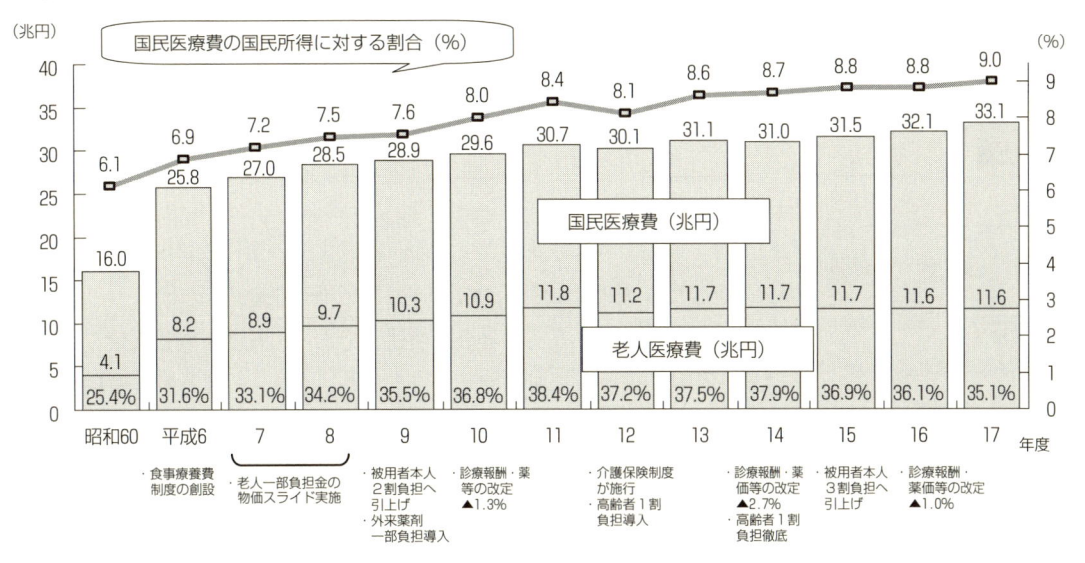

○我が国の国民医療費は、年々増大しており、現在33.1兆円である。

図Ⅵ-2　医療費の推移

出所：社会保障国民会議（第3回）資料（2008年4月16日）より。

います。さらに，公費は国と地方に，保険料は事業主と被保険者に分かれています。国は，増え続ける医療費を抑制するために，患者負担割合の引き上げを常套手段として使ってきました。その結果，2003（平成15）年度には，被保険者本人負担が3割となりました。しかし，負担割合の引き上げは，一時的には効果があるものの，医療費抑制の根本的な解決策にはなっていません。また，これ以上の患者負担割合の引き上げは社会保険制度の根幹を揺るがすことになりかねません。

最近では，医師の不足による病院の閉鎖など医療危機・医療崩壊が社会問題化しています。この背景には，「医療費亡国論」的な考え方によりさまざまな医療費抑制政策がとられてきたことがあります。例えば，医学部の入学定員は1984年の8,280人を最高に年々削減され，2003年には7,625人まで減らされました。

このような行き過ぎた医療費抑制政策が医療危機・医療崩壊を生み出した結果，一部診療報酬引き上げや医学部の定員増など医療費抑制政策を改めようという動きがみられるようになりました。そうなると，財源をどこに求めるかが問題となります。

権丈善一によると，日本の公的医療費をドイツ並みに引き上げるには7.5兆円，フランス並みだと10兆円の財源が必要になるといわれています。[1]

国民にとって安心・安全な医療を提供するためには，社会保険料の引き上げや消費税率の引き上げについても考えていかなければならないでしょう。

（徳広隆司）

▶医療費亡国論
1983年当時，厚生省保険局長の吉村仁が『社会保険旬報』に掲載した論文の中で唱えた「このまま租税・社会保障負担が増大すれば日本社会の活力が失われる」という考え方。この論文を発端として，医学部定員削減をはじめとする医療費抑制政策が強力に推し進められることになったとされている。

▶1　権丈善一（2008）「医療費抑制政策の撤回は大規模な財源確保から」『週刊東洋経済』2008年8月2日。

Ⅵ 医療法人の運営管理

3 医療法人・病院施設の会計

▶社会医療法人
従来より医療法人の最大多数を占めていたのは持分の定めのある医療法人社団である。この法人は社員に対して実質的に利益分配や残余財産の分配が可能であり、非営利とはいえない法人である。2007年の改正医療法では、非営利原則を徹底させるために持分の定めのある医療法人社団の新規設立を禁止した。他方で公益性の高い医療の担い手であったが、赤字の経営に陥っている自治体病院の民営化の受け皿として、または公益性の高い医療法人として社会医療法人を創設している。

▶キャッシュ・フロー計算書
キャッシュ（資金）の範囲を現金および現金同等物と定め、このキャッシュの変動額と残高を示す計算書である。変動額は、業務活動によるキャッシュ・フロー、投資活動によるキャッシュ・フロー、財務活動によるキャッシュ・フローと3つの活動別に分けて表示する。

病院等の開設主体はさまざまですが、開設主体の全件数に占める医療法人の件数の割合は6割程度です。2007年4月施行の改正医療法により、この医療法人は規模の大小に関係なく、**社会医療法人**であって社会医療法人債を発行しているか否かによって、会計・開示制度が異なります。つまり社会医療法人以外の医療法人および社会医療法人債を発行していない社会医療法人（以下、法人債未発行法人）と社会医療法人債を発行する社会医療法人（以下、法人債発行法人）との間では会計・開示制度が異なるのです。

1 法人債未発行法人と法人債発行法人の会計・開示制度

医療法改正により、法人債発行法人は上場企業とほぼ同様の会計基準に従い、財務諸表を作成し、上場企業とほぼ同様に監査法人などによる財務諸表監査を受けます。この財務諸表とは、貸借対照表、損益計算書、**キャッシュ・フロー計算書**であり、このほかにも純資産変動計算書などの書類が含まれます。

この法人の事務所には財務諸表等が備え置かれ、一般の者を含む利害関係者はその閲覧が可能です。また所轄官庁へ提出される決算届出書類（財務諸表等）も一般の人の閲覧が可能です。

医療法改正前は医療法人にたいする会計基準が存在しなかったため、厚生労働省の通知により所轄官庁への決算届出書類には病院会計準則（以下、準則）などの援用を認めていました。しかし準則は施設単位の会計基準であり、法人本部などの会計基準をもたず、医療法人全体の会計基準ではありません。

改正医療法によりその通知は廃止され、医療法人の会計については「一般に公正妥当と認められる会計の慣行」に従うと定めるのみになっています。したがって法人債未発行法人は従来どおり準則などを適用して財務諸表を作成すると推察されます。改正医療により、この法人の事務所には財務諸表等を備え置き、債権者・社員・評議員に限りその閲覧が可能です。また所轄官庁へ提出される決算届出書類（財務諸表等）は一般の人の閲覧が可能です。

2 病院会計準則と損益計算書・貸借対照表

準則は、開設主体の異なる各種病院の経営状況を統一的にとらえるために設定されました。この準則は2004年に新しい企業会計の基準を導入して全面改訂されていますが、管理会計の指針であって、財務諸表監査の導入を義務化しな

表Ⅵ-3　損益計算書（報告式）
自○年○月○日～至○年○月○日
1　医業収益　　　　　　　　　　　　　　　××
2　医業費用　　　　　　　　　　　　　　　××
医業利益（または損失）　　　　　　　××
3　医業外収益　　　　　　　　　　　　　　××
4　医業外費用　　　　　　　　　　　　　　××
経常利益（または損失）　　　　　　　××
5　臨時収益　　　　　　　　　　　　　　　××
6　臨時費用　　　　　　　　　　　　　　　××
税引前当期純利益（または損失）　　　××
法人税等　　　　　　　　　　　　　　××
当期純利益（または損失）　　　　　　××

表Ⅵ-4　貸借対照表（報告式）
○年○月○日
Ⅰ　資産の部
1　流動資産　　　　　　　　　　　　　　　××
2　固定資産
有形固定資産　　　　　　××
無形固定資産　　　　　　××
その他の資産　　　　　　××　　××
資産合計　　　　　　　　　　　　　　　　　××
Ⅱ　負債の部
1　流動負債　　　　　　　　　　　　　　　××
2　固定負債　　　　　　　　　　　　　　　××
負債合計　　　　　　　　　　　　　　　　　××
Ⅲ　純資産の部　　　　　　　　　　　　　　　××
（うち，当期純利益または損失）　　（××）
純資産合計　　　　　　　　　　　　　　　　××
負債・純資産合計　　　　　　　　　　　　　××

いという立場を採っています。準則では複式簿記に基づいて，貸借対照表，損益計算書，キャッシュ・フロー計算書を中心とする財務諸表の作成を求めています。

準則による損益計算書の概要は表Ⅵ-3のように示すことができます。この計算書は黒字・赤字の状況（純利益・純損失または損益）とその原因である収益と費用を示します。収益は財貨・サービスの提供分であり，利益が増加する要因です。費用は財貨・サービスの消費分であり，利益が減少する要因です。

収益は医業収益（外来診療収益など），医業外収益（受取利息など），臨時収益（固定資産売却益など）に分かれ，費用は医業費用（給料・医薬品など），医業外費用（支払利息など），臨時費用（固定資産売却損など）に分かれます。減価償却費（→Ⅴ-3）は医業費用に含まれます。

医業収益と医業費用の差額が医業**損益**，これに医業外収益を加え医業外費用を引くと経常損益，これに臨時利益を加えて臨時費用を引くと税引前損益，これから税金を引くと税引後損益となります。

準則による貸借対照表の概要は表Ⅵ-4のように示すことができます。貸借対照表は財産の運用形態と調達源泉を示します。財産の運用形態は資産，調達源泉が他人である場合は負債，自己である場合は純資産です。

資産の部は流動資産と固定資産に分かれます。流動資産には現金預金や医業未収金などが含まれます。固定資産は有形固定資産（土地・建物など），無形固定資産（借地権など），その他の資産（長期貸付金など）に分かれます。負債の部も流動負債と固定負債に分かれますが，流動負債には未払金などが含まれ，固定負債には長期借入金などが含まれます。

純資産は資産から負債を引いた差額です。純資産には損益計算書との関係を明らかにするために当期損益を内書きする必要があります。　　　　（新谷　司）

▷損益
収益から費用を引いた差額が正の値の場合は利益といい，その差額が負の値の場合は損失という。利益と損失を合わせて損益という。

Ⅵ　医療法人の運営管理

4　社会福祉施設の運営（経営）

1　複合体による社会福祉施設経営

　国の医療費抑制政策のもと，医療法人は福祉分野に活路を求めて社会福祉施設の経営に乗り出しました。とりわけ，介護保険制度の施行をビジネスチャンスととらえ，1990年代後半以降，高齢者分野を中心に社会福祉施設を経営する医療法人は急速に増えました。

　二木立は，「医療機関の開設者が，同一法人または関連・系列法人とともに，各種の保健・福祉施設のうちいくつかを開設して，保健・医療・福祉サービスをグループ内で一体的（自己完結的）に提供するグループ」を「保健・医療・福祉複合体」と定義しています。[1]

　医療法人が母体となる複合体による社会福祉施設の代表的なものは，特別養護老人ホームです。特別養護老人ホームの経営は医療法人には認められていないため，系列の社会福祉法人を設立して，母体となる医療機関と一体的に経営しています。

　二木が1996年に行った調査では，すでに私的医療機関が母体となる特別養護老人ホームは31％も存在しました。[2]

　国は，平成26年度までに介護保険施設利用者全体に対する要介護4〜5の割合を70％以上にするという目標を掲げているため，特別養護老人ホーム利用者の医療依存度はますます高まることが考えられます。このことは，利用者獲得において，医療法人を母体とする特別養護老人ホームに有利に働くでしょう。

　また，国の施策として在宅医療が推進される中，有床診療所や在宅療養支援診療所を中心に，訪問看護，訪問介護や通所介護事業所を併設する「ミニ複合体」が増えています。

　さらには，医療法の改正により，医療法人の附帯事業として，有料老人ホームや高齢者専用賃貸住宅の開設が認められたため，在宅医療とセットで高齢者住宅を開設する医療法人が増えています。

　居住系施設の充実は，国の施策として今後いっそう推進されるでしょう。そこでも，安定的に医療を提供できる医療法人が母体となる居住系施設への期待は高まると考えられます。

▷1　二木立（2007）『介護保険制度の総合的研究』勁草書房。

▷2　二木立（1998）『保健・医療・福祉複合体』医学書院。

表Ⅵ-5 社会医療法人が開設できる社会福祉事業

	第1種社会福祉事業	第2種社会福祉事業
社会医療法人	○ケアハウスの設置・運営 ○知的障害者施設など児童入所施設の設置・運営など ○身体障害者療護施設など障害者入所施設の設置・運営 ※社会福祉法人限定の特別養護老人ホーム等は対象外	○保育所など通所施設の設置運営など ○デイサービスセンターなど通所施設の設置・運営など
医療法人	○ケアハウスの設置・運営	

出所:厚生労働省資料より。

❷ 医療法人制度改革と社会福祉事業

今回の医療法人制度改革では,医療法人の経営の安定性向上と医療と福祉のさらなる連携をはかるという観点から,医療法人による附帯事業が拡大されました。そこでは,いままで医療法人には開設が認められなかった,第1種社会福祉事業である,ケアハウスの開設が認められるようになりました。

さらに,自治体病院に代わって,公共性の高い医療に取り組むことが期待される社会医療法人には,知的障害者施設や身体障害者施設等の開設が認められるようになりました(表Ⅵ-5)。

また,実現はしませんでしたが,介護療養病床の廃止が決まった際には,転換先のひとつとして,特別養護老人ホームの開設を医療法人に認めることが検討されました。

医療法人による社会事業進出については,高齢者分野以外ではまだ目立った動きはありません。今後は,医療法人の非営利性と公共性の徹底がはかられるとともに,社会福祉事業への参入に対する規制が緩和されるでしょう。しかし,ビジネスという視点からみた場合,高齢者分野以外の社会福祉事業の経営に医療法人が積極的に乗り出すかどうかは疑問です。

(徳広隆司)

Ⅶ 特定非営利活動法人の運営管理

1 組　　織

1 NPO の組織とその特徴

　NPO やその一形態である特定非営利活動法人（NPO 法人）にとって，組織のあり方は重要な意味をもっています（⇨Ⅳ-3）。NPO は企業のように活動や事業によって利益を上げることを一義的な目的としていないため，経済的な「利益」によって活動や事業の方向性を考え，展開し，評価することはできません。

　一般的に企業では，会社の所有者，株式会社では株主の利益を上げることを目的に，会社の経営陣が組織され，活動や事業を遂行します。そして売り上げが伸びた場合には，会社の所有者に利益を配分します。一方，売り上げが低迷した場合には，会社の所有者からの評価を受け，場合によって，経営陣が退陣することもあります。つまり企業では，経済的な「利益」を上げることをめぐって活動や事業の方向性が決定し，展開され，評価されるという組織のあり方になっているといえます。

　NPO では，団体の所有者に利益を配分することは認められていないため，経済的な「利益」を上げるという目的から組織のあり方を考えることはありません。NPO はミッション（mission），すなわち社会的使命を果たすために存在している組織であるため，ミッションの実現という目的から組織のあり方が考えられている点にその特質があります。

　実際，NPO にはさまざまな立場の人がかかわっています。団体への寄付者や経営陣，活動や事業を担う有給職員やボランティアスタッフ，団体のサービスを利用する利用者やその家族も構成員です。これらの構成員のつながりは経済的な「利益」を求めることではなく，あくまでも団体が掲げるミッションへの共感であるため，その実現への考え方には多様性があることも事実です。このような団体の諸関係者をステークホルダー（stakeholder）と呼びますが，このステークホルダーの多様な考え方をミッションに即して方向づけたり，経営に生かしていくことがミッションの実現のためには重要となります。

2 特定非営利活動法人の組織の実際

　NPO 法人は特定非営利活動促進法（NPO 法）によって認証された団体であるため，同法に定められた組織構成を有しています。法人の組織や運営についての規則を書面として表したものが「定款」です。定款は法人としての認証を受

ける際に提出しなければならないもののひとつで，団体の目的，名称，住所，事業の種類，会員の種類，役員の種類や権限，業務執行の方法などが記載されています。つまり法人のミッションや組織構成を規定したものであるといえます。

NPO法では，①法人の業務の決定など，組織の意思決定を行う人々である理事からなる**理事会**，②広く組織にかかわる人々である社員からなる**社員総会**，③理事の業務執行の状況や法人の財産の状況を監査する**監事**をおくことを規定しています。加えて法律には規定されていませんが，④組織の活動・事業を担い経理等を行う**事務局**がおかれるのが一般的です。

3 特定非営利活動法人の組織の諸課題

NPO法人は組織上，いくつかの課題も抱えています。ここでは組織の拡大にともなう問題について2点ほど指摘しておくことにします。

ひとつめは「マネジメント（組織管理）能力を有した人材をどのように確保していくのか」ということです。NPO法は1998年に成立し，多くのボランティア団体やNPOがNPO法人格を取得しました。取得前の団体の多くは団体規模が総じて小さいため，組織の意思決定部門と事業部門が非常に近い関係にあり，理事が組織の意思決定も行いながらサービス提供も行うということも珍しくありませんでした。とはいえ法人に認証され，組織が大きくなっていくと，組織内の役割が分化していくため，特に組織意思決定を行えるマネジメント能力を有した人材を配置すること必要となります。しかしながら，事業部門と比して，意思決定部門を担える人材を確保できていないのが実情です。

ふたつめは，NPO法人の「事業的性格」と「運動的性格」のバランスの問題です。NPO法人はミッションの実現を目的に設立された組織ですが，その実現のためにサービスを提供するという「事業」と，社会に働きかけるという「運動」というふたつの側面から取り組むことに固有の役割があります（⇒Ⅳ-3）。例えば「年をとっても地域で安心して暮らす」というミッションを掲げ介護事業を実施しているNPO法人で考えると，高齢者の在宅生活を支えるサービスの提供はたしかにミッションに準じたものです。とはいえ高齢者の在宅生活そのものを良くしていくためには，行政等に働きかけて必要な制度を整備することもミッションの実現には欠くことのできないものであるといえます。しかしながら法人格の取得といった組織整備が進められる中で「運動的性格」にかかわるミッションが影を潜め，「事業的性格」にかかわるミッションのみに特化していく傾向がみられます。

NPO法人の特徴や役割を生かせる組織のあり方について考えていくことが求められているといえます。

（熊田博喜）

▷ **NPO法人の理事会，社員総会，監事，事務局**
① 理事（役員）会は，法律上，理事を3人以上おかなければならないと規定されている。理事会では，定款の変更，団体の行っている事業運営やそれにかかる予算，事業による財源状況を確定する決算，退職や採用，移動などにかかわる人事の最終的な決定権などを有している。
② 社員総会でいう社員は職員のことではなく，広く組織にかかわる人々を指す。NPO法人でこのような社員総会が開催されるのは，ステークホルダーの間で組織のミッションやそれに基づく活動・事業に対する同意と協力を求めるためである。
③ 監事は，理事の業務執行状況や法人の財産状況を監督する機関となる。不正が発覚した場合は，社員総会や所轄庁に報告する役割を有している。
④ 事務局は，活動や事業を担う「事業部門」と労務や給料，経理等の管理を行う「事務部門」にその役割を大別することができる。この事業部門と事務部門が同一である組織も少なくない。

参考文献
シーズ＝市民活動を支える制度をつくる会（1998）『NPO法人ハンドブック（C'sブックレット・シリーズNo.5）』シーズ＝市民活動を支える制度をつくる会
田尾雅夫・川野祐二編（2004）『ボランティア・NPOの組織論』学陽書房
坂本文武（2004）『NPOの経営』日本経済新聞社

Ⅶ 特定非営利活動法人の運営管理

2 資金源

▷補助金
民間団体・個人が行う特定の事業を促進する目的で交付されるもの。

▷事業委託金
補助金の中でも行政から民間団体・個人にたいして特定の事業を委託する対価として交付されるもの。

▷指定管理者制度
福祉センターやボランティアセンター等、行政が設立し管理を行っていた施設の管理者を民間団体へ委託できるようにしたもの。

▷助成金
民間団体の設立や活動・事業、特に新規事業や企画などの一部を支援することを目的として交付されるもの。

▷代理受領
行政から事業や活動を受任した民間団体が行政の代わ

① 特定非営利活動法人の財源構造

特定非営利活動法人（NPO法人）が活動や事業を展開していくうえで、資金は欠くことのできないものです。例えば、あるNPO法人が在宅高齢者のための移送サービスを企画した場合、移送手段としての自動車、駐車場、自動車を維持するためのガソリン代や各種メンテナンス、移送サービスを利用する高齢者や家族と連絡を取るための事務所、自動車の運転や事務連絡を行う人材が必要となります。

このようにNPO法人が活動や事業を展開するためには、活動や事業を生み出し、支えるためのさまざまな費用、すなわち「資金」が必要となります。

図Ⅶ-1は、NPO法人の資金源の概要を示したものになります。NPO法人の資金源は多様に存在しますが、公的資金と民間資金に大別することができます。

② 公的資金

公的資金とは、国や地方自治体からNPO法人に交付される資金のことです。公的資金には、資金交付の目的や方法などの違いによって、**補助金**や**事業委託金**、事業委託金の一形態である**指定管理者制度**、**助成金**、そして**代理受領**などがあります。

そもそもこのような資金が行政から支出されているのは、効率性やコスト、サービスの質の観点から行政のサービス提供のあり方の見直しが進められているからです。結果、行政が実施するよりもNPO法人等の民間団体が実施する方が望ましいと判断された事業を、民間

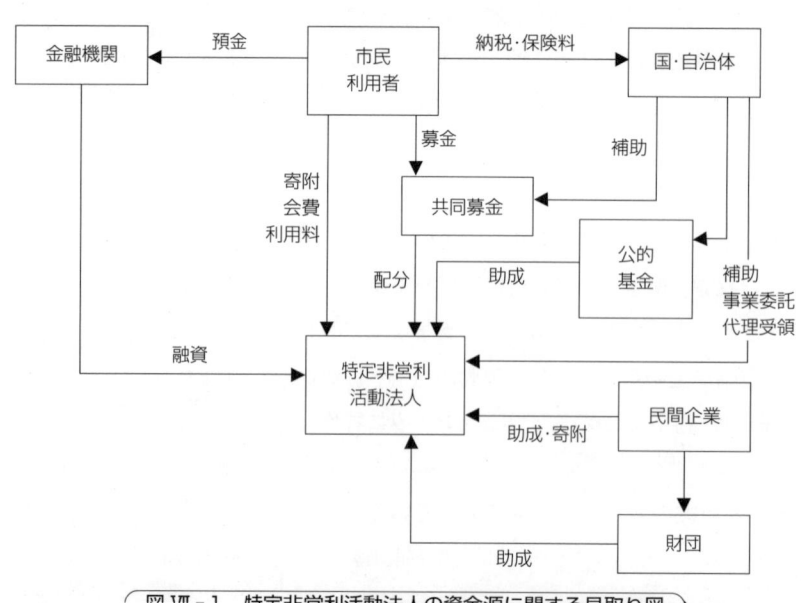

図Ⅶ-1 特定非営利活動法人の資金源に関する見取り図

出所：総合研究開発機構（2004）『NPOの資金循環システムの構築』総合研究開発機構、23頁を一部修正。

団体が実施できるようにする目的で資金が交付されています。

③ 民間資金

民間財源は，国や地方自治体以外から供与される資金を指します。具体的には市民からの寄附，会費や利用料，共同募金会の配分金，民間企業や民間財団の助成金や寄附金，さらには金融機関の融資をあげることができます。

「寄附」はNPO法人の資金にとって重要なもののひとつで，他の公的・民間資金と比較しても自由度が高いことが特徴です。日本では諸外国と比較して寄附の占める割合が低く，企業寄附が多いため，個人寄附が多い諸外国の傾向とは異なっています。特に日本においては「**共同募金**」が寄附文化に重要な役割を果たしていますが，町内会等を通じた寄附を基盤とするため，町内会の弱体化にともなって，近年，その役割や機能の見直しが進められてきています。

また民間企業や民間財団の助成金や寄附金も総じて広がりをみせつつあるとはいえ，助成の決定までに時間がかかるうえに，人件費等の助成を行うプログラムが少なく，活用しやすいとはいえない状況にあります。

④ 特定非営利活動法人の資金源とその課題

内閣府国民生活局のNPO法人の実態調査（2012）によると，NPO法人の資金源の内訳は「事業による収入」が60.8％，ついで「補助金・助成金」が16.1％，「会費収入」が10.2％となっています。「事業による収入」が全収入の6割を占めており，NPO法人の資金源の中心であるといえます。これは社会福祉分野NPO法人の多くが，介護保険法等の「代理受領」という資金交付の方法で資金を確保しているからですが，2008年度から「**認定特定非営利活動法人（認定NPO法人）**」が開始され，認定NPO法人への寄附金に対して，寄附金控除等の対象とする税制上の特別措置が講じられるようになりました。この結果，同じく実態調査によると，認定NPO法人では「寄附金収入」が52.9％，ついで「会費収入」が38.7％，「事業による収入」が5.6％と資金源に大きな変化がみられます。つまり認定NPO法人においては「寄附金収入」が全収入の5割強を占め，資金源の中心となっているのです。

NPO法人が行う活動・事業のサービス特性から，利用者より活動・事業にかかった経費のすべてを求めることは困難であり，NPO法人がミッションを実現するためには，幅広い立場の人からの理解が不可欠です。例えば公的資金の補助金・事業委託費に依存する傾向が強まれば，資金交付の主体である行政の意向に則った事業を展開せざるを得なくなることからも明らかなように，特定の資金源への特化はNPO法人の弱体化につながる危険性があります。

NPO法人の資金源は多様でかつそのバランスが重要であるといえます。

（熊田博喜）

りに事業や活動を利用者にたいして提供することによって金銭を受領すること。介護保険が代表的な制度。介護保険では，介護サービス提供の指定事業者となり，サービスを利用者に提供した対価を自治体から受けるしくみとなっている。

▶共同募金
都道府県の区域を単位に，毎年一回，厚生労働大臣の定める期間内に募集する寄附金。その区域内における地域福祉の推進をはかるために行われ，NPO法人等社会福祉事業を経営する団体等に寄附金を配分する。

▶1 湯瀬秀行（2002）「民間助成財団によるNPO助成の最近傾向」パブリックリソース研究会編『パブリックリソース ハンドブック』ぎょうせい。

▶認定特定非営利活動法人（認定NPO法人）
市民や企業からのNPO法人への寄付を促進することを目的に，NPO法人が税務署を通じて申請し，パブリックサポートテスト（PST）基準以上等，一定の要件を満たせば，所轄庁（都道府県知事又は指定都市の長）が特定NPO法人として認定する。特定NPO法人に寄付をした市民は，寄付金の税金控除などの特例措置を受けることができる。

【参考文献】

大塚祚保（1993）『現代日本の都市政策』公人社

総合研究開発機構（2004）『NPOの資金循環システムの構築』総合研究開発機構

パブリックリソース研究会（2002）『パブリックリソース ハンドブック』ぎょうせい

内閣府国民生活局（2012）「平成23年度 特定非営利活動法人の実態及び認定特定非営利活動法人制度の利用状況に関する調査」

Ⅶ 特定非営利活動法人の運営管理

3 会　　計

　1998年制定の特定非営利活動促進法（以下NPO法）は，特定非営利活動法人（以下NPO法人）にたいして，その計算書類を法人事務所に備え置くとともに，所轄官庁へ提出するよう定めています。同法は，特定の利害関係者から計算書類の開示請求があるときには事務所で閲覧させること，それ以外の一般人からの開示請求があるときには，所轄官庁で閲覧させることを定めています。所轄官庁（経済企画庁・内閣府）は計算書類の作成に必要な会計基準（会計処理の基準と表示様式の基準）（⇨Ⅲ-5）を定めていませんが，2010年7月に全国79のNPO支援センターで構成する協議会が民間主導の自主的会計基準としてNPO法人会計基準を公表しています。

1 NPO法人会計基準

　NPO法人会計基準は法律で定められたものではなく，所轄官庁の指導によるものでもないため，NPO法人に強制されるものではなく，その採用はNPO法人に委ねられています。しかしこの基準が発表されるまではNPO法人に対する体系的な会計基準はありませんでした。

　この会計基準は小規模なNPO法人が数多い（年間総事業費または収入規模1000万円以下の団体が大多数を占め，500万円以下の団体が過半数を占める）ことを考慮して「積み上げ方式」という方法で同会計基準を作成しています。

　この方法は現金預金以外に資産や負債がない場合の法人は同会計基準及び付属資料の最初からある部分までを参照することにより実務上対応できるようにし，現金預金以外の資産や負債がある場合の法人は最初から他の部分までを参照することにより実務上対応できるようにしているのです。

　またNPO法人が特定非営利活動に係る事業の他にその他の事業を実施している場合には活動計算書において当該その他の事業を区分して表示するよう求めています。事業の種類ごとの事業費の内訳表示，収益を含む事業別及び管理部門別の損益の状況表示のいずれかを推奨しています。

　NPO法人会計基準が作成を求めているのは活動計算書と貸借対照表であり，同財務諸表は複式簿記の手続きを通じて作成されます。同会計基準はNPO法人特有の取引等の会計処理と表示も定めています。例えば，無償または著しく低い価格による施設の提供を受ける取引，ボランティアによる役務の提供を受ける取引などです。

表Ⅶ-1　活動計算書（報告式）

〇年〇月〇日至〇年〇月〇日

Ⅰ　経常収益	××
Ⅱ　経常費用	××
当期経常増減額	××
Ⅲ　経常外収益	××
Ⅳ　経常外費用	××
当期正味財産増減額	××
前期繰越正味財産額	××
次期繰越正味財産額	××

（注）特定非営利活動促進法第28条第1項の収支計算書を活動計算書と呼んでいます。

表Ⅶ-2　収支計算書（報告式）

〇年〇月〇日

Ⅰ　資産の部	
1　流動資産	××
2　固定資産	××
資産合計	××
Ⅱ　負債の部	
1　流動負債	××
2　固定負債	××
負債合計	××
Ⅲ　正味財産の部	
1　前期繰越正味財産	××
2　当期正味財産増加額（または減少額）	××
正味財産合計	××
負債および正味財産合計	××

2　活動計算書

　株式会社の損益計算書に相当する活動計算書の概要は表Ⅶ-1のように示すことができます。この書類は黒字・赤字の状況（正味財産増減額）とその原因である収益と費用を示します。

　収益と費用は2つに分けられます。経常収益及び経常費用と経常外収益及び経常外費用です。経常収益と経常費用の差額が当期経常増減差額であり、これに経常外収益を加え、経常外費用を引くと当期正味財産増減差額になります。

　経常収益には通常の活動による受取会費や受取寄付金などが含まれます。経常費用には通常の活動による人件費やその他の経費が含まれます。同経費には減価償却費（→Ⅴ-3）も含まれます。

　活動計算書の末尾にある次期繰越正味財産額は当期正味財産増減差額に前期からの繰越分の前期繰越正味財産額を加えた金額です。

3　貸借対照表

　貸借対照表の概要は表Ⅶ-2のように示すことができます。貸借対照表は財産の運用形態と調達源泉を示します。財産の運用形態は資産、調達源泉が他人である場合は負債、自己である場合は正味財産です。

　資産の部は流動資産と固定資産に分かれます。流動資産には現金預金や未収金などが含まれます。固定資産は建物などが含まれます。負債の部も流動負債と固定負債に分かれ、流動負債には未払金や短期借入金などが含まれ、固定負債には長期借入金などが含まれます。正味財産の部は前期繰越正味財産額と当期正味財産増減額に分かれます。

（新谷　司）

VII 特定非営利活動法人の運営管理

4 福祉サービスの提供

1 NPOの提供するサービスの特徴

　福祉サービスは，福祉公社や社会福祉事業団といった地方自治体と関係の深い団体や社会福祉法人，さらには民間企業などさまざまな団体から提供されています。特定非営利活動法人（NPO法人）など，NPOやボランティア団体も福祉サービスを供給する団体のひとつですが，サービスを供給する他の団体と比較してどのような点で特徴があるのでしょうか。

　NPOという団体が必要とされる理由には諸説がありますが，ここでは「政府の失敗」と「市場の失敗」という視点から考えていくことにします。「政府の失敗」とは，福祉のニーズが多様化する中で，国や地方自治体によってそのようなニーズすべてに対応することには限界もあり，また望ましいことでもないため，多様化するニーズに対応する存在としてNPOが必要とされているという考え方です。とはいえ，これだけではNPOの優位性を説明することはできません。「市場の失敗」という考え方では，企業にたいするNPOの優位性を次のように説明します。一般的に企業と消費者の関係にはサービスの内容や質に関して，企業の方が有利な立場にあります。一例として，ある商品が何を使ってどこでつくられたのか，商品をつくっている企業がすべて情報をもっていることをあげることができます。このような「情報の非対称性」を利用して利益を不当に上げようとする企業の存在を否定することはできません。しかしNPOは利益の追求を目的とした組織ではないため，そのような問題は比較的生じにくいと考えられています。

　つまりNPOは，国や自治体，さらには企業とは異なる固有の特徴を有していて，それがNPOの提供するサービスの特徴であるといえます。

2 特定非営利活動法人の福祉サービス提供の実際

　それではNPO法人の提供する福祉サービスにはどのような特徴があるのでしょうか。ここでは高齢者福祉分野のNPO法人に関する調査結果をふまえてその特徴について確認していきます。

　福祉サービスには，介護保険によって指定されている事業（指定事業），配食サービスや移送サービスのような介護保険によって指定されていない団体独自の事業（自主事業），地方自治体から事業を受託して行う事業（委託事業）があり

▷1　政府の失敗，市場の失敗については塚本（2004）の説を参考にした。
▷2　平成11年度～平成13年度科学研究費補助金（基礎研究(C)(2)）「社会福祉非営利組織の組織原理と運営実態についての動態的研究」（研究代表者：三本松政之）の結果による。

表VII-3　高齢者福祉分野のNPO法人の実施事業内容

実施事業内容	割合(%)
指定事業のみ	4.7
自主事業のみ	8.8
委託事業のみ	9.5
指定＋自主事業	28.4
指定＋委託事業	27.0
自主＋委託事業	3.4
指定＋自主＋委託事業	15.7
無回答	2.7

出所：熊田（2004）を修正。

表VII-4　高齢者福祉分野のNPO法人の介護保険指定事業内容

事業内容	割合(%)
訪問介護	60.0
訪問入浴介護	5.5
訪問看護	2.1
通所介護	26.9
通所リハビリテーション	0.7
短期入所生活介護	1.4
認知症対応型共同生活介護	9.0
福祉用具貸与	2.8
居宅介護支援	4.1

出所：表VII-4に同じ。

ます。NPO法人の事業形態として，「指定＋自主事業」(28.4％)がもっとも多く，ついで「指定＋委託事業」(27.0％)，「指定＋自主＋委託事業」(15.7％)となっています（表Ⅶ-3）。つまり高齢者福祉分野のNPO法人は，制度に規定されたサービスのみならず，制度に規定されないサービスを複合的に提供していることが特徴となっています。

なお具体的に，指定事業では「訪問介護」(60.0％)がもっとも多く，ついで「通所介護」(26.9％)となっています。自主事業，委託事業ではともに「介護保険外の訪問介護」が多いものの，介護・移動・家事・相談・企画実施・手続支援・連携・情報提供などそのサービスのメニューは，広範囲にわたっています（表Ⅶ-4・5）。

また調査結果では，高齢福祉分野以外のサービスを提供しているNPO法人は，ほぼ半数の46.2％に及んでいました。具体的には障害者児，児童，母子，父子，青少年，疾病者，ヘルパーの養成や相談といった福祉一般，さらにはまちづくりや環境保全，図書コーナーの運営など福祉以外の取り組みにも着手している団体もあります。これはNPO法人が福祉分野にとらわれず，地域社会の課題全般に取り組むという特徴があらわれているといえるでしょう。

3 特定非営利活動法人のサービスが果たす役割

NPO法人の多くは，介護保険制度等に則ったサービスを提供している一方で，制度では対応できていないニーズにも応えられるようなサービスの提供を自主事業として行っています。さらには高齢者だけでなく，障害児者，児童，母子，父子，青少年，疾病者，福祉一般，そして一般市民をも対象にするなど，従来の制度ではとらえられないサービスの提供も行われています。このようなサービスの多様性は，NPO法人が「利用者のニーズを重視」しているからであり，それこそが，NPO法人による福祉サービスの提供の特徴となっているのです。

また「利用者のニーズの重視」とともに重要な特徴として「地域とのつながり」を大切にしたサービス提供をあげることができます。あるNPO法人では，配食サービスでの弁当の配達を行う際に，地域の高齢者の協力を得て実施しています。高齢者の協力を得ることで，高齢者自身の閉じこもりの予防，一定の対価を支払うことでの仕事づくり，弁当配達におもむくことで住民同士の交流が生まれ，それが新たな地域のつながりをつくる契機となっているのです。▷3

NPO法人は福祉サービスの提供という点からは多様な提供団体のひとつですが，その中で重要な役割を担い，果たしています。とはいえ近年，行政の下請け化や採算性の重視による商業化という課題もあらわれつつあり，それにともないNPO法人の特性も失われつつあります。NPO法人が福祉サービスの提供において，どのような役割を果たすべきなのかについての理解と検討が，現在求められているといえます。▷4

（熊田博喜）

表Ⅶ-5 高齢者福祉分野のNPO法人の委託・自主事業内容（上位5つ）

上位事業	自主事業	割合(％)
1位	保険外の訪問介護	28.3
2位	部屋や庭の掃除	22.4
3位	給食サービス，外出の支援，話し相手	22.1
4位	他関係機関との連携	13.8
5位	各種の相談と助言，行政サービス申請代行	13.1

上位事業	委託事業	割合(％)
1位	保険外の訪問介護	19.3
2位	機関紙・広報誌の発行	18.6
3位	移送サービス	17.2
4位	外出の支援	16.6
5位	部屋や庭の掃除，給食サービス	12.4

出所：表Ⅶ-4に同じ。

▷3 安岡厚子（2001）『介護保険はNPOで』ブックマン社。
▷4 須田木綿子（2005）「公的対人サービス領域における行政役割の変化と『NPO』」『福祉社会研究2』福祉社会学会。

参考文献
熊田博喜（2004）「福祉NPOの運営実態とその組織特性」『武蔵野大学現代社会学部紀要』第5号
須田木綿子（2005）「公的対人サービス領域における行政役割の変化と『NPO』」『福祉社会研究2』福祉社会学会
塚本一郎（2004）「NPOの経済・政治理論」塚本一郎・古川俊一・雨宮孝子編『NPOと新しい社会デザイン』同文舘出版
安岡厚子（2001）『介護保険はNPOで』ブックマン社

Ⅷ 多様な主体によるサービスの創出

1 サービスの創出

① 新たな支えあいのしくみ

社会福祉サービスは，法制度に基づいて提供することを基本としています。ところが，サービスを使おうとしてもニーズを満たすことのできるサービスが存在していないことがあります。それには，①以前にはみられなかった新たに生まれたニーズであるために，社会的に認知されていない場合，②同様のニーズをもつ人が少ないために，個人的な問題として処理されてしまう場合，③ニーズの性格が公費を投入して提供することになじみにくい場合，④ニーズは明らかであっても費用や人的配置などの面で公的に対応することが困難な場合，などさまざまな要因があります。

いずれにしても，解決しないニーズがあるために生活の維持・継続が困難な状況にある人がいるのであれば，それに対して何らかの支援をしなければなりません。歴史的にみるとこうした問題は，家族・親類，近隣といった血縁・地縁の関係の間の**相互扶助活動**によって対処されてきました。しかし，血縁・地縁関係の希薄化や，問題の深刻化により，相互扶助による解決には限界がみられるようになりました。また，他の人の好意で助けられることに抵抗を感じる人がみられるなど，人々の価値観も変化してきました。

そうした状況の中で，共通の問題意識をもつ人たちが集まって，制度では対応できないニーズに対するサービスを提供する活動が生まれるようになりました。今日，こうした活動は，新しい支えあいのしくみとして，社会福祉の中で重要な位置を占めています。

② 多様なサービス提供主体

新たなサービスを創出する活動が顕著にみられるようになったのは，在宅高齢者の介護や生活支援をめぐる問題が浮上した1980年代のことです。その中心は**住民参加型在宅福祉サービス団体**と呼ばれる団体でした。住民参加型在宅福祉サービス団体は，制度化されていない家事援助サービスや外出支援サービスなどを提供しました。これらの団体の多くは任意団体でしたが，1998年の**特定非営利活動促進法（NPO法）**制定後は，NPO法人格を取得し，現在はNPO法人として活動している団体も少なくありません。

また，1980年代には，生活協同組合や農業協同組合など，もともとは社会福

▷1 サービスが制度化されるためには，それが社会的に対応すべき問題であることが，社会的に承認される必要がある。ニーズが発生してから社会的な承認を得るには，一定の時間を必要とする。

▷2 例えば墓参り，旅行などのための支援ニーズは，個人の志向性が強いことからサービスとして一般化されにくい。

▷3 Ⅰ-1 で説明したように，社会福祉サービスのための財源は，税金等で集めた国や地方自治体の収入の中から配分される。このような再配分の方式では，社会福祉のために使用できる予算に限界があることは否めない。

▷相互扶助活動
伝統的共同体において事故や危険があったときにみられた，相互に助け合う活動。近年各地でみられる相互支援活動とは区別される。

▷住民参加型在宅福祉サービス団体
そのあり方は一様ではないが，①住民の参加によって展開され，②非営利，③有料・有償でサービスを提供する，ところに特徴がある。

▷特定非営利活動促進法（NPO法）
⇨ Ⅳ-3 を参照のこと。

祉サービスの提供を目的にしていなかった団体が，サービスを提供する例も増えました。これらははじめ，組合員の抱える問題のひとつとして高齢者介護等の福祉にかかわる問題が生じたことから，組合員へ生活支援策の一環として福祉サービスを提供するようになりました。その後これが，組合員に限定しない地域の住民に対するサービスに発展していきます。▷4

さらに今日では，Ⅷ-2 Ⅷ-3 Ⅷ-4 で紹介しているように，多様な団体がさまざまな手法を用いてサービスの創出に取り組んでいます。

3 制度化されていないサービスの運営

制度化されていないサービスの提供は，制度化されたサービスの提供とは異なる難しさがあります。

第一に，その事業を実施するために必要なヒト・モノ・カネを，独自の方法で調達する必要があります。事業に必要な資金は，寄付を集めたり，助成金を申請したり，行政から補助を受けられるように働きかけるなど，さまざまな方法を考えて集めます。また，活動の拠点となる場所を探し，確保することも必要になります。

第二に，サービスの利用対象，利用料，サービス提供者への報酬の額など，サービスの提供─利用に関するルールを，独自につくることになります。

第三に，事業開始後はサービス提供にかかわる管理をすべて自らで行わねばなりません。例えば，利用者とサービス提供者のコーディネート，利用量に合わせた提供者の確保，サービスの質の管理，その時々のニーズに合わせたサービス内容の見直し，会計，等々です。これらの業務の中には，専門的な知識・技術が必要となることもあります。

4 多様な運営方法

このように制度化されていないサービスを提供するには，何もかも自分たちで取り組まねばならないという難しさがあります。しかし反対に，制度化されていないサービスの運営は，取り組む人の知恵や工夫によって，多様な運営方法を見出す可能性をもっています。

例えば，場所は，廃校になった小学校の建物や，空き家を無償または低価格で借りるなど，不動産の売買・賃貸契約とは異なる方法で獲得する例があります。また，資金調達が単独の団体では難しい場合には，他の複数の団体と一緒に事業を行うこともあります。さらに，サービスの利用─提供に関しても，金銭でやりとりせずに，**エコマネー**，**ポイント制度**などを採用している例もあります。

新たなサービスの運営方法は，一言でいえば，人々のニーズを出発点にして，それに応えるためのサービスを，人々の知恵や工夫，つながりによって生み出していく方法であるといえます。

（小松理佐子）

▷4 小松理佐子（2003）「中山間地域における福祉サービスの運営──サービス提供主体としての農業協同組合の可能性」中部学院大学『中部学院大学短期大学部研究紀要』第4号，75-82頁。

▷エコマネー
サービスを提供した人にたいして，貨幣ではなく，特定の地域（商店）で使用できる通貨（エコマネー）で支払うしくみ。これによって地域（商店）の活性化が期待できる。

▷ポイント制度
サービスを提供した分をポイントとして支払うしくみ。たまったポイントは，金額に還元して地域の団体の活動費として支給されるなど，さまざまな方法がある。

Ⅷ 多様な主体によるサービスの創出

2 地域の協働運営

1 協働運営の必要性と地域交通システムの変化

　人々が安全に安心して住み続けるためには，地域内に必要な生活機能を整備することが重要です。その一方で，サービスの供給をひとつの事業体に委ねることは，その事業の安定性や継続性，効率性や公平性が担保されにくいという課題があります。

　例えば公共交通を例にとると，従来の公共交通システムは，①独立採算型（図Ⅷ-1）や②自治体補助型（図Ⅷ-2）が主流でしたが，運行会社の経営悪化による路線の廃止・縮小や自治体の財政難による補助金のカットなど，安定した交通事業の運営が難しい状況が生まれました。そこで近年，住民やNPOなどが主体となって企画・運営する，新しい形の地域交通システムが全国各地で広がりをみせています（図Ⅷ-3）。ここでは，「生活バスよっかいち」の事例から，地域生活に必要なサービスを継続的に提供するしくみとしての**協働運営**の方法

▷1　新しい地域交通システムが登場した背景には，本文中に述べたような理由以外にも，環境負荷の軽減，福祉需要の高まり，地域振興，まちの活性化，交通事業の規制緩和などの要因がある。

▷**協働運営**
行政，企業，非営利法人，町内会・自治会などのさまざまな団体や個人が，それぞれの強みを生かして連携しながら，協働でサービスを維持・創出し，その運営にあたることを指す。

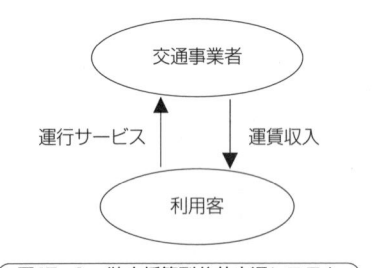

図Ⅷ-1　独立採算型公共交通システム
出所：市川嘉一（2004）「市民・NPOがつくる地域交通システム」『日経グローカル』No.6, 5頁。

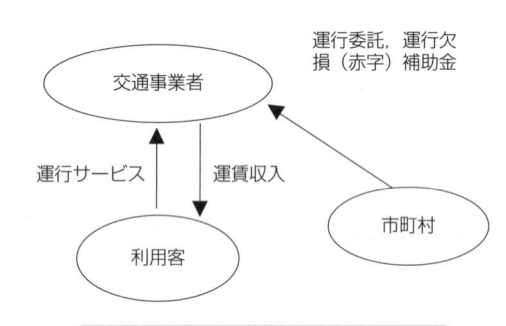

図Ⅷ-2　自治体補助型公共交通システム
出所：図Ⅷ-1に同じ。

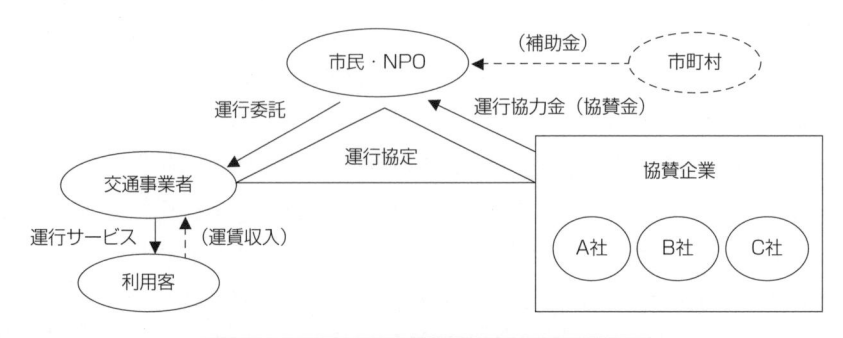

図Ⅷ-3　市民・NPO運営型公共交通システム
出所：図Ⅷ-1に同じ。

2　生活バスよっかいちの事例

○バスを運行するまでの経緯

「生活バスよっかいち」は，住民が事業主体となって運行する全国初のバスとして，2003年に三重県四日市市北部の羽津地区いかるが町地域（人口約1700人，約540世帯）で誕生しました。

「生活バスよっかいち」が生まれたのは，以前あった路線バスが利用者の減少を理由に廃止されたことがきっかけです。いかるが地区の住民を対象に行ったアンケートでは，買い物や通院のためのアクセス手段が必要だという意見が多く出され，今までのバスに替わる交通手段を確保する必要がありました。その後，いかるが地区の住民有志や学識経験者，バス会社関係者らが集まり，行政に頼らないバス運行の形について議論や試験運行を重ね，2003年4月にNPO法人を立ち上げて本格的な運行を開始しました。

○生活バスよっかいちの特徴

「生活バスよっかいち」の運行にあたっては，利用者から徴収する運賃だけでなく，バスルート沿線の地元企業などからの協賛金を主要な財源にしようと考えました。その際協賛企業からは，「集客・宣伝効果はもちろん，『地域の新たな公共交通ニーズを開拓し，もってバスを活用した地域活性化と福祉の増進に寄与する』というNPO法人の地域づくりへの理念に共感し，出資した」という声が聞かれたそうです。また，市も住民と企業が連携した新しいバス運行システムを積極的に評価し，毎月一定額の補助金を出すことになりました。

住民主体でバスを運行することのメリットとしては，バスを利用する当事者である住民が運行ルートや停留所を決めたことで，本当に生活に必要な行き先を重点的に選んでバスを走らせることが可能となった点があげられます。また，高齢の利用者のために200〜300メートル間隔できめ細かく停留所を配置したり，乗降の際に踏み台を用意したりするなどの配慮がなされています。

2003年の運行開始当初は一日の平均利用人数が約80名でしたが，利用者のニーズに即した工夫が功を奏して，2009年現在では約100名に増加しています。

3　よりよい協働運営に向けて

「生活バスよっかいち」の例にみるように，住民がNPO法人を立ち上げてサービス供給の主体となることで，地域生活を守るための活動に住民自身が参加する機会が生まれます。また，さまざまな立場の人々が運営にかかわることで，硬直的なサービス内容が，より実態に即した形に変化するというメリットがあげられます。このような協働運営の方式は，今後ますます必要になってくると考えられます。

（永井裕子）

参考文献
市川嘉一（2004）「市民・NPOがつくる地域交通システム」『日経グローカル』No.6
野口定久（2008）『地域福祉論——政策・実践・技術の体系』ミネルヴァ書房

Ⅷ 多様な主体によるサービスの創出

3 町内会・自治会

1 町内会・自治会とは

　町内会・自治会とは，自分たちが生活する地域をより住みやすい場所にするために自主的に活動する組織です。通常は町内や集落を単位にして組織される場合が多く，上部組織としての学区や市町村レベルの連合町内会・自治会，下部組織としての組・班があります。

　高度経済成長期以降，生活の都市化や核家族化により住民生活が大きく変容する中で，町内会・自治会への加入率が減少したり，活動が形骸化したりするという課題が生まれてきました。しかしながら町内会・自治会には，個人や家族では解決できない課題を地域全体で共有し，地域づくりに取り組んできた実績があります。また，現在も地域のニーズに即した新たな相互支援の取り組みが全国各地で誕生しています。

　ここでは，島根県松江市の淞北台地区で行われている高齢者支援の事例をみていきたいと思います。

2 松江市淞北台地区の取り組み

◯淞北台地区の概要

　松江市の城北地区にある淞北台団地は，1968～1972年の5カ年計画で島根県住宅供給公社の勤労者労者向け住宅として開発された高台団地で，自治会は入居がはじまった1968年に誕生しました。一戸建て住宅の世帯と県営住宅の世帯を同一組織とし，その形態が現在まで続いているという，他の地域ではあまりみられない特徴があります。また，淞北台自治会は，団地への市営バスの乗り入れに関する運動，地域活動の拠点となる会館の建設，祭りの開催や各種組織によるコミュニティ活動など，長年活発に自治会活動に取り組んできた経緯があります。

　2009年6月現在で616世帯，1393人が居住していますが，開発から約40年が経過し，入居当時30～40代だった住民が高齢化してきていることや，県営住宅の家賃が低廉であるため他の地域の独居高齢者が多く転居してきていることなどから，徐々に生活に対する不便を感じる人が増えはじめました。

◯高齢者支援の取り組み

　自治会が立ち上がった当初は活発に地域活動が行われていましたが，住民の

年齢が上がるにつれ、祭りなど催しの規模を縮小するなど次第に活気が失われてきました。そのような状況の中、今後高齢者が確実に増加することを見越して、2000年に自治会内で高齢者福祉施策検討委員会が発足しました。

同委員会が行った60歳以上の自治会員への生活実態アンケートの中では、高齢者が生活するうえで困っていることとして、①坂道、②バスの便が少ない、③買物が不便という意見が多くあげられました。また、入居者の多くが同世代であり、若年層が団地から流出する中で高齢化が進み、高齢者の単身・夫婦のみ世帯が増加していることがわかりました。

これらの経緯から、今住んでいる人たちが、この先も淞北台団地に住み続けられるような支援活動を、自分たちで立ち上げようという機運が高まりました。

○「いきいきライフ推進会議」の活動内容

前述の動きの中で、2001年「いきいきライフ推進会議」(2006年に「いきいきライフを推進する会」に改称)という自治会の高齢者福祉事業を代行する住民組織が発足しました。会議のメンバーは自治会長が委嘱した民生児童委員や関係団体の代表などによって構成されています。「いきいきライフ推進会議」では、淞北台地区の地域特性や前述のアンケートから把握したニーズをもとに、①団地と市内病院とを結び、週2回、1回100円で利用できる城北巡回福祉タクシーの運行、②介護関連講座の開催、③生きがい講座の開催、④「ふれあい交流館」の管理運営、などを行っています。生活に不便を感じている人たちの要望に対応した活動はもちろん、現在は自立して生活している人たちへの啓発活動も合わせて行っているところが特徴といえます。

3　町内会・自治会が福祉活動を行ううえでの課題

淞北台地区の例にみるように、自治会が長年主体的にまちづくりに携わってきた背景がある場合には、サービスの管理・運営などの活動を自治会主導で行ったり、町内会・自治会が法人格を取得したりするという選択も有効です。一方、町内会・自治会などの地縁組織が十分に機能していない地域では、事業の透明性や継続性、公共性を高めるために、NPO法人を新たに立ち上げる必要が生じる場合もあります。その際は、町内会・自治会という同じ地域に居住する人々を対象とした組織と、NPOという目的を同じくする人々が集まる組織の両方のメリットを生かした活動展開が望まれます。

また、町内会・自治会が、将来にわたってさまざまな地域の福祉課題の解決に取り組む場合、地域住民だけでなく、福祉・医療・保健・教育・司法などに携わる外部の専門職のサポートを取り入れながら組織づくりを行うことも重要です。例えば、地域福祉計画などの行政計画の策定を通して、町内会・自治会ごとに住民懇談会を開催し、地域の実情を把握したうえで、専門家を交えて解決の方策を協議し、実行に移すという方法も有効といえます。　　　(永井裕子)

参考文献

日本地域福祉学会編(2006)「町内会・自治会」『新版　地域福祉辞典』中央法規出版

上野谷加代子・松端克文・山縣文治編(2004)「町内会・自治会」『よくわかる地域福祉』ミネルヴァ書房

宮城孝(2006)「住民主体による小地域福祉活動の意義と可能性」『松江市の地域福祉計画——住民の主体形成とコミュニティソーシャルワークの展開』ミネルヴァ書房

VIII 多様な主体によるサービスの創出

4 社会福祉協議会

1 社会福祉協議会とサービス開発

　地域福祉の推進機関である社会福祉協議会（以下「社協」）はこれまで，制度では対応しきれない住民のニーズに対応するためのサービスを開発する役割を担ってきました。例えば，1982年に全国社会福祉協議会が策定した「市区町村社協機能強化計画の指針（社協モデル）」では，3つの目標のひとつとして「活動の焦点を日常生活で援助を必要とする者の問題解決に置くこと」が掲げられました。また，1994年からは「事業型社協推進事業」を展開しました。これは，市町村社協が，公的サービスでは対応できない多様なニーズに即応できる事業を開発していくことを意図したものです。さらに，2002年からは「**社会福祉協議会活動振興事業**」を展開し，新たな福祉課題に対応する事業の推進に取り組んできました。実際に各地の社協で地域特性に応じたさまざまな事業が展開されています。

2 社協ワーカーによるサービス開発

　長野県との県境に位置する岐阜県高山市高根地域に，高齢者が冬季の間だけ利用するアパート「のくとい館」があります。標高800～3,000メートルの所に位置し，高齢化率が47％である高根地域は，冬には深い雪に覆われます。「のくとい館」は，高根地域を担当する社協ワーカーが，日常的に高齢者宅を訪問して話しているうちに必要性を感じたことから生まれました。

　地域の人々と話し合う中で，小学校が廃校になったために遊休施設となっている教職員住宅を使えるようにならないかという意見が出てきました。そこで社協ワーカーは，市に相談をもちかけます。それを受けて高山市が国土交通省のモデル事業に申請したところ，助成金を得ることができました。教職員住宅の使用が決まると地域の住民がそうじをするなど，さまざまな人々の協力を得て，「のくとい館」が開設されました。

　ところが「のくとい館」を利用する高齢者から，「雪で自分の家がつぶれてしまうか心配」と，利用をためらう声が出されました。そこで社協では，ボランティアを募って，高齢者が不在の間，家の除雪作業をする事業を開始しました。また，市が無料で運行している地域福祉バスを使って，定期的に高齢者が自宅を確認しにいけるようにしました。

▶社会福祉協議会活動振興事業
2002年度から5ヵ年計画で行われた。新たな福祉課題として浮上した，精神障害者の地域生活支援，児童虐待の防止，ホームレス支援，高齢者虐待防止，に取り組むことを目的とした事業。

のくとい館

のくとい館の食堂

それまで冬の間は一日中テレビの前で過ごしていた高齢者は、「のくとい館」で過ごすようになって、化粧をするなどおしゃれになったそうです。また夏の間は、「冬に『のくとい館』にもっていってみんなに配ろう」と、畑で野菜づくりに励んでいるということです。

3 社協ワーカーによるきっかけづくり

名古屋市天白区の表山**学区**には、住民が運営する「お助けマン制度」があります。「お助けマン制度」は、高齢者や障害者がちょっとした困りごとがあったときに、**地域福祉推進活動員**に連絡をすると、「お助けマン隊員」が手伝いにいくというしくみです。「お助けマン隊員」は、回覧板等の募集で応募した学区内の住民です。これまでに寄せられた住民からの依頼には、蛍光灯の取替、粗大ゴミの搬出、家具転倒防止金具の取り付け、たんすの移動、庭木の剪定などがありました。

このような住民の支えあい活動は、シルバーパワー活用連絡会議の中から生まれました。この会議は表山学区を担当する社協ワーカーが、地域の人に呼びかけて設置したもので、区政協力員、民生・児童委員、推進協、保健委員、消防団、老人クラブ、子ども会、トワイライトスクールなど、地域で活動する団体の代表者と、地域福祉推進活動員、そして社協ワーカーがメンバーとなっています。

学区の中には以前から支えあい活動に取り組みたいという意見がありましたが、なかなか実現しませんでした。会議の中で関係者が課題を共有したことによって、地域全体としての取り組みがはじめられることとなりました。事業の開始が決まると、学区の委員がアンケート調査を実施して、住民のニーズを把握しました。

4 社協ワーカーが果たす役割

このふたつの事例の社協ワーカーのかかわり方は異なっています。高山市の事例で社協ワーカーは、訪問活動を重ねる中でニーズを発見し、それを解決するための事業を企画し、実施のために行政や住民、ボランティアに働きかけています。他方、名古屋市の事例で社協ワーカーは、住民の協議の場を用意することによって住民が課題を共有する機会をつくり、住民が事業を立ち上げる過程では円滑に進むように、調査の実施や会議の運営などを支援しています。

サービスの開発において、社協ワーカーが果たす役割は一様ではありません。それは、開発しようとするサービスの性格や、地域の状況等によって異なってくるといえます。ですから社協ワーカーには、状況に応じた適切なかかわり方を判断し、行動する力が求められます。言い換えれば、これが「場の運営者」に求められる力であるということができます。

（小松理佐子）

▷学区
学区とは小学校区のこと。名古屋市では学区を単位に地域福祉推進協議会が設置され、地域活動が行われている。

▷地域福祉推進活動員
住民が担っている。学区担当ワーカーと連携して活動している。

お助けマン活動：庭木の剪定

参考文献
全国社会福祉協議会（2003）『全国社会福祉協議会九十年通史』全国社会福祉協議会出版部
名古屋市社会福祉協議会（2009）「なごや発　住民とコミュニティワーカーによる地域福祉実践」

Ⅷ 多様な主体によるサービスの創出

5 中間支援組織

▷**官設官営型**
行政が設立し，運営している形態。

▷**官設民営型**
行政が施設を設立し運営は民間に任せる形態と，行政が出資法人を設立し運営を行う形態とがみられる。

▷**民設民営型**
民間が設立し，自ら運営する形態。

▷**任意団体**
法人格を取得していない団体のこと。

▷**コミュニティ・ビジネス**
定義はあいまいであるが，コミュニティ・ビジネスという用語は，地域コミュニティに必要なサービスを，コミュニティの成員で供給し，サービスの供給と雇用の創出を実現しようとするような活動を指して用いられることが多い。コミュニティ・ビジネスは市場のルールの中で行われるが，これに取り組んでいる組織は，有限会社のみならずNPO法人である場合も少なくない。

1 中間支援組織とは

中間支援組織は，図Ⅷ-4に示すように，NPOと資源提供者との間でNPO活動がスムーズに行えるよう側面から支援する組織です。

NPOとして活動するためには，資金の調達，法人格の取得，会計，サービスの担い手の育成などさまざまな面で，専門的な知識や技術が必要となります。ところが，NPO活動をはじめようとする人の中にはこうしたことについての経験が乏しい人や，例えば担い手の研修のように単独の団体で取り組むには負担の大きなものがあります。こうしたNPOの課題を支援するために生まれたのが中間支援組織です。

2 中間支援組織の運営

日本では中間支援組織の運営形態には，**官設官営型**，**官設民営型**，**民設民営型**，があります。この中でもっとも多いのは，民設民営型の組織です。

中間支援組織が支援の対象としているのは，図Ⅷ-4ではNPOと説明していますが，NPO法人格を取得している団体に限らず，まちづくりや福祉活動を行っている非営利の**任意団体**も含まれています。また，最近では**コミュニティ・ビジネス**に取り組んでいる有限会社も支援の対象に含めている中間支援組織もみられます。

中間支援組織の事業は組織によって異なりますが，①資源仲介，②人材育成，③NPO間のネットワークづくり，④NPO活動を発展させるための社会基盤の整備，⑤評価，などの事業が想定されています。実態としては，図Ⅷ-5にみるように情報提供のサービスがもっとも多く行われています。

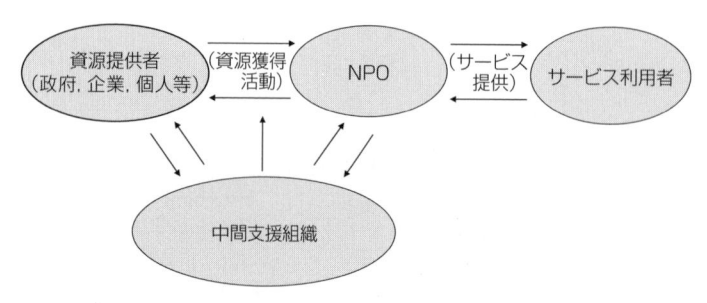

図Ⅷ-4 中間支援組織の位置

出所：内閣府国民生活局（2001）「平成13年度 中間支援組織の現状と課題に関する報告書」の図を筆者一部修正。

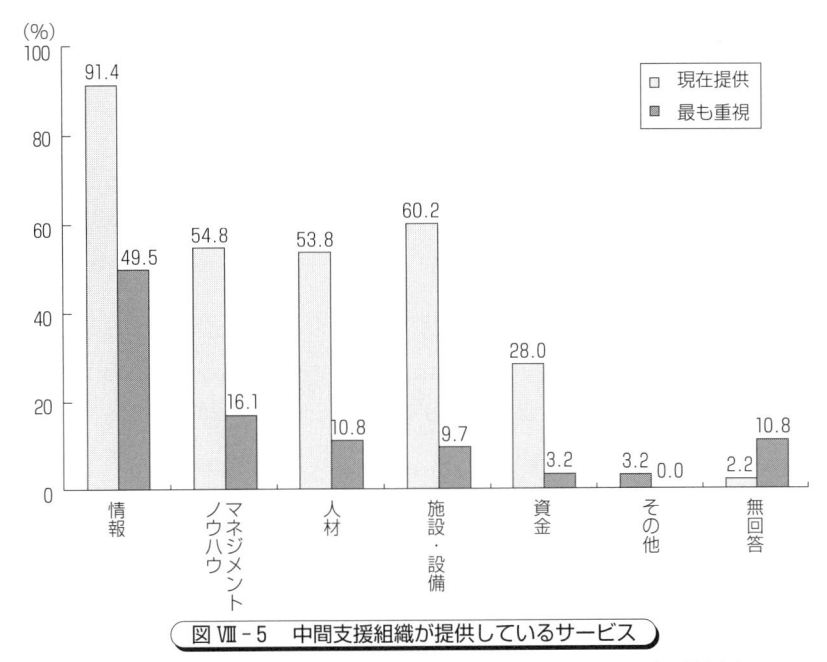

図 Ⅷ-5　中間支援組織が提供しているサービス

現在提供：情報 91.4／マネジメントノウハウ 54.8／人材 53.8／施設・設備 60.2／資金 28.0／その他 3.2／無回答 2.2

最も重視：情報 49.5／マネジメントノウハウ 16.1／人材 10.8／施設・設備 9.7／資金 3.2／その他 0.0／無回答 10.8

出所：内閣府国民生活局（2001）「平成13年度　中間支援組織の現状と課題に関する報告書」。

3　サービスの創出と中間支援

　最後にⅧで取り上げてきた「新たなサービスの創出」というテーマにおける中間支援のあり方について考えてみたいと思います。社会福祉分野で新たなサービスの創出に取り組んでいる組織の核となっているのは，町内会・自治会に代表されるような地縁によるつながりである場合が少なくありません。居住している地域の中で利用できるサービスの創出という視点に立つと，今後，こうした地縁による組織の活動はますます重要になるといえます。

　NPO団体を対象に行われている中間支援組織の支援は，NPO活動を行うという目的が明確になった段階で行われる支援であるといえます。ところが，町内会等のつながりの中では，地域の中で困ったことがあることは明確になっていても，それをどのような方法で解決すればよいかがわからない，仲間がみつからないために活動をあきらめているなど，中間支援組織に結びつく前の課題を抱えている場合が少なくありません。また，ニーズ・オリエンテッド・アプローチの社会福祉運営の視点でいえば，活動する側が「やりたい」と思うものではなく，地域で生活する人が「必要」と思うものを提供しなければなりません。場合によっては，「やりたい」を「必要」に合わせて修正する支援も必要になります。

　Ⅷ-3やⅧ-4で紹介した事例では，こうした意味での「中間支援」を社会福祉協議会が行っています。社会福祉協議会が中間支援組織の役割の一部を担いながら，既存の中間支援組織と協働して新たな提供主体を支援していく支援体制が求められます。

（小松理佐子）

参考文献

内閣府国民生活局（2001）「平成13年度　中間支援組織の現状と課題に関する報告書」

第3部

地域を基盤とした運営管理システム

IX 社会福祉の運営管理システム

1 国と都道府県の役割

1 福祉国家の再編と分権改革

　1970年代以降，経済成長の停滞および社会保障支出の増大を契機として，先進諸国では「福祉国家の危機」が強調されるようになりました。わが国でも，1973(昭和48)年のオイルショックによって高度経済成長が終焉すると，潤沢な財源を背景として拡大してきた社会福祉施策は一転，見直しを迫られることになりました。

　このように「福祉の見直し」は財政危機に端を発しましたが，それは単に「財源が乏しくなったから，国による社会福祉施策を縮小，削減する」という単純な議論に止まるものではありませんでした[▷1]。なぜなら，福祉国家が形成されると同時にその危機に直面したわが国は，国と地方自治体の役割分担など，福祉国家システムのあり方を根底から再検討する必要に迫られたからです。そして，この福祉国家の再編に関する議論の結果，1980年代から1990年代にかけて**条件整備国家**の考え方が台頭し，後の分権改革へとつながっていくのです。

2 分権改革

　武川正吾は分権改革を考察するにあたり，ふたつの視点が重要になると指摘しています[▷2]。ひとつは，国と地方自治体との関係です。わが国では長い間，国(中央省庁)が強大な許認可権限を保有するとともに，地方自治体を統制する中央集権型の福祉国家システムが維持されてきました。しかし，1990年代以降，社会福祉における分権改革が進展した結果，市町村が社会福祉サービスを実施するうえでの総合的な責任を負うことになりました。

　もうひとつは，地方自治体と非政府系の組織や住民との関係です。すなわち，地方自治体が地域社会の構成員を保護したり，規制したりする関係から，両者が対等な関係に基づき協働し，ともにガバナンスを構成する関係への転換です。わが国では1990年代後半以降，農協や生協，株式会社，NPO，ボランティア団体といった多様な民間事業者が福祉サービスに参入しています。また，地域福祉計画の策定などを通じ，住民が地域社会の意思決定に参加する機会も増えています。

▷1　髙田眞治(2007)「福祉見直しと福祉改革」仲村優一・一番ケ瀬康子・右田紀久惠監修『エンサイクロペディア社会福祉学』中央法規出版，192頁。

▷**条件整備国家**
社会サービスを供給する権限を民間企業など他の主体に移譲し，自らの役割を財源調達や規制など，環境条件の整備に縮小した国家。

▷2　武川正吾(2006)『地域福祉の主流化』法律文化社。

3 行政の役割

これらの動向にともない，今日，行政は福祉サービス供給システムの管理者として，調整や条件整備といった役割を担うことが求められるようになっています。例えば，多様な民間事業者が福祉サービスに参入するようになると，行政はさまざまな主体が供給するサービスに重複や遺漏が生じないように事業者間の調整をはかる必要があります。また，福祉サービスの利用者には社会的に弱い立場の人々も少なくないため，そうした人々の人権が侵害されないよう，利用者と事業者の対等な関係の構築や，利用者の権利擁護も求められます。さらに，社会福祉専門職や財源の確保など，社会福祉サービスを供給するための資源の確保も条件整備に含まれます。このほか，交通環境や人口規模などに不利を抱え，民間事業者の参入が乏しい地域では，助成金を交付するなど民間事業者が参入しやすい条件を整備することも期待されます。

もっとも，行政は依然，福祉サービスを直接的に供給することも求められます。例えば，地域に民間事業者が参入していない，あるいは民間事業者では対応が難しいなどの理由で住民のニーズが充足されずにいる場合，必要に応じ，地方自治体が自らそのニーズを充足する福祉サービスを開発し，供給することが求められます。

4 国と都道府県の役割分担

条件整備国家への転換を受け，分権改革が推進された結果，国と地方自治体の役割分担が明確となりました。すなわち，国は今後，社会福祉に関する施策の企画立案，および法整備など，わが国における社会福祉の基本的な制度設計を重点的に実施することが求められています。社会福祉サービスは，1970年代に福祉国家が形成された当初，国が一元的に管理運営し，地方自治体や社会福祉法人が国の指揮監督のもとに供給する体制が築かれていました。しかし，分権改革の結果，地方自治体は国が定める制度的な枠組みに基づきながらも，地域の実情に合わせて自らの責任のもとで管理運営する体制に改められています。

これにたいし，都道府県は，社会福祉法人の設立認可や社会福祉施設の設置認可といった都道府県内における福祉サービスの基盤整備に関する事務を行います。このほか，都道府県には児童相談所，身体障害者更生相談所，知的障害者更生相談所，婦人相談所，精神保健福祉センターの設置が義務づけられており，これらの相談機関にはそれぞれ専門的技術をもつ職員が配置されています。これにより，都道府県は専門的な相談や利用者の福祉ニーズの専門的判定，市町村に対する専門的技術的支援，市町村では対応困難な事例への対応など，「市町村を包括する広域の地方公共団体」（**地方自治法第 2 条 5 項**）としての役割を担っているのです。

（川村岳人）

▷3 分権改革の結果，国は政策の企画立案，財政的支援・誘導を，都道府県は基盤整備と市町村への専門的支援を，市町村は住民にたいして直接的な援助をそれぞれ行うという役割分担が明確になった。

▷**地方自治法第 2 条 5 項**
都道府県は，市町村を包括する広域の地方公共団体として，第 2 項の事務で，広域にわたるもの，市町村に関する連絡調整に関するもの及びその規模又は性質において一般の市町村が処理することが適当でないと認められるものを処理するものとする。

参考文献

髙田眞治（2007）「福祉見直しと福祉改革」仲村優一・一番ヶ瀬康子・右田紀久惠監修『エンサイクロペディア社会福祉学』中央法規出版，190-193頁

武川正吾（2006）『地域福祉の主流化』法律文化社

長谷川万由美（2007）「社会福祉と公私・政府間関係」同上，324-327頁

古川孝順（2007）「基礎構造改革の展望」同上，194-197頁

IX　社会福祉の運営管理システム

2　市町村の役割

1　地方自治の理念

　日本国憲法は，戦前，地方自治体が国の厳しい統制を受けたことへの反省から，新たに「地方自治」の規定を設けました。このうち，**第92条**が規定する「地方自治の本旨」は，地域の政治や行政が，地域住民の意思に基づき（住民自治），国から独立した地方公共団体が自らの責任において処理する（団体自治），というふたつの要素によって構成されます。しかし，地方自治の実現が憲法で保障されることになったにもかかわらず，わが国では戦後も国（中央省庁）が地方自治体を統制する中央集権型の福祉国家システムが維持されてきました。その後，財政危機を契機として「福祉国家の危機」を迎えると，国家の役割を縮小するために福祉国家から条件整備国家への転換が検討され，1990年代以降，社会福祉における分権改革が進展することとなりました。

2　分権改革と地方自治

　1990年代の社会福祉における分権改革のさきがけとなったのは，1990（平成2）年の福祉関係八法改正でした。これにより，市町村が施設福祉および在宅福祉サービスを総合的に実施する責任を担うこととされ，さらに1997（平成9）年に制定された介護保険法では，市町村が保険者とされました。また，2000（平成12）年に改正・改称された**社会福祉法**は，これからの社会福祉は市町村を基盤に展開されるべきであることを改めて明確に打ち出し，地域福祉が名実ともに社会福祉の主流となりました。このほか，障害者総合支援法や児童虐待防止法，高齢者虐待防止法でも，市町村が実施体制の中心に位置づけられています。

　これらの分権改革は，福祉サービスに関する国の権限を市町村に移譲することにより，住民生活にもっとも身近な市町村が，地域の実情に合わせて自らの責任のもとで福祉サービスを管理運営することを目的としています。このため，地方自治の本旨のうち，団体自治の実現を目指す制度改革ということができます。

　しかし，それと同時に，分権改革は住民自治の視点からもその意義を指摘することができます。例えば，介護保険制度を導入するにあたり，先進的な自治体では，住民懇談会や公募委員，パブリックコメントなど住民参加が進展しました。また，社会福祉法により法定化された地域福祉計画は，住民参加により

▶日本国憲法第92条
地方公共団体の組織及び運営に関する事項は，地方自治の本旨に基いて，法律でこれを定める。

▶社会福祉法
社会福祉に関する共通的基本事項を定めたわが国の社会福祉の基幹法。2000（平成12）年，社会福祉事業法より改称・改正され，地域福祉の推進が初めて規定されるとともに，市町村地域福祉計画および都道府県地域福祉支援計画がそれぞれ法定化された。

▶1　武川正吾（2006）『地域福祉の主流化』法律文化社，19頁。

▶指定管理者制度
民間事業者などに老人福祉施設や障害者福祉施設，児童館や学童クラブ，図書館，体育館などの管理運営を代行させる制度。2003（平成15）年6月の地方自治法の

策定されるため，地域社会を構成するそれぞれの組織や住民へ地域社会の意思決定に参加する機会を提供することになり，住民自治の実体化に大きく貢献します。

3 市町村の社会福祉運営上の課題

このように分権改革の進展により，国と地方自治体の関係は大きく見直されました。分権改革に共通するのは，住民にもっとも身近な「政府」として，住民生活の実情をもっともよく知る市町村が福祉サービスを管理運営することにより，住民が本当に必要とするサービスを供給することが可能となる，という考え方です。今後，福祉サービスの総合的な実施責任を負う市町村は，地域住民の福祉課題を正確に把握し，それらを解決することを最優先の課題とすることが求められているのです。また，福祉行政を効率的かつ計画的に運用するため，各種の社会福祉計画を策定することも求められています。

一方，地方自治体と民間の組織や住民との関係では，民間委託や民営化が進んでいます。具体的には，**指定管理者制度**の導入により，福祉施設などの管理運営を民間事業者に委ねることが可能になりました。また，株式会社やNPO法人，ボランティア団体といった民間の組織が福祉サービスに参入しています。このため，福祉サービスを供給する組織との連携をはかり，いかにして地域社会の中に地域住民の福祉課題を解決するシステムを構築していくかが，今後の市町村の社会福祉運営上の課題となります。

例えば，介護保険法は保険給付の対象外のサービスに対し，市町村が独自の給付を行うことを認めているため，移送や配食，入浴サービスなどに給付を行う市町村もみられます。このように地域住民の福祉課題の解決を最優先する観点から，福祉課題を解決するために必要な社会資源を地域社会の中に確保することも市町村の役割となります。

また，福祉サービスに関する制度や手続きが専門化，複雑化してきているため，住民の身近な場所に総合相談窓口を設け，的確に福祉サービスの利用へとつなげる必要性が高まっています。このため，児童家庭分野や保健分野などにおいて，市町村の相談体制が強化されているほか，住民が福祉サービスを町村の窓口で一括して受けられるよう，福祉事務所を設置する町村が徐々に増加しています。これらに加え，**地域包括支援センター**や**障害者相談支援事業所**など，市町村よりさらに狭い，住民の生活圏域ごとに相談窓口を設置する動きもみられます。

(川村岳人)

改正により導入された。

▷2　2009年4月1日現在，全国27か所の町村が設置している。

▷**地域包括支援センター**
2005年の介護保険法の改正で新設された。おおむね人口2～3万人ごとに設置され，地域の高齢者の総合支援を行っている。

▷**障害者相談支援事業所**
障害者自立支援法に規定される市町村地域生活支援事業として，住民の生活圏域ごとに設置され，障害児・者の相談支援を行う。

参考文献

大橋謙策（2007）「地域福祉の歴史的展開と考え方」新版・社会福祉学習双書編集委員会編『地域福祉論（新版・社会福祉学習双書第7巻）』全国社会福祉協議会，1-39頁

小林良二（2006）「地域福祉の経営と運営」日本地域福祉学会編『新版　地域福祉事典』中央法規出版，152-155頁

濱野一郎（2007）「社会福祉運営の課題」仲村優一・一番ヶ瀬康子・右田紀久惠監修『エンサイクロペディア社会福祉学』中央法規出版，16-19頁

平野方紹（2009）「福祉行政の実施主体」野口定久・平野方紹編『福祉行財政論――福祉の行財政と福祉計画（精神保健福祉士・社会福祉士養成基礎セミナー第6巻）』へるす出版，1-43頁

山本清「経済教室」『日本経済新聞』2009年4月30日付朝刊

和気康太（2007）「社会福祉の運営・管理」同上，406-411頁

IX 社会福祉の運営管理システム

3 ニーズとサービスの調整

1 ニーズとサービスの調整

　私たちの住む地域には,「特別養護老人ホームに入所したい」「デイサービスに通いたい」「障害者の就労支援施設に通いたい」「保育所に子どもを預けたい」など,社会福祉サービスの利用希望をもつ人が住んでいます。一方で,地域にはそのサービスを提供する社会福祉施設(特別養護老人ホーム,デイサービスセンター,障害者支援施設,保育所等)があります。この場合,サービス利用が比較的簡単である,施設があってもサービス利用者が多く簡単に利用できない,施設・サービス自体が存在しない,などさまざまな状況があります。

　社会福祉のサービスは,行政(国,地方自治体)によるサービス供給量の調整が行われています。国全体で,あるいは一定の行政地域(都道府県の範囲,市町村の範囲等)で,その住民のうち社会福祉サービスの利用が必要となる人がどのくらいいるか(ニーズの総量)を把握し,将来推計をたて,サービスの供給量の目標が決められています。

　ここでは,主に市町村による,高齢者の介護サービスに関する「介護保険事業計画」,障害者のサービスに関する「障害福祉計画」,子育て・保育サービスに関する「保育計画」についてみていきます。

2 介護保険事業計画

　要介護高齢者を対象とした介護保険制度では,介護保険法において介護保険事業計画を策定することが規定されています。5カ年計画で,3年ごとの見直しがされます。つまり,2年間余裕をもって策定されています。

　市町村は,計画策定委員の選出を行い,要介護者・要支援者・高齢者の推計をふまえて,現状のサービスについての評価,これからのサービス提供の見込みを行い,事業費等の推計をしていきます。この計画に基づき,介護保険料が決められます。

　あわせて都道府県は,介護保険事業支援計画を策定します。また,市町村・都道府県による介護保険事業(支援)計画をバックアップするために,厚生労働大臣(国)は,「**基本指針**」を策定します。

▷1　市町村による「介護保険事業計画」は介護保険法第117条に,都道府県による「介護保険事業支援計画」は同法第118条に,それぞれ基づいて策定される。厚生労働大臣(国)による「基本指針」は同法第116条に基づいている。

▷**基本指針**
介護保険法第116条では,介護保険事業に係る保険給付の円滑な実施を確保するための基本的な指針を定めている。その内容として,①サービス提供体制の確保・地域支援事業の実施に関すること,②市町村介護保険事業計画の対象サービスの種類ごとの見込み量を定めるにあたって参考にする標準,市町村介護保険事業計画,都道府県介護保険事業支援計画の作成に関することなど,がある。
また,障害者総合支援法第87条では,サービス提供体制の整備,自立支援給付や地域生活支援事業の円滑な実施を確保するための基本的な指針を定めている。その内容として,①サービスおよび相談支援の提供体制の確保,②市町村障害福祉計画および都道府県障害福祉計画に関すること,③自立支援給付および地域生活支援事業の円滑な実施の確保に関すること,などがある。

③ 障害福祉計画

　障害者自立支援制度では，障害者総合支援法において障害福祉計画を策定することが規定されています。障害福祉計画は3年を1期とする計画です。

　市町村障害福祉計画は，①障害福祉サービス，相談支援及び地域生活支援事業の提供体制の確保に係る目標に関する事項，②各年度における指定障害福祉サービス，指定地域相談支援又は指定計画相談支援の種類ごとの必要量の見込み，③地域生活支援事業の種類ごとの実施に関する事項，等を定めることとされています。

　都道府県障害福祉計画は，各市町村による市町村障害福祉計画が達成するための計画として位置づけられます。また，障害者福祉にかかわる専門職の質の向上や，施設の必要入所定員総数，精神障害者の退院促進等も含めた計画となっています。また，厚生労働大臣（国）は，市町村・都道府県による障害福祉計画をバックアップするために，「基本指針」を策定します。

④ 保育計画

　いわゆる**特定市町村**は，「保育計画」を策定しなければなりません。保育計画とは，保育の実施事業，子育て支援事業，その他の特定市町村が必要と認める保育に関する事業の供給体制の確保に関する計画を定めるもの，とされています。具体的には，保育所待機児童の実際や就学前児童数の推移，要保育待機児童の推計（社会経済状態の情勢による変動がある）に基づいて，保育所の新設や定員拡大，認証保育所制度等による子育て支援策の活用，預かり保育，幼稚園施設の活用や認定こども園制度の活用，一時保育，休日保育，産休明け保育，病後児保育，発達支援保育等について策定します。また，いわゆる**特定都道府県**は，「都道府県保育計画」を策定しなければなりません。

⑤ サービス調整の課題

　サービス調整のもっとも大きな課題は，超高齢化による要介護・要支援高齢者の増大，保育待機児童増加，等による施設数の不足です。各計画において，施設数・サービス事業者数の整備を策定しても，社会福祉サービスへの新規参入事業者がなかったり，足りなかったりして，計画上の数値に届かない場合があります。最近は，市町村直営で施設やサービスを経営することが減っていることも影響しています。このことにより，最終的に利用者本人とその家族に，その地域でサービスが利用できないなどのしわ寄せがきてしまうこともまた事実です。

（本多　勇）

▷2　正式名称は，「障害者の日常生活及び社会生活を総合的に支援するための法律」（2012年6月公布，2013年4月施行）である。

▷3　「市町村障害福祉計画」は障害者総合支援法第88条に，「都道府県障害福祉計画」は同法第89条に，それぞれ基づいて策定される。厚生労働大臣（国）による「基本指針」は同法第87条に基づいている。

▷**特定市町村**
保育の実施への需要が増大している市町村。児童福祉法第56条の8に規定されている。具体的には，前年度4月1日時点で，保育所の待機児童が50名以上の市町村（保育ママ利用者等を除く）。

▷4　特定市町村による「保育計画」は児童福祉法第56条の8に，特定都道府県による「都道府県保育計画」は同法第56条の9に，それぞれ基づいて策定される。

▷**特定都道府県**
保育の実施への需要が増大している都道府県。児童福祉法第56条の9に規定されている。具体的には，「特定市町村」のある都道府県。

Ⅸ 社会福祉の運営管理システム

4 市町村単位の運営管理システム

1 地域包括ケアシステム

　介護保険制度や障害者自立支援法等においては，援助を必要とする人々が住みなれた地域で住み続けることができるよう，地域での生活を進めていくことが求められています。そのため，公的な社会福祉サービスだけでなく，地域住民同士の支え合いなどを中心とした地域社会の力が多く期待されています。

　しかし，近年の市町村合併により，人口の増大や行政対応の圏域が大きくなった状態が全国各地にみられ，社会福祉サービスにおいても広域で供給する市町村が増えています。また，少子高齢化や核家族化などにより，極端に高齢化の進んだ地域や一人暮らしの多い地域などが増えています。こうした状況では，地域住民同士の支え合いが求められても，「お互いの顔が見えない」といった状況がみられ，地域社会，地域住民同士で支え合うことが難しくなってしまいます。

　こうした状況下であっても，公的な社会福祉サービスの整備だけでなく，地域住民同士がお互いの生活を支え合うことのできるさまざまな地域内のしくみづくりが大切です。そこで，こうしたしくみづくりとして「地域包括ケアシステム」を市町村で形成していくことが求められています。

　地域包括ケアシステムづくりを行っていくうえでは，支援を必要とする人に合わせた方法を検討することが大切であり，市町村内を小さな区域から広域まで段階的に検討し，より細やかな支援が行えるように検討することが求められます。特に支援においては，支援を必要とする人々の生活や福祉的な課題についての早期発見，また解決を行いながらの対応が可能な状態をつくることが大切です。

　例えば，岡山県では「地域ケア会議岡山モデル」として図Ⅸ-1のような圏域を設定し，圏域ごとに会議などを実施しながら，問題の早期発見や解決，対応が行われています。

2 地域包括ケアシステムと地域ケア会議

　特に現在，支援を必要とする高齢者にたいして，近隣住民や自治会といった小規模の地域から，市町村全体までのさまざまな課題を検討する場として，市町村ごとに「地域ケア会議」が開催されています。地域ケア会議の開催に向け

IX-4 市町村単位の運営管理システム

図IX-1 地域ケア会議岡山モデル

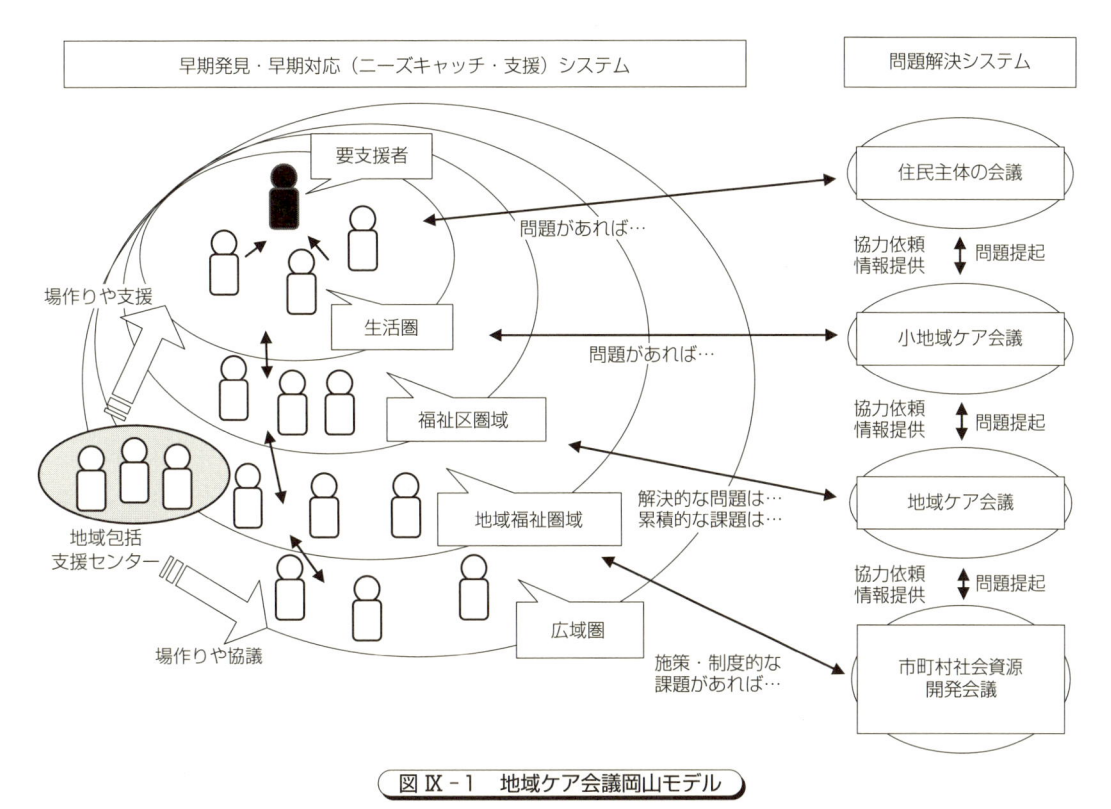

出所：社会福祉法人岡山県社会福祉協議会，岡山県在宅介護・地域包括支援センター協議会（2006）「地域ケア会議　岡山モデル part2　地域包括支援センター創設を見据えた，今後の地域包括ケアシステムのあり方と社会福祉協議会の役割　中間報告平成18年6月」9-10頁より筆者作成。

ては，市町村全体での検討だけでなく，住民同士の顔が見え，支援を行うことのできる町内会や自治会などの区域，それらの区域を拡大した小学校区や中学校区など，検討すべき内容や課題解決に向けた活動に合わせて区域ごとの検討や，支援に向けたさまざまな課題への対応を実施しています。

　岡山県の例では，小地域ケア会議で把握や集約された地区内の生活や福祉的課題について，住民レベルでは解決できない課題（例えば公共交通機関などが少なく，生活に支障がでているなど）を市町村の課題として地域ケア会議にあげていきます。さらに地域ケア会議でも解決困難な場合や，広く市町村内で対応すべき課題について，新たな福祉サービスや社会資源の創設が必要な場合に，市町村社会資源開発会議での検討がなされています。また逆に，市町村全体として把握され，取り組むべき課題を各圏域に伝えることで，より多くの住民に向けた福祉教育や福祉活動推進を行うことが可能となります。

　つまりこうした運営では，地域内のさまざまな団体や資源が組織化され，またさまざまな専門職も組織されることになります。そうすることで，支援を必要とする個人のニーズへの具体的支援だけでなく，地域住民間の連携を強めることとなり，地域ごとの実情に応じた住みよい地域づくりが可能となります。

（新名雅樹）

Ⅸ 社会福祉の運営管理システム

5 中学校区単位の運営管理システム

① 地域トータルケアに向けた地域システムづくりの必要性

　支援を必要とする人々が，住みなれた地域で暮らし続けるためには，介護保険制度などの公的な福祉サービスだけでなく，地域住民同士の支え合いによる見守り支援やふれあい活動など，住民レベルでのさまざまな福祉的な活動が求められます。また，支援を必要とする人々の生活や福祉的な課題について，早期の発見と対応が必要となります。

　つまり，さまざまな生活・福祉的課題が早期発見・解決されるように，住民レベルでの活動が推進しつつ，また一方では公的な社会福祉サービスが充実していくよう，地域ごとの実情に応じた地域内のシステムづくりが求められます。特に，こうした地域内のシステムについては，地域内の住民やさまざまな団体や組織，また保健・福祉・医療の専門職組織，そして行政が一体となった検討の場や対応方法を構築していくことが大切です。

　そこで，2006年4月の介護保険法の改正にともない，全国の市町村に設置された地域包括支援センターでは，「地域ケア会議」を事業のひとつとして実施することが求められています。

② 地域包括支援センターの機能

　地域包括支援センターの機能としては，「総合的な相談窓口」「介護予防マネジメント」「包括的・継続的マネジメント」を基本的活動とし，地域内の高齢者への対応を中心に保健・福祉・医療への総合的な相談支援や対応，虐待防止，介護予防の推進やマネジメントなどを総合的に行います。

　職員配置としては社会福祉士，保健師（または在宅支援経験のある看護師），主任ケアマネジャーの3職種が必要となります。センターの規模や対応地域の広さなどにより，複数の3職種や介護予防プランの作成を専門に行う職員などを配置しています。

　特に，個々の支援におけるサービスのコーディネーターの役割から，さまざまな福祉サービスと地域内の住民活動をつなぐことや，市町村行政との社会資源の検討を行うなど，個人から行政までの幅広い活動が行われていることは，地域トータルケアに向けたシステムづくりの重要な活動といえます。

　また，市町村社会福祉協議会で従来から行われている住民活動の支援による

地域内の組織化や，行政や専門機関との連携による専門職の組織化などを生かすことが求められており，地域包括支援センターによる地域ケア会議を中心とした活動は，地域内の生活・福祉課題の解決に向けた地域福祉推進に重要といえます。

さらに，2006年4月に「高齢者の虐待の防止，高齢者の養護者に対する支援等に関する法律」（通称：高齢者虐待防止法）が施行されました。高齢者虐待防止に関する行政や国民の責務が定められたことにより，地域包括支援センターは地域内の高齢者虐待にたいする対応窓口として重要な役割が求められています。

3 地域包括支援センターによる地域ケア会議の開催と効果

まず，地域ケア会議の開催に向けては，その市町村内の実情に応じた会議の開催可能な地域の設定が求められます。「生活圏」や「地域福祉圏域」[1]など，住民レベルから市町村行政までのさまざまな圏域を設定し，さまざまな課題検討が可能となるように検討の場づくりを進めていきます。

地域包括支援センターは原則として中学校区を活動の単位としていますから，課題の早期発見や対応が可能なように住民レベルで集まることのできる場の設定を行います。地域住民間で地域内の生活課題などの検討が意識的に行われることにより，物理的な課題から人的な連携課題など，幅広い検討が可能であると考えられます。そうすることで，市町村行政による全域的な対応や地域内の医療や福祉機関等では十分に把握や対応が困難な地域内の詳細な現状にたいして，住民自身が求め，主体的に考え，地域特性に応じた課題への対応動を検討していくことにつながっていきます。さらに，会議を通じてあげられた地域の生活・福祉課題を市町村などの広域で共有し，新たなサービスや社会資源の開発につなげて行くことが可能となります。

例として，岡山県では「ニーズキャッチ・支援システム」「問題解決システム」といったシステムを構築し[2]，生活圏域ごとに住民から関係機関等の体制をモデル化しています。その中では問題解決システムに地域ケア会議を位置づけており，地域におけるフォーマル・インフォーマルな社会資源の総合調整をはかる連携や実践の場としての重要性を指摘しています。

ただし，地域包括支援センターは介護保険法に基づき設置がなされているため，多くのセンターでは地域の高齢者にたいする支援活動を中心としています。そのため，介護保険制度に該当しない若年の障害者や児童といったさまざまな支援を必要とする地域住民への対応は難しい状況です。今後はさまざまな支援を必要とする住民への支援方法をシステム化し，早期の発見や対応，また一律的なサービスでの対応ではなく，その地域の実情に応じた課題解決の方法を常に検討していくことが大切です。

（新名雅樹）

▷1　社会福祉法人岡山県社会福祉協議会，岡山県在宅介護・地域包括支援センター協議会（2006）「地域ケア会議　岡山モデル part2 地域包括支援センター創設を見据えた，今後の地域包括ケアシステムのあり方と社会福祉協議会の役割　中間報告平成18年6月」。

▷2　⇒ IX-4 を参照。

X 地域類型にみる運営管理の課題

1 大都市の運営管理

1 大都市のサービス供給

大都市においては、人口の増大から、人々の利害や関心が細かく分かれていくといわれています。例えば、大都市では多種多様な趣味嗜好の中から自分の趣味嗜好に合ったものを選ぶことが可能です。つまり、多様な趣味嗜好が存在することが、その趣味嗜好に合った専門店や組織を誕生させ、職業や組織を分化させることにつながります。そして、細分化されたそれぞれの職業や組織間は疎遠となり、人々の間の社会的距離も常態化するといわれています。そのため、大都市は、**個人が孤立しやすい社会**といわれています。

また、大都市のサービス供給の特徴は、人口規模が大きいことから市場が成立しやすく、民間の事業所も含めて多様な提供組織が展開している点にあります。しかし一方で、提供組織の多元化により、サービスを必要とする本人がそのサービスにアクセスしにくいことが問題となります。このように、大都市サービス供給においては孤立化している個人とアクセスしにくいサービスの双方が問題となり、これらをつなげる利用支援システムのあり方が重要となります。

2 大都市の現状

まず、大都市に住む人々は**孤立化**しているのか、その実態を見てみましょう。国土交通省の調査によれば、表X-1のように東京都に住む人の51.9%が災害や犯罪などのとき、地域による助け合いの信頼感は「ない」と答えています。また、同じ国土交通省の調査では、近所付き合いについて、表X-2のように人口密度が高いほど、「ほとんど、またはまったく知り合いはいない」と答える人が多い傾向にあります。

3 大都市の運営管理とその課題

前述したような個人の孤立化が進行し、サービス提供組織が多元化する大都市において、社会福祉の運営管理には何が求められるのでしょう。孤立化する個人、**アクセス**しにくいサービスのインターフェイス（接続面）の場面では、ケアマネジメント機能をもつ利用支援機関、具体的には地域包括支援センターなどの存在が重要となります。しかし、孤立している人の場合、相談する人、できる人の不在などから社会福祉の政策、援助を知る機会は限られ、地域包括支

▷大都市における個人の孤立化

大都市における個人の孤立化の傾向は、2007年に厚生労働省に設置された「これからの地域福祉のあり方に関する研究会」によりまとめられた「これからの地域福祉のあり方に関する研究会報告書」でも指摘されている。

▷孤独と孤立

孤独と孤立について、タウンゼント（Townsend, P. B.）は「社会的に孤立しているというのは、家族やコミュニティとほとんど接触がないことであり、孤独であるというのは、仲間づきあいの欠除あるいは喪失による好ましからざる感じ（Unwelcome Feeling）をもつこと」と述べている（タウンゼント（1974），227頁）。

▷アクセス

ここでいうアクセスとは、サービスを必要とする本人とそのサービスが接続すること、言い換えれば、つながることを指す。つまり、アクセスしにくいサービスとは、サービスを必要とする本人にとって、つながりにくく、利用しにくいサービスということができる。

表X-1　災害や犯罪などいざという時の地域の助け合いの信頼感

	回答者数	強いと思う（強いと思う＋まあ強いと思う）	ないと思う（あまりないと思う＋ないと思う）	分からない
合計	2,017(100.0%)	880(43.6%)	992(49.1%)	145(7.2%)
東京都	600(100.0%)	234(39.0%)	311(51.9%)	55(9.2%)
千葉・神奈川・埼玉	1034(100.0%)	440(42.6%)	531(51.4%)	63(6.1%)
茨城・群馬・栃木・山梨	383(100.0%)	206(53.8%)	150(39.2%)	27(7.0%)

出所：国土交通省（2005）「大都市圏におけるコミュニティの再生・創出に関する調査報告書　要約版」。

表X-2　徒歩圏（歩いて20分以内）での付き合い（可住地人口密度別）

	回答者数	知り合いはかなり多いと思う（20人以上）	ある程度知り合いはいると思う（10〜19人）	知り合いは少ない（5〜9人）	ほとんどまたは全く知り合いはない（およそ3，4人以下）
合計	2,017(100.0%)	207(10.3%)	473(23.5%)	611(30.3%)	726(36.0%)
2000人／km²未満	439(100.0%)	49(11.2%)	128(29.2%)	141(32.1%)	121(27.6%)
2000人／km²以上5000人／km²未満	331(100.0%)	40(12.1%)	87(26.3%)	96(29.0%)	108(32.6%)
5000人／km²以上8000人／km²未満	462(100.0%)	47(10.2%)	98(21.2%)	139(30.1%)	178(38.5%)
8000人／km²以上10000人／km²未満	383(100.0%)	32(8.4%)	80(20.9%)	121(31.6%)	150(39.2%)
10000人／km²未満	402(100.0%)	39(9.7%)	80(19.9%)	114(28.4%)	169(42.0%)

出所：表X-1に同じ。

援センターなどにつながる機会も限られてしまいます。そこで、限られた専門職だけではなく、孤立している人により近い存在の近隣住民や、そのネットワークの中心役としての民生委員・児童委員など住民の立場で活動する人の役割が重要となります。こうした人々には、生活問題を抱えながらも社会福祉サービスを利用していない人々を住民の目線で発見し、利用支援機関につなげる役割が期待されています。

しかし、民生委員・児童委員の活動が十分に発揮できない現状があります。第一に大都市に多く建設されている高層マンションのオートロックの問題です。防犯のためのオートロックは、外部からの侵入も防ぎますが、民生委員・児童委員も入ることができず、高層マンションの住民への訪問ができないという問題が発生しています。第二に個人情報保護法により、民生委員・児童委員が守秘義務を課せられているにもかかわらず、自治体や地域包括支援センターから必要な情報が提供されていない現状があります。

今後、大都市において孤立している人々をアクセスしにくいサービスにつなぐためには、専門機関の活動だけではなく、近隣住民や民生委員・児童委員の活動が重要となります。そのため、社会福祉専門職は、専門職のみで構成する利用支援システムの構築をめざすのではなく、近隣住民、民生委員・児童委員と協働して住民を巻き込んだ利用支援システムを構築し、これを有効的に活用するとともに、彼らの活動を支援していくことが求められています。　（相馬大祐）

参考文献

厚生労働省社会・援護局地域福祉課（2008）「これからの地域福祉の在り方に関する研究会報告書」

国土交通省（2005）「大都市圏におけるコミュニティの再生・創出に関する調査報告書　要約編」

後藤広史（2009）「社会福祉援助課題としての『社会的孤立』」『福祉社会開発研究』No.2、東洋大学福祉社会開発研究センター

小松理佐子（2007）「地域における相談活動と家族支援ネットワーク——民生委員児童委員の役割を考える」『社会福祉研究』第98号、鉄道弘済会

タウンゼント、P.B.／山室周平監訳（1974）『居宅老人の生活と親族網——戦後東ロンドンにおける実証的研究』垣内出版

古川孝順（2001）『社会福祉の運営』有斐閣

町村敬志・西澤晃彦（2000）『都市の社会学』有斐閣

X 地域類型にみる運営管理の課題

2 地方都市の運営管理

1 運営の適正規模

　社会福祉の供給にかかわる大部分は，国が設定した全国共通の法制度に規定されて行われています。ところが，X-1で取り上げている大都市やX-3で取り上げている中山間地・離島のように，人口規模やそれにともなう環境の違いから，地域ごとに異なった運営の課題を抱えているのが現状です。そうした中にあって地方都市は，全国共通に設定されたモデルに比較的近い運営が可能な環境にあるといえます。もともと全国共通のモデルは，地方都市の実践から構想されているものが多いので，それは当然のことであるともいえます。

　しかし地方都市とひとくくりにしても，実際には人口規模，高齢化の進行状況，社会資源の配置，地理的条件等の影響を受けて，自治体によって異なる状況におかれています。したがって，身近なところでサービスを利用できる体制を整備するためには，適正な運営ができるエリア（圏域）の設定が必要になってきます。

2 エリア（圏域）設定

　一般に身近なサービス提供が可能なエリアは，人口1万人規模，すなわち中学校区が適切であるといわれています。全国共通の制度によって設置されている高齢者のための地域包括支援センターも，これが基本となっています。ただし，地域によっては人口1万人規模と中学校区とが必ずしも一致するとはいえませんから，実際には地域ごとの検討が必要となります。

　エリアを設定する際のもうひとつのポイントは，社会資源の配置状況，とりわけ拠点施設となりうる既存の施設の存在です。そして，拠点施設への住民の**アクセシビリティ**が加味されねばなりません。それは地理的・時間的な距離はもとより，そこに行くための公共交通の整備状況や，住民の**生活圏域**と一致しているか否かということも含まれます。

　他方で，自治体より大きな広域圏域の設定も必要となります。人々が必要とするサービスの中には，身近なところに用意することが困難な，高度な専門性を要するサービスもあります。また，本来は単独の自治体で取り組むべき業務であっても担うことが困難な業務を，複数の自治体で協力して行うこともありえます。

▷**アクセシビリティ**
接近性。社会福祉の利用における接近性という場合には，地理的な近さだけではなく，手続きの簡略化や，精神的な面での利用しやすさ（抵抗なく利用できる）なども考慮に入れる必要がある。

▷**生活圏域**
買い物や通勤などの日常生活が営まれている範囲をいう。

▷1 例えば，市町村で行うことが基本である介護保険事業の運営の一部を，広域連合によって行っているような場合もある。

現在の社会福祉の運営は，基礎自治体を単位とすることを原則としていますが，図Ⅹ-1に示したような重層的なエリアの設定と，それぞれのエリアが果たすべき機能を，自治体の状況に応じて検討することが課題となります。

3 市町村合併による新たな課題

1995年以降，地方財政基盤の強化と効率化をめざす国の政策のもとに，市町村合併が促進されてきました。その結果，全国の市町村数は1999年の3,229自治体から，2009年には1,775自治体にまで減少しました。合併の促進状況は都道府県によって違いがみられますが，顕著な例では，新潟県が112自治体から31自治体に，富山県が35自治体から15自治体へと減少しました。

市町村合併は，自治体の運営からみると効率性の向上がはかられたといえます。しかし一方，当然のことながら一自治体の面積は大きくなりました。例えば岐阜県の高山市の場合，1市9町村が合併した結果，東京都とほぼ同じ面積の市となりました。社会福祉の運営という面からみると，このことは歓迎できることばかりではありません。自治体の面積が大きくなることによって，住民が公共サービスを利用しにくくなる，行政が住民の福祉ニーズを把握しにくくなる，住民の要望が行政に届きにくくなるなどの問題が生じることが予想されます。

市町村合併は，効率性と引き換えに，いかに市の中心部と周辺部に暮らす住民との間の公平性を保障するかという課題をもたらしました。住民間の不公平を生じされないためには，合併前とは異なる，新しい運営のシステムをつくる必要があります。社会福祉の利用における住民間の公平性を保つには，第一には，住民の相談やサービスの利用手続きのための窓口を，住民の身近な場所に設置することで，サービスへのアクセシビリティを公平にすることです。そして第二には，ニーズ把握や住民の社会福祉活動への参加の場を，住民の身近な場所に設置し，そこから行政までの情報のルートを用意することです。これによって住民の社会福祉活動への参加の機会を公平にすることができるでしょう。住民の参加の機会が平等に保障されることにより，合併した新たな市の社会福祉システムを形成する場が生まれるといえます。

（小松理佐子）

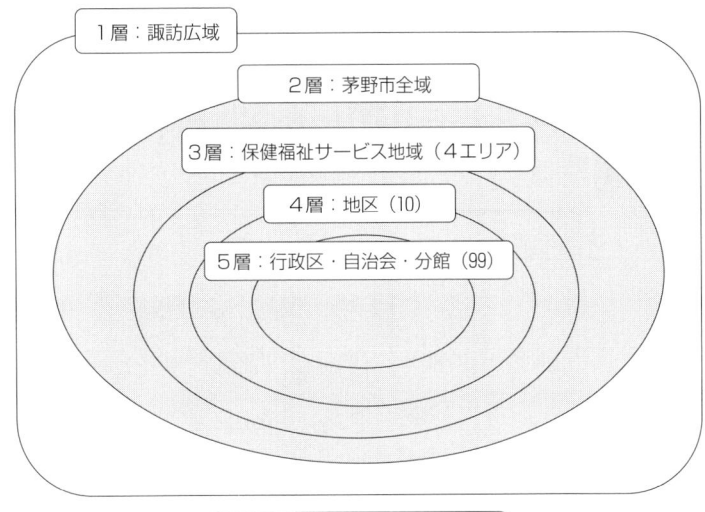

図Ⅹ-1　生活圏5つの階層

1層：諏訪広域
2層：茅野市全域
3層：保健福祉サービス地域（4エリア）
4層：地区（10）
5層：行政区・自治会・分館（99）

出所：茅野市（2006）「福祉21ビーナスプラン　茅野市地域福祉計画後期5か年計画」16頁。

参考文献

宮城孝・原田正樹（2007）「地方都市に求められる地域福祉計画」牧里毎治・野口定久編『協働と参加の地域福祉計画――福祉コミュニティの形成に向けて』ミネルヴァ書房，107-118頁

茅野市（2006）「福祉21ビーナスプラン　茅野市地域福祉計画後期5か年計画」

X 地域類型にみる運営管理の課題

3 中山間地・離島

1 中山間地および離島

「中山間地」は元来，農業政策上の行政用語であり，例えば，食料・農業・農村基本法は，中山間地域等を「山間地及びその周辺の地域その他の地勢等の地理的条件が悪く，農業の生産条件が不利な地域」（第35条）としています。また，農林水産省のホームページは，平野の外縁部から山間地に至る地域である中山間地域は，国土面積の69％に及ぶとしています。この中山間地は，単に農業の生産効率が悪いというだけでなく，そこから派生し，「経済基盤となる産業・雇用の問題，その結果としてもたらされた生産年齢人口の都市への流出，過疎化・高齢化の進行という人口構造」など，さまざまな課題を抱えています。

一方，「離島」について，離島振興の基本法である離島振興法は，振興対策実施地域の要件として「本土より隔絶せる特殊事情よりくる後進性」を掲げ，全国の260島の有人離島を指定しています。離島は，海に囲まれているという「環海性」，面積が比較的小さいという「狭小性」，本土の経済・文化の中心から遠く離れているという「隔絶性」を抱え，厳しい社会的，経済的環境に置かれているため，産業基盤および生活環境の整備等が他の地域に比較して低位にあります。また，2005（平成17）年度の国勢調査結果によると，離島対策実施地域の高齢化率は33.0％と全国平均の20.1％を大きく上回るなど，高齢化や人口減少が顕著となっています。

2 中山間地および離島が抱える課題

ところで，1990年代後半以降の社会福祉基礎構造改革により，措置制度から契約に基づく利用者主体の制度への転換がはかられた結果，介護保険制度が導入された高齢者介護の分野を中心に，第二種社会福祉事業への民間事業者の参入が進みました。しかし，中山間地および離島では，他の地域を先行する形で高齢化が進展しているものの，交通環境や人口規模等において大きな不利があるため，民間事業者の参入が乏しいのが現状です。とりわけ，交通環境の不利は，物やサービスの搬送コストの増大に直結するため，外部の事業者が参入するうえで阻害要因となっています。

このため，中山間地および離島の住民が保険料を納めているにもかかわらず，他の地域の住民のように介護サービスを利用できないという「地域格差」を解

▷1 小松理佐子（2007）「中山間地に求められる地域福祉計画」牧里毎治・野口定久編『協働と参加の地域福祉計画――福祉コミュニティの形成に向けて』ミネルヴァ書房，99頁。

▷2 離島振興法のほか，特殊な地域事情を抱える奄美群島や小笠原諸島，沖縄の離島については，それぞれ特別措置法が制定されている。

消すべく，条件不利地域の事業所が提供する居宅サービスの一部について，介護報酬を加算する特別地域加算や中山間地域等小規模事業所加算，中山間地域等居住者サービス提供加算が設けられています。しかし，それでもなお，いまだに多くの中山間地および離島の福祉サービスの基盤整備は十分とはいいがたいのが現状であり，住民が福祉ニーズを抱えると，本人が地域での生活を希望しているにもかかわらず，家族や施設，病院を頼って転出せざるをえないようなところも少なくありません。

③ 中山間地および離島に求められる社会福祉運営管理

このように中山間地および離島では，外部の事業者の参入が難しいため，市町村や社会福祉協議会，農業協同組合など地元の組織や団体によるサービスの提供が期待されます。とりわけ，福祉サービスの総合的な実施責任を負う市町村は，民間の事業者が対応できない福祉課題にたいし，直接的に介入することが求められます。もっとも，過疎化および高齢化が進行する中山間地および離島では，基礎自治体の財政基盤が脆弱であるため，いかにして社会資源（サービス，財源，人材，施設・設備，情報など）を確保し，効率的に配分するかがもっとも重要な課題となっています。例えば，ホームヘルパーや社会福祉士など，福祉サービスに従事する人材については，人材養成講習会の開催などによって地域内から確保することはもとより，必要に応じて地域外からも不足する人材を確保するような施策を講じる必要があります。

また，サービスの種類については，空き家や公民館などを活用し，住民の身近な場所で気軽に利用できる相談拠点や福祉サービスの提供拠点を設けることが期待されます。とりわけ，中山間地および離島では，地域で可能な限り長く暮らせるようなメニューへの要望が高いため，保健や医療と連携した小規模多機能型サービスの展開が求められています。このほか，住民の集落が広範囲に点在している中山間地では，訪問型サービスや移送サービスの提供により，福祉サービスへのアクセスを確保することが重要になります。

ところで，中山間地および離島では，今でも地縁・血縁関係に基づく濃密な人間関係や相互扶助が維持され，住民によって高齢者の見守りや声かけ，子育て支援などが行われているところも少なくありません。しかし，その一方，人間関係が濃密なため，住民が世間体を気にして福祉サービスの利用を控え，さらに，サービスの利用が少ないために事業者が参入を敬遠する，という負の連鎖が生じているところもあります。このため，利用者および家族に対し，必要なサービスは積極的に利用し，自立生活を送ろうとする意欲を醸成するエンパワメントの視点に立った支援を行うとともに，広く地域住民全体に福祉教育を行うことにより，福祉サービスの利用者を排除せず，ひとりの地域住民として包摂するような精神的環境を醸成することも重要です。

（川村岳人）

▶3　市川一宏（2006）「地域福祉における政策・計画と経営・運営との関係」日本地域福祉学会編『新版　地域福祉事典』中央法規出版，158頁。

参考文献

小川全夫（2006）「過疎社会の変化と地域生活」日本地域福祉学会編『新版　地域福祉事典』中央法規出版，54-55頁

野口定久（2006）「コミュニティ資源の再生とまちづくり」日本地域福祉学会編『新版　地域福祉事典』中央法規出版，58-59頁

濱野一郎（2007）「社会福祉運営の課題」仲村優一・一番ヶ瀬康子・右田紀久惠監修『エンサイクロペディア社会福祉学』中央法規出版，16-19頁

XI 福祉サービスの質の管理

1 サービス評価

① 第三者評価事業

福祉サービスの質を管理する方法のひとつに，サービス評価があります。社会福祉法第78条には，社会福祉事業の経営者は福祉サービスの質の評価を行うよう努めるよう規定されています[1]。サービス評価の方法には，提供者自身による自己評価や，利用者による評価もありますが，社会福祉基礎構造改革以降は，サービスの提供—利用に直接かかわらない外部の者による評価方法（第三者評価事業）が積極的に導入されています。第三者評価は，当事者による評価に比べて，専門的・客観的な評価が可能であるといえます。

▷1 社会福祉法第78条1項は、「社会福祉事業の経営者は、自らその提供する福祉サービスの質の評価を行うことその他の措置を講ずることにより、常に福祉サービスを受ける者の立場に立つて良質かつ適切な福祉サービスを提供するよう努めなければならない」としている。

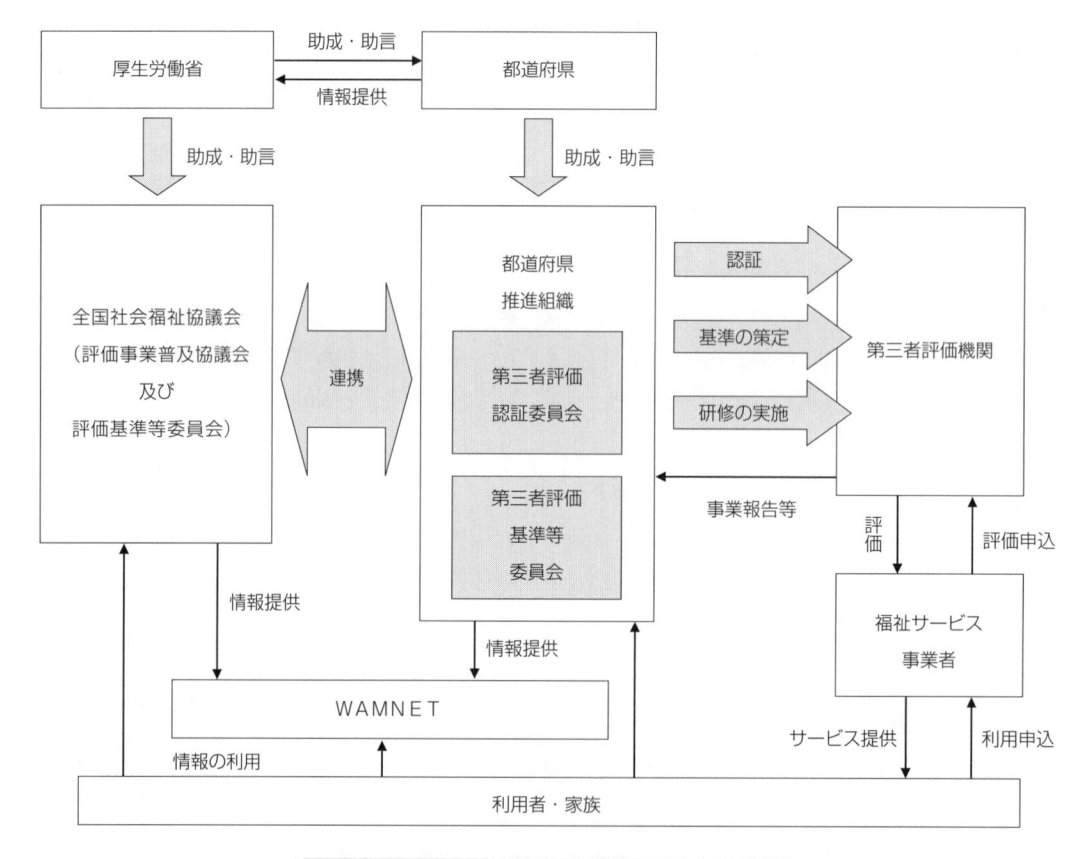

図 XI-1　福祉サービス第三者評価事業の推進体制

注：WAM NET…独立行政法人福祉医療機構が運営しているサイト。福祉・医療サービスに関する情報を公開している。
出所：全国社会福祉協議会「『福祉サービス第三者評価事業』の推進体制」を筆者が簡略化（http://www.shakyo-hyouka.net）。

こうしたサービス評価には，①事業者にたいしてサービスの質の向上への取り組みをうながすこと，②評価結果の公開を通じて利用者のサービス選択の支援をすること，などの効果が期待されています。

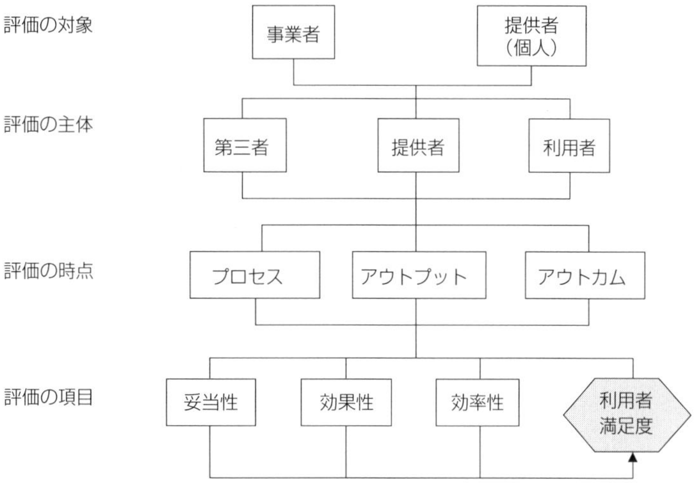

2　第三者評価事業の推進体制

第三者評価事業は，図XI-1に示すように，都道府県に設置された推進組織を中心にした体制で推進されています。したがって，評価の基準の設定や第三者機関の認証方法なども，都道府県ごとに定められています。

3　福祉サービスの評価方法

ここからは第三者評価事業に限定せず，望ましい福祉サービスの評価のあり方について考えてみることにしましょう。福祉サービスはⅡ-2で説明したように，**無形性**，**一過性**という特質をもっています。ですから，サービスが提供されている場に居合わせなければ，提供されているサービスそのものを確認することができません。そうした特質をもつサービスの評価の結果は，だれが，どの時点で，どのような尺度で評価するかによって，異なったものとなる可能性をもっています。こうした福祉サービスの評価の限界をふまえて，福祉サービスの評価は，その目的に応じて，図XI-2にあげた要素を組み合わせて行う必要があります。

本書のニーズ・オリエンテッド・アプローチの視点に立てば，これらの要素の中でもっとも重視すべき評価は，利用者満足度であるといえます。それは単に「あの職員は優しくしてくれた」というレベルの満足度ではありません。そのサービスを利用したことによって，サービスの利用目的であった，自らが望む生活（人生）が実現しえたかという意味での満足度です。しかし実際には，利用者がひとりで適切に評価を行うことが困難な場合も多々あります。ですから重要な課題は，利用者が上手にサービスを利用し，適切なふりかえりができるよう，その過程を支援することにあります。

（小松理佐子）

図 XI-2　福祉サービス評価の構成要素

注：プロセス評価…サービスが提供されるまでの過程に焦点をあてた評価。提供者と利用者の関係性や，サービス提供計画の作成における意思決定の方法，などに着目する。
アウトプット評価…創出されたサービスに焦点をあてた評価。提供されたサービス量，内容などに着目する。
アウトカム評価…サービス提供の結果として生まれた効果や成果に焦点をあてた評価。

▷**無形性**
目で見たり，さわったりして確認をすることができないということ。

▷**一過性**
サービスが提供されている時間と空間においてのみ存在するということ。

参考文献

小野達也・田渕雪子（2001）『行政評価ハンドブック』東洋経済新報社

東京福祉サービス評価推進機構編（2006）『平成18年度東京都福祉サービス第三者評価ガイドブック』財団法人東京都高齢者研究・福祉振興財団

ハトリー，H. P.／上田宏・上野真城子訳（2004）『政策評価入門』東洋経済新報社

全国社会福祉協議会ホームページ「福祉サービス第三者評価事業」http://www.shakyo-hyouka.net/

XI 福祉サービスの質の管理

2 監　　査

1 監査の意義と概要

監査は，特定の事象や対象にたいし，遵守すべき法令や規定等に照らし，その政策や業務がこれらに基づいているのかどうか監督・検査し，その結果にたいして何らかの評価を加え，この結果を関係機関に伝達することにより，政策や業務の公正，かつ合理化，効率化をはかることを目的としています。

例えば，行政庁にたいする監査は，より公正，かつ合理的，効率的な行政運営をはかることを目的に行われますが，国の場合，会計検査院が実施する会計監査，および総務省行政評価局が政策評価の視点から実施する業務監査があります。これにたいし，地方公共団体の場合，当該地方公共団体の監査委員が自主的に行う一般監査，および特別な場合に行う特別監査がありますが，いずれも行政運営が公正，かつ合理的，効率的に行われているかどうかを監督・検査するために行われます。

このうち，一般監査には，**定例監査**（地方自治体法第199条4項），**随時監査**（同条5項），**行政監査**（同条2項）があります。特別監査には，住民の直接請求による事務の監査（同法第75条），議会の請求による監査（第98条2項），長の要求による監査（第199条6項），および財務的援助を与えている者等に対する長の要求による監査（同条7項）があります。

2 社会福祉に関する監査

社会福祉に関する監査は，社会福祉法や社会福祉関係法令などに基づき，行政庁等が，社会福祉事業の運営管理や利用者処遇，経理処理などの適法性を個別に精査し，必要に応じて是正措置を講じることにより，適正な法人運営や利用者処遇，施設運営管理，円滑な社会福祉事業の経営を確保することを目的としています。

具体的には，社会福祉法人にたいする法人監査（社会福祉法第56条1項），および保護施設や老人福祉施設，児童福祉施設などの社会福祉施設にたいする施設監査（社会福祉法第70条，生活保護法第44条1項，老人福祉法第18条2項，児童福祉法第46条1項等）があります。さらに，指定居宅サービス事業者や指定居宅介護支援事業者など，介護保険事業を運営する事業者にたいして行われる監査（介護保険法第76条，第83条，第90条，第100条，第112条，第115条の7）のほか，

▷**定例監査**
監査委員が毎年度に1回以上，期日を定めて実施する財務に関する監査。

▷**随時監査**
監査委員が必要に応じて実施する財務に関する監査。

▷**行政監査**
監査委員が必要に応じて実施する事務の執行に関する監査。具体的には，一般行政事務が法令等に基づいて適正に行われているか，あるいは効率的・能率的に行われているかといった観点から行われる。

厚生労働大臣が都道府県知事および市町村長の行う生活保護法の施行に関する事務にたいして行う監査（生活保護法第23条1項）のように，行政庁の事務処理の適法性を他の行政庁が監督・検査する監査があります。

3 監査の具体的な手続き

ここでは，監査の具体的な手続きについて，民間事業者の参入の進展にともない，不正受給への対応が迫られている介護保険制度を例として取り上げます。

本来，指定居宅サービス事業者や指定居宅介護支援事業者など，介護保険法上の指定を受けた事業者等には，指定基準を遵守し，サービス提供を行うことが最低限の責務として求められますが，実際は人員，設備および運営基準などの指定基準の違反事実を認識しながら放置していたり，不正請求を行ったりしているような悪質な事業者も報告されています。

そこで，都道府県または市町村は，指定を受けた事業者等に指定基準違反や不正請求が認められる場合，またはその疑いがあると認められる場合，介護保険法第5章の各規定に基づき，実地検査を行います。なお，監査は，悪質な指定基準違反および不正請求にたいして機動的に対応することが望まれるため，監査の実施主体である都道府県や市町村は，国民健康保険団体連合会や地域包括支援センターなどの関係機関との連携を密にし，情報の収集や分析に努めることが求められます。都道府県または市町村は，実地検査の結果，指定基準違反が確認された場合，介護サービス事業者等にたいし，期限を定めて基準を遵守すべきことを文書で勧告し，さらに，改善勧告を受けた事業者等が正当な理由なく，勧告に係る措置をとらなかった場合，期限を定めてその勧告に係る措置をとるべきことを行政処分として命令することができます。これらの改善勧告および改善命令をしても依然，是正されない場合，都道府県知事または市町村長は，期限を定めて指定の停止をすることができます。ただし，この場合，現にサービス提供を受けている利用者が不利益を被ることがないよう，例えば，不適切なケアプランを作成した介護支援専門員（ケアマネジャー）にたいする指定の効力のみを停止するなど，十分な配慮が必要です。

さらに，改善命令や指定の効力の停止の措置をとっても是正されない場合，当該サービス事業者等に係る指定を取消すことができます。ただし，著しく不正な手続きによる虚偽の申請をしている場合，改善勧告や改善命令，指定の効力の停止等を経ることなく，指定の取消し処分を行うこともあります。このほか，経済上の措置として，改善勧告に至らない場合は過誤調整，改善勧告を受けた場合は返還金，改善命令以上の行政処分を受けた場合は返還金および加算金がそれぞれ科されます。

（川村岳人）

▷1 「介護保険施設等監査指針」（厚生労働省）は，情報の入手経路として，①通報・苦情・相談等に基づく情報，②国民健康保険団体連合会，地域包括支援センター等へ寄せられる苦情，③国民健康保険団体連合会および保険者からの通報情報，④介護給付費適正化システムの分析から特異傾向を示す事業者，⑤介護サービス情報の公表制度に係る報告の拒否等に関する情報の5点を例示している。

参考文献

肥沼位昌（2002）『超入門 自治体財政はこうなっている』学陽書房

肥沼位昌（2004）『自治体財政のしくみ』学陽書房

XI 福祉サービスの質の管理

3 リスクマネジメント

1 リスクマネジメントとは

「リスク（risk）」とは，行動をしないこと（すること）によって危険や損をする「危機」と理解することができます。リスクに対応することは，社会生活において責任が問われる現代においては，社会活動（経済活動，企業活動）において必須のことといえます。このことは，経営者のみならず，スタッフ全員がこのことを共有する必要があります。

リスクマネジメントとは，まず，①リスクを把握・特定し，②把握・特定したリスクを発生頻度と影響度の観点から評価し，③リスクの種類に応じて対策を講じる，④また，仮にリスクが実際に発生した際には，リスクによる被害を最小限に抑える，という一連のプロセスのことをいいます。

2 社会福祉サービスにおけるリスクマネジメント

社会福祉サービスを提供する際にも，多くの「危機＝リスク」があります。社会福祉におけるリスクマネジメントは，サービスの質の向上という視点に立ち，利用者の安全の確保，事故の予防対策，利用者の満足度の向上を志向することが必要です。そして，危機管理，不測の事態に対応する体制が問われます。

社会福祉サービスは，人の生活そのものを支援するサービスを提供しています。特に，フェイス・トゥ・フェイスの関係で，相談援助，介護や看護，保育等直接的にクライエントとかかわる業務がサービスの中心になります。

私たちの生活は，その場所が自宅であれ施設であれ，リスクはつきものです。転倒事故，誤嚥事故，介護事故，感染症，食中毒，行方不明等々の事故の起きる可能性があります。ただし，社会福祉サービスのもとで起きた事故については，サービス提供側の責任を問われることがあります。

リスクマネジメントは一般に，「自分の組織を守る」「社会や顧客等への被害を与えない」ということが優先されますが，社会福祉サービスにおいては「利用者やその家族に被害を与えない」ということを最優先に考えます。

さらにいえば，最近は職員による虐待についても取り沙汰されています。職員による利用者への虐待事件等が起きた際の迅速な対応についても，リスクマネジメントの範疇に入ります。

▷過失
この場合は，サービス提供者（スタッフ）の不注意による事故や損害のことを指す。サービス提供者は，事故等がおきることを予測しながらの援助が求められる。

▷インフォームドコンセント（informed consent）
「説明に基づく同意」と訳される。契約による社会福祉サービス利用においては，利用者（本人・家族）が，サービスの重要事項を含めた説明をうけ，その内容を十分に理解したうえでのサービス利用の同意が必要になる。サービス内容について，できること・できないこと，起こりうるリスク，費用（利用料），事故等緊急時の対応等について明らか

3 リスクマネジメントの実際

社会福祉サービスの利用は現在，契約によるものが中心となっています。契約制度において，契約当事者は施設を運営する法人（社会福祉法人，医療法人，NPO法人等，行政の場合もある）です。法人は，利用者の安全に責任を負う立場にあります。サービス提供上の**過失**は，法人の責任となります。

契約制度では，責任・義務が契約当事者に生じ，契約にあること以外は，その都度双方（利用者と法人・施設）の合意が必要です。契約違反については，管理責任や賠償責任が問われることがあります。

サービスを利用するにあたっては，利用者（本人・家族）にたいして重要事項説明を行い，その同意のもとでサービス利用の契約を行います。その際，サービス利用におけるリスクについても説明を行います。**インフォームドコンセント**が重要です。

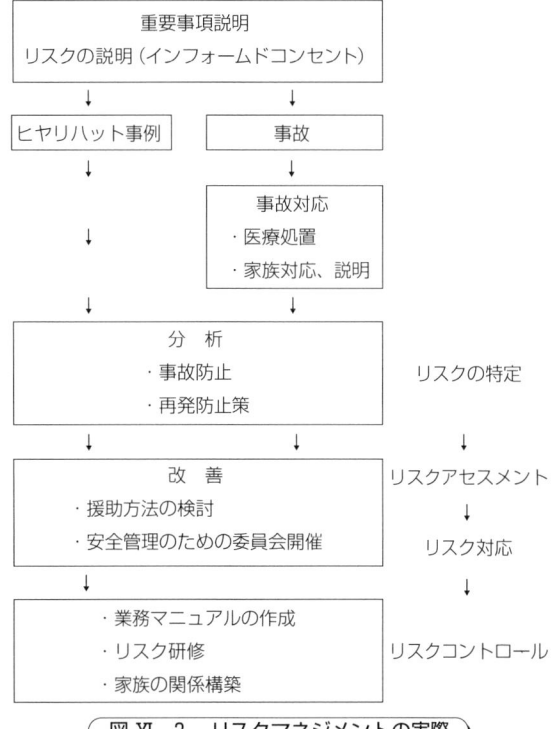

```
重要事項説明
リスクの説明（インフォームドコンセント）
        ↓
ヒヤリハット事例    事故
        ↓          ↓
              事故対応
              ・医療処置
              ・家族対応、説明
                 ↓
              分 析
              ・事故防止        → リスクの特定
              ・再発防止策
                 ↓                ↓
              改 善
              ・援助方法の検討    → リスクアセスメント
              ・安全管理のための委員会開催
                                  ↓
                                 リスク対応
                 ↓                ↓
              ・業務マニュアルの作成
              ・リスク研修        → リスクコントロール
              ・家族の関係構築
```

図 XI-3　リスクマネジメントの実際

出所：筆者作成。

サービス提供者（施設や事業所等）は，日常的におこるインシデントレポート（**ヒヤリハット**報告）・事故報告の内容について，時間帯や職員の配置状況，事故等にあいやすい状況・利用者の状態等を分析し，日常の支援においてサービスの体制等に応用し，対策を講じなければなりません。また，緊急時の対応，急変・介護事故・行方不明・車両事故等の対応マニュアルの整備も求められます。

4 家族とのコミュニケーションづくり

家族との日常的なコミュニケーションは，リスクマネジメントの重要なポイントのひとつです。

仮に，利用者の安全の確保や事故の予防対策，利用者の満足度の向上が不充分で，利用者・家族が不利益を被ってしまう場合，迅速な対応が求められます。サービス提供者側は，利用者・家族と日常的なコミュニケーションを密にして情報提供し，共有する必要があります。日常的なケア（支援，介護，保育等）の内容については日常的に，本人の状況のアセスメント内容，インシデントの状況，事故および本人の状況と対応等については，迅速に家族に伝える必要があります。このことをささえるもっとも重要なことは，職員間の情報共有です。

重大な介護事故や施設内虐待事件等については，上記と同様，迅速な対応を行うとともに，施設内での体制の構築・対応責任者の決定，マスコミ対応・地域対応を含めた正確な情報開示等が必要となります。

（本多　勇）

にし，十分に理解をしてもらう必要がある。

▶ヒヤリハット（事例）
突発的な出来事で，事故には至らない一歩手前の事例をいう。文字通り「ヒヤリとしたり，ハッとしたり」する事例である。例えば，転倒リスクのある人が介助なしに自分で歩いてよろめいたが転ばなかった，誤嚥リスクのある人がむせ込みやすいものをゴックンと飲み込んだがむせこまなかった，等々。インシデント（incident）は「出来事」という意味だが，この場合のインシデントレポートは，潜在的なヒヤリハット事例の報告という意味で用いられる。

参考文献
東京都福祉保健局（2009）「社会福祉施設におけるリスクマネジメントガイドライン」

XI 福祉サービスの質の管理

4 苦情処理

1 社会福祉サービスにおける苦情処理の意味

　社会福祉サービスの利用者は，自らの意思でサービスを選択し，サービス提供者と対等な立場で契約を結びます。利用者は，福祉サービスをうける中で，さまざまな不全感・不満をもつことがあります。このことを家族や施設スタッフに話すことで解消される場合もあります。これらが解決されない場合や重大な場合は，サービス利用上の苦情（クレーム）となります。利用者はこれらをサービス提供者に表明し，サービス提供者が解決することで，利用者にとってはサービスにたいする満足感を高めること，提供者にとっては，利用者ニーズの把握や虐待防止対策を含めたサービスの質の向上につながります。

　福祉サービスに関する苦情は，本来，当事者であるサービス利用者（本人・家族等）と，提供者（事業者）との間で自主的に解決されるべきものです。2000年の改正社会福祉法では，苦情の密室化を防ぎ，苦情解決に社会性や客観性を確保し，利用者の立場や特性に配慮した適切な対応を推進するため，事業者段階，都道府県段階それぞれに苦情解決のしくみが規定されました。

　ここでは，主に社会福祉施設を中心とした苦情処理について学びます。

2 苦情処理のシステム

○法律上の規定

　社会福祉基礎構造改革においては，「苦情解決のしくみの導入」として，「福祉サービスにたいする利用者の苦情や意見を幅広く汲み上げ，サービスの改善をはかる観点」から，①第三者が加わった施設内における苦情解決のしくみの整備，②上記方法での解決困難な事例に対応するため，苦情相談委員会を都道府県社会福祉協議会に設置する，などが方向づけられました。

　これをうけて，2000年6月に改正された社会福祉法第82条では，「社会福祉事業の経営者は，常に，その提供する福祉サービスについて，利用者等からの苦情の適切な解決に努めなければならない」として，社会福祉事業の経営者による苦情解決について規定されました。また，同法第83条では，苦情解決のための委員会（**運営適正化委員会**）の設置について規定されています。

○対象となる苦情・申し出

　対象となる苦情は，社会福祉法第2条に規定された「社会福祉事業」におい

▶運営適正化委員会
社会福祉法第83条に規定されている，都道府県社会福祉協議会に設置される委員会。都道府県域において，①社会福祉サービス利用者等からの苦情を適切に解決すること（事業者とのトラブルがうまく解決しないときなど），②「福祉サービス利用援助事業」の適正な運営を確保すること（サービスや利用者の財産管理の監視・確認），を目的としている。

て提供される福祉サービスに関する、①支援の内容に関する苦情、②利用契約の締結、履行または解除に関する苦情です。申し出は利用者本人、その家族や代理人、また利用者に関する状況を具体的・的確に把握している人によって行われます。

③ 苦情処理対応（方法）の実際

サービス提供者は、「苦情解決責任者」を決めます。また、日常的に利用者や家族が苦情を伝えやすい「苦情処理担当者（窓口）」も決めておきます。あわせて、当事者同士（利用者と法人・施設）の苦情解決が困難な場合を想定して、**第三者委員**を委嘱したり、弁護士と顧問契約をしたりする必要があります。

日常的には、投書箱や苦情申立用紙の整備等、いつでも苦情を受けるための環境をつくっておきます。苦情の申立があった場合は、ただちに誠意をもって対応します。訴えの傾聴および事実確認も慎重に行います。また対応についての記録をとることも必要です。匿名の電話や投書、インターネット等への書き込み等で、苦情申立の相手を特定できない場合は、事実を確認し、全職員へ報告し、事実であった場合は再発防止をはかります。

苦情対応中は、行政（監督官庁：市町村および都道府県等）や弁護士等に助言を求めることもあります。当事者間で解決が難しい場合は、第三者委員や顧問弁護士に対応をゆだねます。うまくまとまらない場合は、都道府県社協の運営適正化委員会のもとで事情調査、解決の斡旋が行われます。介護保険法による介護サービスについては、都道府県の国民健康保険団体連合会（国保連）が行います。

④ 苦情処理に対する福祉専門職（ソーシャルワーカー）の視点・役割

まずは、苦情申立を行った利用者・家族の立場を理解しなければなりません。次に、申し立てられた苦情の内容を、自己決定に基づく個別ニーズに適応するように、サービス改善への取り組みに展開していく必要があります。提供するサービスの質の向上、職員個々のサービスの質の向上を実現することで、チームとしてサービスの改善を実現するようにすすめなければなりません。そして、その改善に向けた経過を利用者・家族に説明し、定期的・継続的なモニタリング（チェック）を行う必要があります。

（本多　勇）

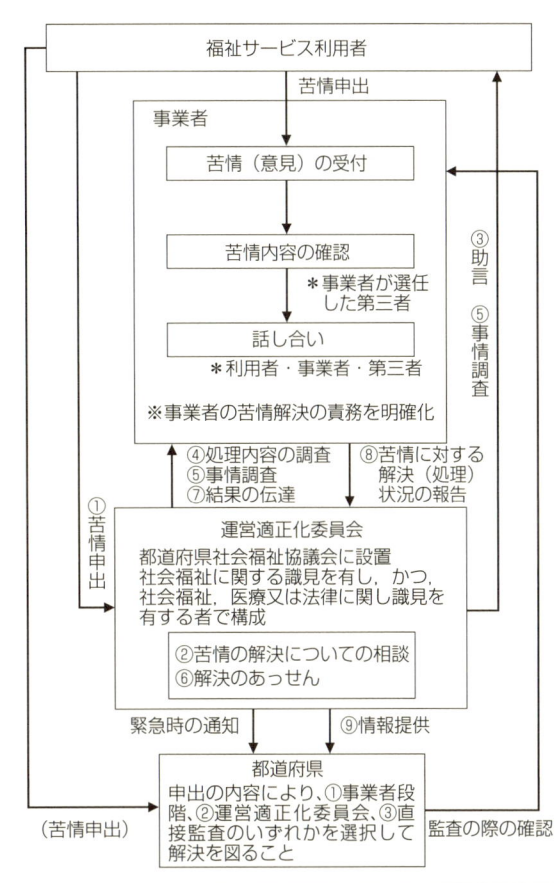

図 XI-4　福祉サービスに関する苦情解決のしくみの概要

出所：厚生労働省ホームページ。

▶第三者委員
苦情解決に社会性や客観性をもたせるために、事業者が（利用者当事者でも施設スタッフでもない）第三者に委嘱する。第三者委員は、日常的な状況把握、施設の苦情受付担当者から苦情内容の報告聴取、苦情申立人・利用者からの苦情受付、事業者および苦情申立人への助言、苦情申立人と苦情解決責任者の話し合いの立ち会いや助言、事業改善等の報告聴取等を行う。

XI 福祉サービスの質の管理

5 情報公開

1 情報公開の意味

　私たちは，モノやサービスを買おうとして選ぶ際には，そのデザインや機能，サービス内容，評判等を気にして，もっとも自分の好みや希望にそうものを選ぶことと思います。例えば，旅行に行く際に泊まるホテルのアメニティや，レストランのおすすめディナーなど事前に調べることもあるでしょう。その手がかりとなるのは，ホテルやレストランの公開している情報や口コミ情報，旅行ガイドの評価等です。

　社会福祉サービスについても同様です。一般に生活問題を抱え，社会福祉サービスを利用しようとする（すべき）状況にある人たちは，社会関係が途切れていることが多いのです。自分の生活と社会関係が途切れていることは，サービスに関する情報収集が不利な状況におかれることになります。

　つまり，サービスの利用者（例えば，高齢者や障害者，子どもの親，家族等）や利用を支援する専門職は，サービスに関する情報（サービス種別，利用対象者，サービスの提供範囲，費用，利用にあたっての手続き等）が手に入らなければ，サービスを選び，利用することが難しくなります。

2 社会福祉法の規定

　社会福祉法では，第75条から第79条まで，情報の提供等について規定しています。契約に基づく福祉サービスの利用は，利用者（本人・家族）に，自分自身でサービスを選択し利用するかどうかを決めて利用する，という判断が求められています。そのための，必要な情報の開示と提供を定めたものです。

　第75条では，社会福祉事業の経営者は利用者に対してサービスを適切・円滑に利用できるように情報提供し，国や地方公共団体は利用者が容易に情報を得られるような措置を講ずる，という努力義務を課しています。第76条と第77条では，福祉サービス利用申込み時にサービスに関して契約の内容や履行の責任について事業者が利用者に説明し（第76条），契約成立時にはサービスに関する書面を交付しなければならない（第77条），と規定しています。誇大広告の禁止についても規定があります（第79条）。

表 XI-1　第三者評価事業の評価基準

評価対象	評価基準
Ⅰ　福祉サービスの基本方針と組織	1　福祉サービス実施の基本方針 2　サービス実施機関の運営 3　計画の策定 4　職員の資質向上
Ⅱ　地域等との関係	1　地域社会との連携 2　福祉人材の育成
Ⅲ　対等なサービス利用関係の構築	1　サービス開始時の対応
Ⅳ　福祉サービス利用実施過程の確立	1　サービス実施計画の管理 2　サービス実施計画の策定 3　サービスの実施 4　評価・変更
Ⅴ　福祉サービスの適切な実施	1　生活環境 2　コミュニケーション 3　移動 4　食事 5　入浴（清拭を含む） 6　排泄 7　整容 8　相談等の援助 9　機能回復等への支援
Ⅵ　利用者本位のサービス実施	1　利用者の意向の尊重 2　利用者の安心と安全の確保
Ⅶ　機関の運営管理	1　経営 2　人事管理 3　財務管理

出所：厚生労働省社会・援護局福祉サービスの質に関する検討会（2001）「福祉サービスにおける第三者評価事業に関する報告書」。

3　情報公開の実際——第三者評価の結果公開

社会福祉法第78条に規定される社会福祉サービスの**第三者評価**は，利用者に公開されています。この第三者評価は，都道府県等が認証した第三者評価機関が，書面や訪問による事業者調査，インタビュー等による利用者調査等により行います。第三者評価の基準は表 XI-1 のとおりです。

この評価の結果については，インターネット（福祉医療機構（WAM NET）や，都道府県および関連団体のホームページ）等で公表され，情報提供されています。

このほかにも，すべての介護サービスについて，事業所の提供するサービスの内容について情報開示を行うことが実質的に義務化されています。

4　情報公開の課題

冒頭でも述べたように，福祉サービスを利用したい人が，「情報弱者」となっている場合が多くあります。サービス提供者がホームページを開設したり，パンフレットを作成したりガイドブックに掲載したり，第三者評価結果をインターネット上に掲載して，情報を公開しても，情報にたどり着けない人，どの情報を選択すればよいかわからない人等が多く存在するのです。今後は，このような情報弱者にたいする支援を，どう行っていくかが課題となります。

（本多　勇）

▷第三者評価
⇨ XI-1 を参照。

XII 福祉サービス利用者支援

1 福祉サービスの利用制度

1 選別から普遍へ，措置から契約へ

　日本で構築されてきた福祉サービスの供給と利用のしくみは，**福祉改革**，**社会福祉基礎構造改革**によって「パラダイム転換」と語られるような大きな転換を果たしました。

　まず福祉改革において福祉サービスの利用者層は，かつての経済階層を軸とした選別を脱皮し，低所得であろうとなかろうと福祉ニーズをもつ者は対象になるという普遍化が進められました。そして社会福祉基礎構造改革においては，福祉サービスの利用者主権化をはかるとして，利用者自身による福祉サービスの選択権と自己決定権を確保するべく，福祉サービスの利用制度が変更されました。それまでの措置制度による利用に契約制度による利用が加わったのです。

　具体的には，1997年の児童福祉法の改正，さらに介護保険法，自立支援法の制定によって，利用方式は多様となりました。そして，新たに加わった契約による利用が主流となったのです。

2 契約による利用

　契約制度による利用というしくみの最大のポイントは，福祉サービス利用者が契約主体になることです。このことによってサービス供給に対する一定の権利が生じるとともに，サービス利用に係る自己責任も生まれます。

　福祉サービスの需要をもつ者が，自らの権限によってサービスの利用手続きを進め，サービスを入手するのです。サービスの利用に係る諸々の取り決めをサービス供給者と調整，確認し，最終的には文書で取り交わす行為，すなわち契約に直接臨む責任主体としてサービス利用者は位置づけられることとなりました。契約行為に行政の介入は基本的にありません。福祉サービスの供給に**市場原理**が導入され，それが契約という方式に現われたととらえられます。

　責任主体として契約を交わしサービス利用に至る過程では，生活状況に照らした需要の認識と生活設計，必要とするサービスの種類・サービスの内容・サービス供給者の抽出，選定といった能力が問われます。また，供給されるサービスの品質の検討，承認，あるいは変更も契約主体として担うことになります。サービスを利用する責任主体として，生活問題を抱える当事者にとって，随時問われる能力をどのように確保，維持するかは重要なテーマだといえるでしょう。

▷福祉改革
世界的な福祉国家批判の潮流に沿うかたちで，日本においても1980年代半ばに行財政改革と並行して進められた。1990年には福祉関係八法の改正が成立した。

▷社会福祉基礎構造改革
第2次世界大戦後に日本で構築してきた社会福祉を骨格から変えていこうという改革。福祉改革を経て1990年代にはじまる。2000年に社会福祉法が成立した。

▷市場原理
市場機構によって需要と供給の調整をはかるというもの。競争原理を背景とした効率化が期待される。また各主体は自己責任のもと行動する。

3 措置による利用

　措置制度は，国民の福祉に対する公的責任を，福祉サービスの供給を現金給付・現物給付の行政処分により果たすというものです。そもそもは第二次世界大戦後，GHQの指導による**民間施設への補助金の禁止**に対処するべく構築された公費の支出方式でした。福祉国家体制の基盤，公的責任による福祉サービスの整備の礎になるとともに，行政による福祉施策の管理構造を強化する機能も備えていました。

　措置制度には**申請主義**と**職権主義**が併存しますが，申請主義を基本としています。生活に困難をきたし社会的支援を求める者が，所管窓口で福祉サービスの利用を申請することで制度利用の手続きがはじまるのです。利用手続きは申請，受理，調査・判定，給付の決定，変更・停止・廃止で構成されており，この手続きを進める主体は所管行政です。

　申請者の主訴をふまえて調査を行い，要援護性の有無等を判定し，給付内容を立案していく過程で，意思決定の主体はあくまでも行政です。申請者すなわち福祉サービス利用者は客体として位置づけられ，主体性を発揮する機会は申請時など限定的です。利用施設の選定などサービス内容にかかわる事柄の決定は行政に委ねられます。ただし，措置においても利用者の意思は尊重されるということに注意を払わなければなりません。しくみとして主体に位置づけられる行政ですが，利用者の意思を確認し，要望を勘案しながらその決定を進めていくという点に，社会福祉ならではの運営，すなわち専門性が求められます。

4 利用にかかわるトライアングル

　福祉サービスの利用は契約によるものと措置によるものとに大別されますが，利用手続きの方式を識別すると複数にのぼります。サービス利用者，サービス提供者，実施機関（行政）の三者のかかわり方によるもので，古川孝順はこれを「社会福祉援助の実施＝提供＝利用トライアングル」と呼びます（図Ⅻ-1）。

　①サービス利用者は，サービスの利用を相談あるいは申請し，利用する福祉ニードをもった者，②サービス提供者は，サービスを実際に提供する事業者としての市町村・都道府県，または市町村・都道府県の認可・指定・委託等のもとサービスを提供する社会福祉法人・指定事業者・受託事業者等，③実施機関は，措置権者・認定権者・委託権者・保険者，また費用支払者・指定権者・補助金交付者等としての市町村や都道府県です。この三者の関係によって，保護申請方式，措置相談方式，行政との契約方式，支援費支給申請方式，保険給付申請方式，随時利用方式が運用されます。

（西田恵子）

▷**民間施設への補助金の禁止**
SCAPIN 775による三原則のひとつ，公的責任原則に基づく公私分離による。憲法第89条「公の財産の用途制限」においても「公の支配に属しない慈善，教育若しくは博愛の事業に対し，これを支出し，又はその利用に供してはならない」とされている。

▷**申請主義**
相談援助，福祉サービスの供給の要否の検討や具体的な援助を，援助を求める者の申請を要件として行うというもの。申請がなければ援助に至る過程は形成されないこととなる。

▷**職権主義**
相談援助の実施について，職により権限をもつ者が専決的に判断し，手続きを行うというもの。恣意的判断が入る等の問題が歴史的な経過からとらえられるが，アウトリーチによる援助の意義ももちうる。

▷1　古川孝順（2005）『社会福祉原論（第2版）』誠信書房

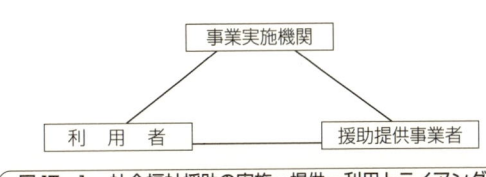

図Ⅻ-1　社会福祉援助の実施＝提供＝利用トライアングル

出所：古川孝順（2005）『社会福祉原論（第2版）』誠信書房，223頁。

XII　福祉サービス利用者支援

2　ニーズキャッチシステム

1　申請主義の抱える穴

　福祉サービスの利用は申請主義を基本としています。申請主義は，尊厳をもって生存，生活する一人ひとりが主体として位置づけられることに連動したもので，公権力による恣意的なサービスの供給を生じさせないためのものです。

　しかし，申請主義は利用者主権，**利用者民主主義**の意味をもつ一方，権利を行使する主体として力量を十分に備えることができない者には，相談援助を受けるうえでの壁となる可能性を孕んでいます。相談援助を必要とする状況にあるということは，自立生活に何らかの支障をきたしているということで，そのような状況に陥る諸要因は，申請手続きにかかわることが少なくないからです。そこで求められてくるのがニーズキャッチシステムです。

2　専門職者・専門機関のアンテナ

　相談援助を要する者が，申請にはじまる相談援助過程に乗りにくい，ひいては福祉サービス利用過程の主体になるにはハンディキャップがあるという場合，これらの過程に乗る，あるいは主体となって権利を行使するように支える役割を担う存在があります。社会福祉士を代表とする相談援助にかかわる専門職です。

　かつての専門職による職権主義とは異なるアプローチとして，社会福祉にかかわる価値・知識を背景にもちながら，生活問題に瀕している対象者が援助過程に乗るべく出向きます。申請を待つにとどまらず，**アウトリーチ**するのです。

　福祉ニーズをもちながらサービス利用の必要を認識していない者の掘り起こし，生活設計に必要なサービスや情報の紹介，サービス利用の手続きを理解できない者への説明，判断に迷う者への助言などを行い，ニーズを顕在化させ，サービス利用につなげるなどがアウトリーチの具体的な内容です。

　また，サービス利用過程が展開されるに至った際には，サービス供給が利用者の求める内容にそぐうものとなっているか，利用者の状況と供給の状況との間に落差はないか，随時，把握することもアウトリーチの一場面とみなすことができます。ニーズの充足状況を把握する中から，充足されないニーズを抽出し，その取り扱いを検討することも重要です。

　ニーズ保有者，福祉サービス利用者の側に立った**代弁**者になることが，専門

▶**利用者民主主義**
福祉サービス利用者の主体性を認識し，サービス供給過程において意見を表明する機会を確保するとともに，利用者の意思を尊重するなどの参加を組み込んだサービス供給システムのあり様を指す。

▶**アウトリーチ**
福祉サービスの利用を促進するべく，依頼や要請がなくともニーズを判定する専門性を備えた者が潜在的なニーズ保有者のところへ出向くこと。出向いた先でソーシャルワークを行う。

▶**代弁**
当事者に代わって説明や意見を述べること。言語を用いて表明することに困難がともなう場合や，直面する事態に混乱している場合などに行われるもので，代弁を引き受けた者の主観や考えは含まない。

職者の大切な役割であることは論をまちません。ですが、もし所属する機関・組織の経営方針や運営方針が、利用者主権によるサービス供給や援助活動とぶつかり、代弁とニーズ充足をまっとうできない場合には、果たしえなかった代弁の役割を他の専門職者に引き継ぐことが求められます。

その点でも、日頃、形成しているサービスネットワークは重要な拠り所です。社会福祉協議会、他の社会福祉施設、介護サービス事業所、医療機関、保健福祉事務所等、ネットワークのメンバー間で、ニーズにかかわるさまざまな情報を共有するとともに、ニーズ充足に向けた専門職・専門機関間の連携として代弁や調整を支え合うことは欠かせない活動なのです。なお、その際、**個人情報の保護**と本人の同意は当然、確保しなければなりません。

3 地域における重層的なネットワーク

ニードを有する者が福祉サービスを利用するに至る過程には、専門職者・専門機関の援助活動とともに、地域のインフォーマルな資源が大きな役割を果たします。インフォーマルな資源は、近隣、自治会・町内会、サークル、生活圏にある商店や各種窓口等、さまざまにあります。日常の何気ないコミュニケーションが、実は意識化されていない相互の見守りや情報交換になっており、場面場面で疾病・障害、加齢、困窮による生活問題の発生が感知され、状況に応じて支える体制が組まれるのです。民生委員・児童委員はその束ね役になるとともに、専門機関へのパイプとして情報提供力を発揮することが期待されます。

「住民と行政の協働による新しい福祉」を標榜する厚生労働省が設置した「これからの地域福祉のあり方に関する研究会」の報告（2008年3月）は、「地域の住民が、生活の中で近隣の様子の変化に気づいたり、サロンやサークル活動などの多様な活動を展開することを通じて、地域の生活課題を発見」する必要をあらためて説いています。

サービス利用者へのサービス供給や直接的な支援は専門機関によって行われます。しかし、生活を営む総合的な存在であるサービス利用者やその家族にかかわるあらゆることが網羅されるわけではありません。地域とは、フォーマルな資源とインフォーマルな資源とが重層になってかかわり、ニーズを受け止める場だといえるでしょう。（図XII-2）

（西田恵子）

▷**個人情報の保護**
個人情報の保護に関する法律（2003年）によるだけではなく、バイステックの七原則のひとつ、秘密保持の原則にあるとおり、個人の尊厳と援助関係における信頼関係に直接かかわるものとして、当該者の情報を他者に漏らしてはならないこと。

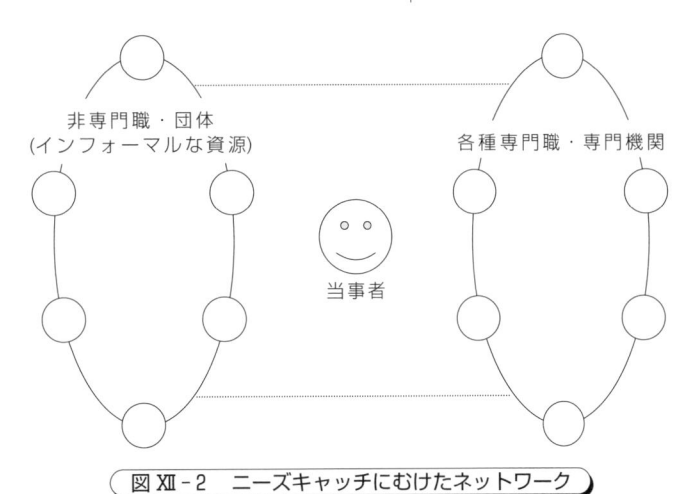

図XII-2　ニーズキャッチにむけたネットワーク

出所：筆者作成。

XII 福祉サービス利用者支援

3 情報提供システム

① 社会福祉基礎構造改革と情報

　1980年代後半から関心を集めてきた社会福祉領域の情報は，その後，社会福祉基礎構造改革との関連で，政策レベルで取り上げられるようになりました。このことによって福祉サービスにかかわる情報は，新たな局面を迎えます。

　「措置から契約へ」という言説に表される社会福祉基礎構造改革は，いくつかの条件整備を前提とします。それはサービス利用者が契約主体となる環境の整備です。その環境のひとつに情報の提供があります。契約主体としてサービスを選択，決定していくには，利用するサービスの内容等にかかわる情報の把握が必須だからです。

　それまでサービス供給者とサービス利用者との間には**福祉情報の非対称性**が大きく存在しました。サービス供給者とサービス利用者とが対等に関係を結べない現れのひとつとして，この問題は根深くあり続けたものです。それを解消するべく所要の施策が展開されることになりました。

② 社会福祉法

　具体的には社会福祉法を根拠とした展開です。社会福祉法は，社会福祉事業法にはなかった「情報」にかかわる章節として第8章第1節「情報の提供等」を新たに起こしました。関連する条文は次のとおりです。

　　第75条　情報の提供
　　第76条　利用契約の申込み時の説明
　　第77条　利用契約の成立時の書面の交付
　　第78条　福祉サービスの質の向上のための措置等
　　第79条　誇大広告の禁止

　基本となるのは第75条です。「福祉サービスを利用しようとする者」すなわちニーズ保有・サービス利用者が，「適切かつ円滑に」サービスを「利用する」ため，福祉サービス供給者は情報提供を行う努力をすることをうたっています。ここで示される情報提供の対象は，サービス供給主体が経営する事業，提供するサービスです。あわせて同条2項において，国および地方公共団体がニーズ保有・サービス利用者の情報入手について環境整備をはかる努力をすることもうたっています。

▶**福祉情報の非対称性**
経済学における市場の不均等な情報構造を表す「情報の非対称性」に範を得たもので，福祉サービスの市場においてサービス供給者が取引相手である福祉サービス利用者よりも優位な立場で情報を扱えることを指す。

サービス供給者にサービスを選択するために必要な情報の開示を求める一方，他方ではサービス選択の過程を支援する制度として，介護支援専門員，成年後見制度，日常生活自立支援事業，**福祉サービス第三者評価**事業が創設されました。サービス選択後の支援施策として，サービス利用者の苦情を受けつける苦情対応制度も設けられました。いずれもサービス供給者とサービス利用者の間に存在する非対称性を克服することをめざした制度です。

しかしながら，社会福祉法や関連する制度に一定の効果を期待することはできますが，これらによって非対称性がすべて解消されるわけではありません。

③ ソーシャルワーカーの役割，情報の解説者

福祉サービスにかかわる情報が従前に比べて量的にも質的にも拡充されているように見受けられる一方，その情報が効果を発揮しているのかという問題があります。福祉サービス利用者は生活問題を抱える人々であり，社会生活を送るうえでさまざまなハンディキャップをもつことが多いということによります。サービス供給者が情報を発信していたとしても，サービス利用希望者やサービス利用者がその情報を十分に受信できなければ意味をもたないのです。

電子情報が普及し続ける現代にあっては，**情報デバイド**の問題もあります。インターネットの普及によって社会参加が可能になった人々がいる一方，電子機器の使用技能の習得が困難な人々もいます。

そこで社会福祉法を根拠とした公的な情報提供のしくみにとどまらない，さまざまな配慮や工夫が求められることとなります。

その第一にあげられるのがソーシャルワーカーをはじめとした福祉人材による情報の提供です。ソーシャルワーカーは倫理として第三者性を堅持しています。情報の扱いが得意ではないニーズ保有者にたいして，ソーシャルワーカーという専門職の信用に基づいて，ニーズ保有者の生活設計に必要な情報を，内容を解説し理解を得ながら提供することが求められます。その提供はシミュレーションを備えた数種類のパッケージで提供することが望ましいでしょう。

また，ケースのさまざまな事象から把握した福祉サービスにかかわる事柄を意識的に情報化する役割を意識化することが求められます。

④ ニーズキャッチシステムとの連動

ニーズキャッチシステムは，サービス情報のネットワークだとみなせます。生活の総合性に合わせて，フォーマルサービスとインフォーマルサービスが総合的に提供されることが必要だということは，両者の情報が流通することが必要だということでもあります。

支援にかかわる専門職は各主体の動向に注意を払い，継続的な情報交換を重ねていかなければなりません。

（西田恵子）

▶福祉サービス第三者評価
社会福祉法第78条を根拠とする。2001年3月，厚生労働省私的懇談会による「福祉サービスにおける第三者評価事業に関する報告書」を受け，同年5月に「福祉サービスの第三者評価事業の実施要領について（指針）」が通知された（⇒ⅩⅠ-1）。

▶情報デバイド
情報格差のこと。パソコン等の電子機器を使用しインターネット等の電子情報を入手・操作することで，生活の利便性が高まり具体的な利益を得る者がいる一方，使用や入手が困難で生活に支障をきたしたり不利益をこうむる者がいることを指す。

XII 福祉サービス利用者支援

4 利用支援システム

1 福祉サービスを適切に利用できるか

　私たちが福祉サービスを利用する際，もっとも重要なことは，質の高いサービスをきちんと確保し，快適な生活を維持・安定できるかということです。

　そのためには，利用者が，主体的にサービスを選択できうる術とその環境を整えていく必要があります。特に契約利用という方式が福祉サービスの利用において導入されてきた現在，利用者が契約の当事者として期待されうる条件を備えているかが一番の問題となってきます。

　すなわち，福祉サービスの利用について，利用者が当事者として福祉サービスを自らのニーズに基づき適切に選択できうる行為能力をもち，選択と自己決定による結果にたいして自己責任を負うことができるかということが重要となるのです。福祉サービスの利用者の多くは，判断能力や自己決定能力が低位な状態にある人々で，適切に福祉サービスを利用することは困難となります。さらに福祉サービスを選択する以前に福祉サービスへ**アクセス**することが困難で，福祉サービスの利用に至らない場合も多くあります。そのため，福祉サービス利用者の福祉サービスの利用・契約における自己選択と自己決定が円滑に行えるよう支援することが福祉専門職にとっても重要な役割となってきます。

2 利用支援システム

　上記のような福祉サービスの利用に係る問題にたいして対応するものが「利用支援システム」です。この利用支援システムは，社会福祉と呼ばれるもの（事象）を構成する要素のひとつとして位置づけられます。古川孝順は，「**社会福祉のシステム構成**」として図XII-3を示しています。

　福祉サービスは元来，施策システムに位置づけられる何かしらの法・施策を根拠として実施されます。そのため，各法・施策に規定されるサービスを利用する場合は，申請することによって「福祉サービスの利用者」になり，具体的なサービスを受けることができるようになります。例えば，介護保険のサービスを利用したい高齢者は，まず市町村等の保険者に介護保険の利用申請をし，要介護認定を受ける必要があります。

　このように福祉サービスを利用する際，どの機関のどの窓口に行き，どのような書類等の手続きをし，具体的にどのようなサービスが利用でき金銭的にど

▷**アクセス**
ここでは，福祉サービスの利用にあたり，福祉に係る情報や地理的な条件など福祉サービスの利用に結び付くこととする。

▷**社会福祉のシステム構成**
古川孝順は，社会福祉と呼ばれるもの（事象）を構成する要素として，「価値」「対象」「施策」「利用支援」「社会行動」の5つを設定している。
システムとは，一般的に各構成要素が相互にある種の関係をもちながら形成するひとつの集合体である。そのため，社会福祉という事象は，5つの構成要素が相互に関係しあいながら成り立っている。

の程度負担しなければならないのかなど適切な福祉サービスの利用が促進されるようにしなければなりません。さらに福祉サービスの利用における悩みや質問，苦情などの不安を取り除くことも重要となります。

すなわち，利用支援システムとは，社会福祉の援助を実施し，提供しようとする施策システムと利用者やその家族，支援者とを結び付ける接点において，利用者による社会福祉の利用が適切に行われるように支援するシステムをいいます。したがって，利用者には社会福祉を利用したいと考えている人々に加えて現に福祉サービスを利用している人，福祉サービスが必要か否か自覚していない人などすべての市民が含まれることとなります。

3 利用支援の機関と役割

利用支援に係る機関には，在宅介護支援センター，児童家庭支援センター，地域包括支援センター，社会福祉協議会，民生委員・児童委員，介護支援専門員などがあります。また，**成年後見制度**や**日常生活自立支援事業**，苦情解決制度も含まれます。具体的には，福祉サービスの申請のために必要とされる情報の提供，福祉サービスの選択や申請にあたっての助言，申請代行，さらには福祉サービスを利用している間の見守りやアフターケア，権利擁護，苦情処理にあたる機関や職員の活動が含まれます。

しかし，このような利用支援の機関が整備されても，福祉サービス利用者の中には単身あるいは家族を含めて当事者能力がきわめて低い場合や福祉サービス自体を拒絶しサービス利用に至らない人々もいます。

これらの人々にたいして利用支援の機関は，積極的に市民の福祉ニーズを掘り起こし，福祉サービスの利用を促進するような**アウトリーチ**活動が必要となります。

（飛永高秀）

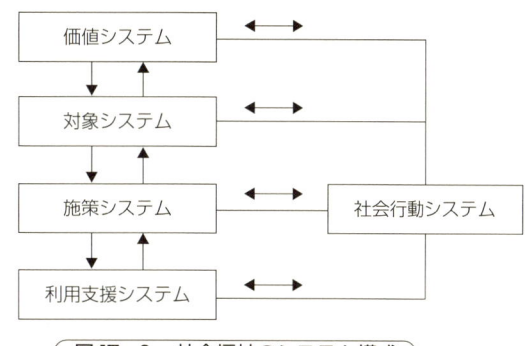

図Ⅻ-3 社会福祉のシステム構成

出所：古川孝順（2008）『社会福祉研究の新地平』有斐閣，48頁を一部改変。

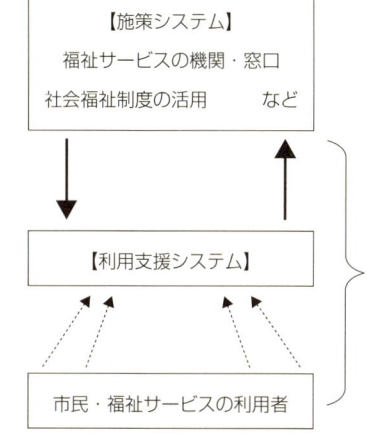

図Ⅻ-4 利用支援システムの概念図

出所：図Ⅻ-3を参考に筆者作成。

〈利用支援システム〉
・福祉サービスの申請代行
・福祉サービスの選択や申請における助言
・サービス利用における見守り
・アフターケア
・権利擁護
・苦情処理
・福祉情報の提供
・潜在化している福祉ニーズの掘り起し　　　　　　　　など

▷成年後見制度
認知症高齢者や知的障害者など判断能力が低位にある人の権利を保護する制度。

▷日常生活自立支援事業
認知症高齢者や知的障害者，精神障害者など，利用者の地域における自立生活の支援を行う制度。

▷アウトリーチ
利用支援のため機関が積極的に地域に出向き，潜在化している福祉ニーズを掘り起こし，福祉サービスの利用に結び付ける活動。

参考文献
古川孝順編（1999）『社会福祉21世紀のパラダイムⅡ方法と技術』誠信書房
古川孝順（2001）『社会福祉の運営』有斐閣

XII 福祉サービス利用者支援

5 権利擁護システム

① 社会福祉制度と契約

　日常生活においては日々,「**契約**」という行為が発生しています。特に,現在の社会福祉制度においては,在宅や施設サービスの利用時には利用者とサービス事業者の間で契約を行います。

　しかし,認知症や知的障害,精神障害など,判断能力の低下が見られやすい疾患や障害をもつ人々にとっては,契約のための約束ごとが十分に判断できない場合があり,契約が成立しないことがあります。

　契約の判断等が十分に行えない人々が正しく契約でき,自らの財産を自ら活用し,安心して生活できるような方法や制度活用をしていくことは,生活上の支援に大変重要となります。

② 社会福祉協議会による日常生活自立支援事業

　この事業は,認知症や知的障害,精神障害をもつ人々のうち,判断能力が不十分な人に,その人々と都道府県・指定都市社会福祉協議会が契約を行い,福祉サービスの利用援助等を行うものです。窓口業務等は市町村の社会福祉協議会等で実施しています。

　判断能力が不十分な人々にとって,サービスの情報入手や理解,判断,また金銭の管理などが難しいときに有効な事業です。ただし,利用条件のひとつとして,「この事業の契約が理解できる」ことがあげられ,事業自体の理解や判断ができない場合は,事業の利用が困難となります。

③ 成年後見制度

　2000年4月にはじまった民法に規定される制度です。家庭裁判所の「審判」による「法定後見」と,「委任契約」を結んで行う「任意後見」があります。

　成年後見制度がはじまるまでは「禁治産者・準禁治産者制度」という民法上の規定がありましたが,さまざまな理由により使いにくい制度となっていました。そこで,判断能力が不十分な状態であっても極力その人の意思を尊重し,日常生活を円滑に行えるよう制度が改正され,成年後見制度が成立しました。

　法定後見では,判断能力の低下した人の財産や金銭の管理（財産管理）,福祉サービスなどを利用する場合の契約や支援など（身上監護）について,その人に

▶契約
例えば「この洋服をください」「承知しました」といった,買い物をするときの何気ない会話であっても,「契約」という行為が発生し成立している。また,重要な約束ごとや複雑な取り決めをする場合など,忘れないようにお互いの約束ごとを紙に残す場合は「契約書」というものになる。

代わって，家庭裁判所により決められた人が行えるようになります。

　手続きは本人，配偶者，四親等内の親族などが書類にて家庭裁判所へ申請（申立）を行うことで開始されます。家庭裁判所では，申立書類をもとに，診断書や精神鑑定，家庭裁判所の調査官の面接結果などを総合的に判断したうえで，「後見」「保佐」「補助」という3つの類型の決定と，本人に代わって財産管理や身上監護を行う人（成年後見人等）を選任します（審判）。この**3類型**の違いは，判断能力の違いから決められています。

　また，類型ごとに民法が定めた「代理権」「同意権・取消権」という権限があります。代理権はその本人に代わって，金銭管理や契約行為などを全面的に行うことのできる権限です。同意権と取消権については，その本人自身の行う契約等に同意または取消しを行うことのできる権限です。後見には全面的な代理権が与えられますが，保佐や補助には申請時の希望をもとに代理権や同意権・取消権を裁判所，その本人，成年後見人等の候補者で協議のうえ決定していきます。そして，成年後見人等は選任された後，家庭裁判所の指示に従い，財産管理や身上監護等の内容について定期的に報告を行います。

　任意後見では，財産管理や身上監護について，判断能力の低下に備えて，事前に本人が希望する人と契約をしておく方法です（委任契約）。公証役場で，公証人の立会いのもと「**公正証書**」という契約書類を作成することが必要です。そして判断能力が低下してきた場合に，契約者が家庭裁判所に「任意後見人」になることを申し立てます。家庭裁判所は任意後見人となった人にたいして，「任意後見監督人」という監督者を決めます。監督人は，任意後見人が適正に後見活動を行っているか，家庭裁判所に定期的に報告します。

4　これからの権利擁護システムとは

　成年後見人等に親族が選任されているケースが多く見られます。しかし親族が勝手に財産を使ってしまう場合や，親族間で何らかの争いごとがあるような場合，親族では財産等の管理ができないと裁判所が判断することがあります。また，支援してくれる親族等がいない，または遠方に住んでいるという場合もあります。

　そのため，申立を親族等ではなく各市区町村長が行う場合や，審判時に成年後見人等に第三者である司法職（弁護士や司法書士など）や社会福祉士などの専門職が選任されることが増えてきています。さらに，個人の専門職では対応できない難しいケースなどでは，法人組織を成年後見人等に選ぶことも増えてきています。この場合は複数の専門職がかかわることが可能となり，司法職と福祉職が協働で設立したNPO法人などが成年後見人等を行っている地域もあります。今後，成年後見制度の利用はまだまだ増加傾向にあり，日常生活自立支援事業との併用を含め，司法と福祉が協働で権利擁護を推進していくことが求められています。

（新名雅樹）

▶成年後見人の3類型
判断能力を常に欠いている状態の人を「成年被後見人」，著しく不十分な場合を「被保佐人」，不十分な場合を「被補助人」という。また，それぞれの類型に対してさまざまな代理等を行っていく人を「成年後見人」「保佐人」「補助人」（成年後見人等）と呼ぶ。

▶公正証書
法務大臣が任命する公証人という法律の専門家が，法律にしたがって作成した公文書である。そのため，作成された文章の内容については，裁判などでも根拠としての有効性が高い。なお，公証人が勤める公証役場は全国の主要都市にある。

（参考文献）
小林昭彦・大鷹一郎・大門匡編（2008）『新版　一問一答　新しい成年後見制度』商事法務

第4部

福祉従事者の養成と確保

XIII 人材の養成と確保

1 社会福祉従事者の養成

1 社会福祉従事者

社会福祉施設・機関ではさまざまな職種の職員が働いています。施設・機関の種類によって異なりますが、例えば、施設長、生活指導員・支援員、精神科・医療ソーシャルワーカー、保育士、介護職員・介助員、医師、保健師、看護師、セラピスト（理学療法士、作業療法士等）、心理・職能判定員、介護支援専門員、栄養士、調理員、事務員などの職種があります。

ここにあげた例でもわかるように、社会福祉施設・機関では社会福祉分野の専門職だけではなく、さまざまな分野の専門職が働いています。また、社会福祉分野の資格をもつ者が、病院など他分野の機関で働いている例も少なくありません。いずれにしても社会福祉の職場は、多様な専門職とのチームによって担われているところに特徴があるといえます。ですから、社会福祉専門職には、他分野の専門職と対等な立場で連携できるだけの高い専門性と連携のための技術が求められます。

2 資格制度

他の専門職との対等な関係を構築するためのひとつの方法が、社会福祉専門職の**国家資格**化です。国家資格化には、①社会福祉専門職の社会的な地位を確立することにつながる、②社会福祉の担い手の一定の水準を確保することができる、などの利点があります。

日本では社会福祉専門職の国家資格化が他の国に比べて遅く、はじめて誕生したのは1987年のことでした。現在、社会福祉分野の国家資格には、社会福祉士、介護福祉士、精神保健福祉士、保育士があります。これらの資格を取得するためのルートは、それぞれの資格が根拠としている法によって定められています。

3 専門職の養成

専門職の養成は、法や施行規則に示された要件を満たす大学等の教育機関・養成施設で行われています。これら教育機関等で行われる教育内容や、科目を担当する教員の資格要件などについても、厚生労働省が定めています。このように国が基準を示すことによって、専門職の教育が一定の水準以上と

▷1 最近では、学校にスクールソーシャルワーカーが配置されたり、刑務所にソーシャルワーカーが配置されたりなど、社会福祉専門職が働く領域は拡大する傾向にある。

▷国家資格と任用資格
国が必要な条件を法律によって定めることによって得られる身分を国家資格という。一定の条件を満たした者が、その職に就くことによって得られる身分を任用資格という。

▷2 社会福祉士及び介護福祉士法（1987年制定）に基づく資格。資格取得のルートは多様であるが、いずれにしても国家試験に合格することが必須である。

▷3 社会福祉士及び介護福祉士法（1987年制定）に基づく資格。資格取得のルートには、国家試験を受験するルートと、養成施設を修了することにより取得できるルートとがある。

▷4 精神保健福祉士法（1997年制定）に基づく資格。国家試験に合格することが必須となる。

▷5 児童福祉法に規定されている資格。保育士は従来任用資格とされていたが、2001年の法改正（2003年施行）により法定化され、名称独占資格となった。

なるようにはかられています。また、法施行から20年が経過した社会福祉士及び介護福祉士法は、2008年に改正され、教育課程等が見直されました。

一方、教育機関等は、社団法人日本社会福祉士養成校協会、社団法人日本介護福祉士養成施設協会、一般社団法人日本精神保健福祉士養成校協会、社団法人全国保育士養成協議会、社団法人日本社会福祉教育学校連盟などを組織しています。これらの団体は、専門職養成のための教育内容の充実をはかることを目的として組織され、研究開発や知識の普及などに取り組んでいます。

4 養成の課題

日本の専門職制度は、資格制度確立までのさまざまな経緯から、医療ソーシャルワーカーが資格化されていないことや、ソーシャルワーカーとしての資格として、社会福祉士と精神保健福祉士というふたつの資格が存在することなど、問題が指摘されています[6]。また、社会福祉を必要とする人々の抱える問題の変化によって、あらたな領域で社会福祉専門職が必要とされるようになりつつあります。

このような状況を背景にして、日本学術会議社会学委員会社会福祉分科会は、2008年7月に「提言 近未来の社会福祉教育のあり方について——ソーシャルワーク専門職資格の再編に向けて」をまとめました。その中で、これからの社会福祉の専門職の資格制度の再編について、図XIII-1のように提言されています。これは、社会福祉士をジェネリックな基礎資格として位置づけ、その上にスペシフィックな領域に対応する専門職を養成しようとするものです。今後、資格制度の再編とともに、こうした社会の要請に応えられる専門職を養成するための教育内容の検討が必要となります。

もうひとつの課題は、社会福祉士とケアとの関係にかかわることです。法律上、ケアワークを行う介護福祉士は、社会福祉士とは別の専門職として位置づけられています。それゆえに社会福祉士の養成教育では、ケアに関する十分な教育が行われていません。しかし、実際の社会福祉の現場からは、介護や保育といったケアに関する理解が不十分なために、よい仕事ができないという声が出ています。社会福祉士とケアの関係を再検討することも必要となっています。

(小松理佐子)

図 XIII-1 ソーシャルワーク専門職の資格制度の再構成

国家資格／認定資格(アクレデーション)

社会福祉士：精神保健福祉士／医療ソーシャルワーカー／高齢者ソーシャルワーカー／障害者ソーシャルワーカー／児童家庭ソーシャルワーカー／スクール・ソーシャルワーカー／司法ソーシャルワーカー

権利擁護対応ソーシャルワーカー／退院退所対応ソーシャルワーカー／虐待対応ソーシャルワーカー／就労支援ソーシャルワーカー

出所：日本学術会議社会学委員会社会福祉分科会 (2008)「提言 近未来の社会福祉教育のあり方について」11頁。

▷6 秋山智久 (2007)『社会福祉専門職の研究』ミネルヴァ書房, 70-71頁。

参考文献

秋山智久 (2007)『社会福祉専門職の研究』ミネルヴァ書房

染谷淑子編 (2007)『福祉労働とキャリア形成——専門性は高まったか』ミネルヴァ書房

日本学術会議社会学委員会社会福祉分科会 (2008)「提言 近未来の社会福祉教育のあり方について——ソーシャルワーク専門職資格の再編に向けて」

XIII　人材の養成と確保

2　社会福祉従事者の確保

1　人材確保対策

　社会福祉は人的サービスを中心としているので，どのような人材を確保するかによってサービスの質が決まるといっても過言ではありません。また，今後ますます高齢者人口の増加が見込まれる中で，量的にもサービス提供を担う人材の確保は重要な課題となっています。

　社会福祉法第89条では，国に社会福祉従事者の確保についての基本的な指針を定めることを義務づけています。これに基づいて国は2007年に，「社会福祉事業に従事する者の確保を図るための措置に関する基本的な指針」（以下「指針」とする）を策定し，社会福祉従事者の人材確保に取り組んでいます。▷1

2　人材確保の課題

　この指針の背景には，少子高齢化・人口減少の進行にともなう労働力人口の減少という日本社会が抱えている問題が横たわっています。こうした状況の中で，多くの優れた人材を確保するには，社会福祉の仕事を魅力あるものにする必要があります。そのための方策として，資格取得者の待遇改善，キャリア・アップのための研修や資格取得の機会の提供，適材適所に人材が配置されるための支援などに取り組むことが課題となります。▷2

　また，社会福祉の仕事の多くが女性によって担われています。▷3 したがって社会福祉の人材確保のためには，女性の就労を困難にする出産や子育てといったライフ・イベントに配慮した，女性にとって働きやすい労働環境を整備することが課題です。▷4

3　人材確保の諸施策

○資質の向上

　社会福祉従事者の資質向上のための取り組みのひとつは，XIII-1 で説明したように専門職の資格制度を確立し，その養成教育の充実をはかることです。ふたつ目には，現任者に対する研修の充実をはかることです。現在，全国社会福祉協議会中央福祉学院や都道府県社会福祉協議会では，社会福祉施設長研修をはじめとするさまざまな現任者を対象とした研修を実施しています。

　また，社団法人日本社会福祉士会をはじめとする**職能団体**は，資格取得後

▷1　2007年8月に策定された（厚生労働省告示第289号）。この中では，①労働環境の整備の推進，②キャリア・アップのしくみの構築，③福祉・介護サービスの周知・理解，④潜在的有資格者等の参入の促進，⑤多様な人材の参入・参画の促進，の5つの視点から人材確保策が示されている。

▷2　藤野達也（2007）「社会福祉士資格の現状と専門性」染谷淑子編『福祉労働とキャリア形成——専門性は高まったか』ミネルヴァ書房，195-197頁。

▷3　介護保険サービスでは，約8割が女性である（2004年度実績）。「社会福祉事業に従事する者の確保を図るための措置に関する基本的な指針」（厚生労働省告示第289号）2007年8月による。

▷4　染谷淑子（2007）「ジェンダーの視点からみる福祉・介護労働」染谷淑子編『福祉労働とキャリア形成——専門性は高まったか』ミネルヴァ書房，98-99頁。

の専門職にたいして，社会福祉の動向等に関する最新情報の提供，研修や会員相互の交流の機会の提供，会員の研究活動の支援，などに取り組んでいます。こうした職能団体の活動は，専門職の質の向上とキャリア・アップを内部から支えるものとして重要な役割を果たしています。

これらは国レベルの取り組みですが，こうした取り組みには限界があります。今後は，XIII-3からXIII-5で取り上げているようなOJT（⇨XIII-3），OFF-JT（⇨XIII-4），スーパービジョンなど，組織や地域レベルの研修の充実が期待されています。

○処遇の充実

社会福祉従事者の福利厚生のための業務は，**福利厚生センター**によって行われています。福利厚生センターは，社会福祉事業者の福利厚生に関する①啓発活動，②調査研究，③事業の実施，④社会福祉経営者との連絡および助成，⑤その他必要な業務，に取り組んでいます。また，社会福祉施設等の職員を対象にした**社会福祉施設職員等退職手当共済制度**が設けられています。

しかし，2007年に出された指針では，最近の社会福祉従事者の労働環境について，給与の水準が他の分野の労働者に比べて低い水準であること，非常勤職員の占める割合が増加傾向にあることが指摘されました。合わせて，介護保険サービスに従事する介護職員の入職率・離職率が高いことも指摘されています。社会福祉従事者の雇用形態や給与面の改善とともに，育児休暇・介護休暇等の労働環境の改善に早急に取り組む必要があります。

○就業の促進

人材確保のための方策として，都道府県ごとに都道府県福祉人材センターを設置しています（社会福祉法第93条）。都道府県福祉人材センターでは，社会福祉の職場に就職を希望する人を対象に，無料職業紹介，福祉職場説明会，潜在的有資格者等就労促進講習会，福祉入門教室を実施しています。また，社会福祉施設・機関等に対して，人材確保相談や従事者研修を行っています。

こうした都道府県福祉人材センターの業務を支援するために，中央福祉人材センターが設置されています（社会福祉法第99条）。

4 残された課題

介護分野の人材確保対策のひとつとして，海外からの労働者の受け入れがはじまりました。日本は，このことの評価も含めて，どのように人材を確保すべきかを真剣に考えねばならない時期にあるといえます。人材確保の問題は，処遇の充実という問題と切り離すことができません。このことは，個々の組織の課題ではなく，社会福祉に必要な費用を社会全体としてどのように捻出するかという，国レベルの社会福祉運営の課題であるといえます。

（小松理佐子）

▷職能団体
専門資格をもつ従事者によって組織される団体のこと。専門性の維持・向上や社会的地位の向上などを目的として活動する。社会福祉分野には他に，社団法人日本精神保健福祉士協会，社団法人日本医療社会事業協会，日本ソーシャルワーカー協会，社団法人日本介護福祉士会がある（⇨XIV-4）。

▷福利厚生センター
社会福祉法第102条に基づいて，社会福祉事業従事者の福利厚生の推進をはかることを目的として，厚生労働大臣がその業務を担う社会福祉法人（全国1か所）を指名している。

▷社会福祉施設職員等退職手当共済制度
1961年に制定された社会福祉施設職員等退職手当共済法に基づく制度。独立行政法人福祉医療機構によって運営されている。加入は強制ではなく，社会福祉施設経営者の任意となっている。

▷5 2004年度の介護保険サービスに従事する介護職員の数に対するその後1年間の採用者の割合は約28％，離職者の割合は約20％である。「社会福祉事業に従事する者の確保を図るための措置に関する基本的な指針」（厚生労働省告示第289号）2007年8月による。

参考文献
秋山智久（2007）『社会福祉専門職の研究』ミネルヴァ書房
染谷淑子編（2007）『福祉労働とキャリア形成——専門性は高まったか』ミネルヴァ書房

XIII 人材の養成と確保

3 OJT（On-the-Job Training）

1 OJT とは

社会福祉の専門職は、資格を取得して仕事についています。しかし、資格取得は仕事のスタートラインに立ったにすぎません。仕事をするうえでは、その職場の仕事の方法を身につけたり、問題となっていることを検討したり、新しい制度の勉強をしたりするなど、日々のトレーニングが必要となります。

そのトレーニングの中で、職場で行われるものを OJT（On-the-Job Training）、職場を離れて行われるものを Off-JT（Off-the-Job Training ⇨ XIII-4 ）といいます（表XIII-1）。ここでは、OJT について説明します。

OJT の基本的定義として、宮崎民雄は「上司や先輩が、部下や後輩に対して、仕事を通じて、仕事に必要な知識・技能・態度を指導育成するすべての活動である」と述べています。

▷1 宮崎民雄（2001）『福祉職場の OJT とリーダーシップ』エイデル研究所，18頁。

OJT の内容は、指導する側にとって普段の業務とは異なる指導育成業務と、それ以外のものに分けられます。小池和男は、指導者が決まっていたり、マニュアル化されていたりする、形式が整っているものを「フォーマルな OJT」、その形式が整っていないものを「インフォーマルな OJT」と呼んでいます。フォーマルな OJT の目標には、具体的な職場や業務を知ることも含まれます。形で示せるもの、口で説明をし、書類で示すことができるのが特徴です。

一方、職場において、経験から得たもので形にしては表せないものがあります。例えば、同じように相談の依頼があったとしても、すぐに対応した方がよいパターンと、時間をかけたほうがよいパターン、あわせて職員との組み合わせなどが考えられます。暗黙の了解で成り立っているものを暗黙知、そして経験のうえで積み重ねられたものを経験知と呼びます。

上西充子は、その職場の固有のものを「企業特殊性」と位置づけ、そこでの経験知・暗黙知 OJT について以下のような定義をしています。「『OJT』とは職場で働きながら行われる訓練である。企業特殊的なスキルはフォーマルな形で文書化することは困難であり、実際の仕事を通して先輩から後輩へと直接伝えていかざるを得ない。そしてそのような現場で行われる OJT は、また逆に、それによって

表XIII-1　OJTとOff-JT

	内容	例
OJT	職場での職務を通じての研修	日常業務を体験して覚える 上司・先輩の仕事を見て学ぶ
Off-JT	職務命令により日常業務を離れて行う研修	職場主催の接遇研修 職務命令による新制度の研修会

形成されるスキルの企業特殊性を高める。」すなわち，経験知・暗黙知はインフォーマルなOJTにより，その特殊性を高めていきます。

実際に，福祉の仕事では対象は利用者などの個人となることが多く，「個別化」を意識することが必要となります。すなわちすべての事例は固有のものであり，類型化はできても，同じ事例はふたつとありません。また，福祉職として働いている職場も，その理念や地域性などからまったく同じ環境の職場もありません。対象者も職場も個別であることが福祉現場の特殊性です。

このように，OJTとは，職場の一定のプログラムにおいて，また実際の業務にあたって，所属する職場で求められる役割や技術を体得することです。

2 OJTの実際

OJTの実際について，新人の養成を中心に紹介していきます。

ある病院では，精神保健福祉士のOJTとして，2か月間の研修プログラムが組まれています。新人の精神保健福祉士は関係機関に出向き，仕事の内容を把握していきます。この研修の後，さらに2年間の指導体制が組まれます。

他の病院では，病院に慣れるために病棟に1週間ずつ入り，患者さんとのコミュニケーションを通じて学んだことを，指導者に日誌を提出したり，振り返ったりすることにより気づきを深める研修を行っています。

それ以外の方法として，実際の面接の場面を新人に見せることもあります。これはライブ・スーパービジョンと呼ばれる方法です。また，施設内・施設外の会議への出席などを通じて，職場や職種の役割を学んでいくという方法が，多くの施設で採用されています。

新人の養成に限らずOJTの目標は，企業特殊性ともいうべき，その職場の特性を知り，その特性と自らの専門性とを融合させた専門職を育成することです。すなわち，マニュアル化することができない，経験知や暗黙知の蓄積および共有化することが求められます。そのためには，職場内での情報の共有化，いわゆる「ホウ・レン・ソウ」である「報告・連絡・相談」が大切です。

3 課題

実際には系統だったOJTプログラムが組まれていない職場もあります。小規模の施設では毎年新人が入ってくることがないため，プログラムの検討の積み重ねができなかったり，OJTを担当する職員の指導の経験が不十分であったりすることが原因となっています。また，実施されている内容が施設によって異なっているのが現状です。

専門性を高めるためには，個々の職場のみの力では困難なこともあります。そのためには，専門職団体による研修やOff-JTの活用が必要になります。

（吉永洋子）

▷2　上西充子（2004）「能力開発とキャリア」佐藤博樹・佐藤厚編『仕事の社会学——変貌する働き方』有斐閣, 19頁。

参考文献

上西充子（2004）「能力開発とキャリア」佐藤博樹・佐藤厚編『仕事の社会学——変貌する働き方』有斐閣

川口真知子（2007）「初任者がソーシャルワーカーになっていく過程をサポートするOJT」『精神保健福祉』69号, 13-17頁

小池和男（1997）『日本企業の人材形成——不確実性に対処するためのノウハウ』中央公論新社

宮崎民雄（2001）『福祉職場のOJTとリーダーシップ』エイデル研究所

XIII　人材の養成と確保

4　Off-JT（Off-the-Job Training）

1　Off-JTとは

　Off-JT（Off-the-Job Training）とは，OJTの説明でも述べたように（⇨XIII-3），職場以外での研修です。宮崎民雄によれば，「職務命令により，一定期間日常職務を離れて行う研修。職場内の集合研修と職場外研修への派遣の2つ」があります。このほかに，SDS（Self Development System）があります。これは，「自己啓発援助制度」と呼ばれ，「職員の職場内外での自主的な自己啓発活動を職場として認知し，経済的・時間的な援助や施設の提供などを行うもの」です。このふたつの相違点は，きっかけが「職務命令」であるのか，「職員の自主的な希望」であるのかということです。この章で述べるOff-JTは，きっかけは問わずに，「日常の業務を離れた研修」とします（表XIII-2）。

　Off-JTの内容を上西充子は，階層別研修，専門別研修，課題別研修に分けています。階層別研修とは，「職種や部門を越えて，組織内の一定の階層に属する従業員に共通して求められる知識・能力に関する研修」のことをいい，新入社員研修，監督者研修，新任課長研修などがこれにあたります。例えば，新人として入った職員が，職種を問わずに一斉に受けるオリエンテーションなどがあります。

　専門別研修とは，「組織内の各職能ごとに必要な専門的能力に関する研修」をいい，経理・マーケティングなどの研修がこれにあたります。専門別研修には，普段の仕事では習得できない専門的な知識や最新の情報を得たり，普段の仕事の経験を整理したりする意義があるといわれます。新しい制度に関する研修会や事例検討などがこれにあたります。

　課題別研修とは，「企業にとっての重要な特定の課題に関連した知識・能力に関して，部門や職種を越えて行われる研修」のことをいい，語学研修，コンピューター研修，国際業務研修，中高年のための能力開発研修などがこれにあたります。

　Off-JTの内容をいかにして普段の業務に活用するのかということが，労働者には求められています。

▷1　宮崎民雄（2001）『福祉職場のOJTとリーダーシップ』エイデル研究所，15頁。

▷2　同上，15頁。

▷3　上西充子（2004）「能力開発とキャリア」佐藤博樹・佐藤厚編『仕事の社会学——変貌する働き方』有斐閣，25頁。

▷4　同上，25頁。
▷5　同上，25頁。

表XIII-2　Off-JTとSDS

	内容	例
Off-JT	職務命令により日常業務を離れて行う研修	職場主催の接遇研修　職務命令による新制度の研修会
SDS	自己啓発援助制度　自主的な研修→職場は時間的・経済的支援などでサポート	職能団体主催のワークショップへの参加（職場は旅費のサポート）

小池和男は「基礎の知識の形成に欠かせない」ものであると述べています。

▷6 小池和男（1997）『日本企業の人材形成——不確実性に対処するためのノウハウ』中央公論新社，46頁。

❷ 社会福祉分野のOff-JT

現在，社会福祉の分野では，さまざまな団体がOff-JTの機会を提供しています。そのひとつに，全国社会福祉協議会が設置・運営している中央福祉学院（ロフォス湘南）が実施している研修があります。中央福祉学院では，社会福祉法人の経営者を対象にした経営管理の研修，現任職員を対象にした高齢や障害，児童といった分野ごとの研修などを実施しています。

また，日本社会福祉士会，日本精神保健福祉士協会，日本介護福祉士会などの職能団体が主催する研修会，日本学校ソーシャルワーク学会をはじめとする学会主催による研修会，社会福祉法人，NPO法人が主催する研修会など，活発に研修会が開催されるようになっています。

これらの研修会では，新たな制度や社会の動きなどについての学習，事例検討や活動報告，財務研修，パソコン研修など幅広いテーマが取り上げられています。社会福祉の専門職にとっては，こうした研修会で受講者として話を聞くのではなく，事例や活動報告者となって，事前に資料を作成し，研修会の場で報告したり質疑に応答したりすることも，研修の機会となりえます。

Off-JTのもうひとつの機能として，人間関係の形成があげられます。研修を通して他の機関の職員と知り合い，その結果として他の職場における状況を知ることや，悩みを共感することにより，職場での業務に生かすことができます。

❸ Off-JTの課題

Off-JTは日常の業務と離れた部分で行われます。職場でOff-JTへの参加の時間や費用が保証されている場合には比較的参加しやすいと考えられますが，実際には自費や自らの時間を使って参加となる形も多いようです。またOff-JTが設定される日は，それぞれが運営しやすく参加しやすい土日や祝祭日が選択されることが多いため，小さな子どもをもつ母親などは参加することに葛藤を感じたり，現実的に参加することができなかったりします。

しかし，Off-JTはOJTの基盤となる知識や技能を獲得する場であると同時に，他の職場の職員と知り合いになれる機会にもなります。そのためには，仕事外の時間に，公立機関やⅩⅣ-4であげる職能団体が実施しているような，職場外の研修の参加の意義を，職場や家族に理解されることが必要となります。

（吉永洋子）

(参考文献)

上田幸輝「大阪府支部におけるOff-JT研修の課題」『精神保健福祉』69号，31-36頁

上西充子（2004）「能力開発とキャリア」佐藤博樹・佐藤厚編『仕事の社会学——変貌する働き方』有斐閣

小池和男（1997）『日本企業の人材形成——不確実性に対処するためのノウハウ』中央公論新社

宮崎民雄（2001）『福祉職場のOJTとリーダーシップ』エイデル研究所

宮中淳「愛媛県精神保健福祉士会におけるOff-JT研修の課題」『精神保健福祉』69号，25-29頁

XIII 人材の養成と確保

5 スーパービジョン体制

1 スーパービジョン体制とは

スーパービジョンについて,福山和女は「専門職が組織内で援助・支援業務を実施するうえでのバックアップ体制であり,それは組織からの確認作業を通してなされるもの」▷1と述べています。個別のクライエントを支援するうえでの具体的なマニュアルはありません。そのため,実際に行っている業務について,スーパービジョンを通して確認をすることが求められます。

スーパービジョンは,スーパービジョンを提供する「スーパーバイザー」とスーパービジョンを受ける「スーパーバイジー」で構成されます。そして,この両者によりスーパービジョン関係が形成されます。「スーパーバイザー」は指導者,「スーパーバイジー」は生徒のような関係と考えてください。スーパーバイザーはスーパービジョンにおけるケースの責任をもちます。また,

▷1 福山和女(2005)『ソーシャルワークのスーパービジョン』ミネルヴァ書房,197頁。

表 XIII-3 スーパービジョンの機能

機能	内　容
管理機能	○視点：何をしたか・何をしようとしているか ○組織や職員の業務レベルを把握し,担当職員が所属組織の利用者の利益をはかり,利用者に対する責任を果たすようにうながす ○組織環境（物の配置・人間環境など）の管理も含む
教育機能	○視点：何が不足しているのか ○不足部分を確認し,専門的知識・技術で補うこと ○具体的に方法を伝える「教育」と,その能力向上をはかる「訓練」がある ○援助者の学習の動機づけを高める ○対人援助に必要な知識・技術・価値を伝授する ○具体的なケースを通して理論と実践を結ぶ
支持機能	○視点：何に悩んでいるのか ○自分自身の抱えているストレスの要因としっかり向き合い,その本質に気づき,自らの力でその軽減や克服ができるように,傾聴的に応答し支える

表 XIII-4 スーパービジョンの形式

スーパービジョン形式	内　容
個人スーパービジョン	スーパーバイザーとスーパーバイジーが1対1で実施する典型的なもの
グループスーパービジョン	1人のスーパーバイザーが複数のスーパーバイジーに対して実施するもの
ピアスーパービジョン	スーパーバイジー同士で実施するもの
セルフスーパービジョン	スーパーバイジーが1人で行う自己点検作業
ユニットスーパービジョン	1人のスーパーバイジーの課題を複数のスーパーバイザーが会議の形態で業務課題を確認するもの
ライブスーパービジョン	スーパーバイザーが実際に利用者に対して支援するという形で,モデルを見せる形式で実施されるもの

所属機関がスーパーバイジーと同じであることもあれば、異なることもあります。

スーパービジョンの機能としては、「管理機能」「教育機能」「支持機能」の3種類があります。その機能をまとめたのが表Ⅻ-3です。

スーパービジョンの形式としては、スーパーバイザーとスーパーバイジーの所属や人数などから、表Ⅻ-4のようにまとめられます。

2 スーパービジョンの実際

スーパービジョンは実際にどのように行われているのかを説明します。

対人援助職が、クライエントとのかかわりや、事例の流れについて悩んだときには、主に同職種や職場内のチームの仲間に相談をします。また、職場内に相談できる人がいないと感じたときや、より良い意見を求めるときに、他の機関の先輩や仲間に意見を聞くこともあります。特に、自らの活動を系統的に振り返るためには、クライエントとのかかわりをまとめて検討をしていく「事例検討」を実施します。これは、職場内で実施されるものの他に職能団体が主催する研修会、任意に同職種が集まって実施されるもあります。スーパーバイザーが同じ職種の新人に呼びかけて、スーパービジョンのグループをつくり実施していることもあります。

ここにおいて、スーパービジョンはスーパーバイザーのもつ価値・技術・知識に大きく左右されます。理論と実践の結びつけ方、特に普段の業務において、スーパーバイザー自身が理論をどのように意識しているのかという、スーパーバイザーのもつ専門性の力量が大きく影響をします。このような現状について塩村公子は、「スーパービジョンの技術が必要になるが、現実はそこで新たに勉強し直そうとするよりも、自信が無いままに困りながらも今までの延長線上で仕事を続けていくことが多い。」と述べています。そのためには、スーパーバイザーとしての教育体制の確立が必要です。これにたいしても、各職能団体において、一定の研修を修了した者を対象に、スーパーバイザーを養成するための研修を実施しています。ただ、研修を受講する際に、職務扱いであったり、自費での参加であったり、開催地が遠隔地であるなどの課題があります。職能団体でスーパーバイザー養成研修の修了が認められても、それが職場において必ずしも評価されるわけではないことも今後解決していくべき課題といえます。

特に、運営や業務の効率化が求められる中で、スーパービジョンのための時間の確保が困難になっています。しかし、振り返る・点検をするということは専門職としての義務です。そのため、その機関にふさわしいスーパービジョン体制をそれぞれの援助職が提案をしながら構築することが求められます。

（吉永洋子）

▷2 塩村公子（2000）『ソーシャルワーク・スーパービジョンの諸相——重層的な理解』中央法規出版, 133頁。

（参考文献）

植田寿之（2005）『対人援助のスーパービジョン——より良い援助関係をきずくために』中央法規出版

塩村公子（2000）『ソーシャルワーク・スーパービジョンの諸相——重層的な理解』中央法規出版

福山和女（2005）『ソーシャルワークのスーパービジョン』ミネルヴァ書房

XIV　労働環境の整備

1　育児・介護休業

1　育児・介護休業法とは

◯育児・介護休業法が制定された背景

　仕事と家庭の両立をはかっている女性が増えています。その中で，退職の危機に直面するときが，結婚と出産です。育児・介護休業法が成立する前は，多くの職場では出産時の休暇が，産前産後の休暇のみでした。産後8週間経ってすぐに保育園に子どもが入ることは厳しく，母親が職場に復帰するためには一日中子どもの世話ができる親族が自宅か近所にいることが必要でした。

　その中で，すでに教師・看護師など一部の職種では，無給の育児休暇制度が開始されていました。また，先駆的な企業では独自の育児休暇制度を整えていました。そして，1991年に「育児休業・介護休業等育児又は家族介護を行う労働者の福祉に関する法律」（以下「育児・介護休業法」）が制定されました。

◯育児・介護休業法の目的と理念（目指すもの）

　この法律の目的は，「子の養育又は家族の介護を行う労働者などに対する支援措置を講ずることなどにより，子の養育又は家族の介護を行う労働者などの雇用の継続および再就職の促進を図り，もってこれらの者の職業生活と家庭生活との両立に寄与することを通じて，これらの者の福祉の増進を図り，あわせて経済および社会の発展に資すること」（第1条）です。

　つまり，仕事と家庭を両立できるように，これまで女性が退職をした理由となる，子どもを育てる時期や，親の介護が必要な時期などに休みが取れるように，また退職しても再就職をしやすいようにするなどの制度を整えることで，その労働者の福祉がはかられることと，そして職場を退職せずに復帰することで，経済や社会の発展に貢献できるという趣旨でつくられ，2005年と2009年に改正されています。また，この休暇は男性が取ることも可能で事業者の責任として，原則としては拒むことができないとされています。

◯育児休業についての概要

　1歳未満の子を養育する労働者が請求をすれば，原則として，女性は産後休暇後に，男性は取れる時期で，子どもが1歳になる前日までの休暇が認められるというものです。2005年の改正で，保育所に入所を希望しているにもかかわらず入所できない等の理由がある場合に，1歳6か月に達する日までの延長が可能となりました。

この１年もしくは１年半という長期の休暇のため，休暇を取得できる労働者は，勤続期間が１年以上あることのほか，休暇後も雇用関係が継続していることが必要です。また，この期間は給料の支払いはありません。しかし雇用保険の被保険者において所定の要件を充たせば休業前賃金の30％が「育児休業給付金」として支給されます。健康保険料や年金保険料も免除されます。

○介護休業についての概要

　負傷，疾病または身体上，精神上の障害により，２週間以上の期間にわたり常時介護が必要とする状態にある対象家族を介護する場合，対象家族ひとりについて通算93日までのひとまとまりの期間において取得することができるものです。対象家族１人について一の要介護状態ごとに１回であることが条件です。介護休業を請求できる要件は，育児休暇とほぼ同じです。また，請求時には介護休業の終了日を入れなければなりません。事業者としての賃金の支払いは必要ありません。しかし，労働者が希望した場合は，原則として断ることはできません。ただし，所定の用件を充足すれば，休業前賃金の40％が「介護休業給付金」として支払われます。

2　制度の実態

○育児休業について

　女性が取得することは一般的ですが，男性の取得率は低く，育児が女性中心になっていることがわかります。出産日から，休暇の終了の日が明らかであり，雇用者・労働者ともに復職の計画がたてやすく，高い取得率になっていると考えられます。しかし，27.7％の女性は取得していません。企業によっては，休暇がとりにくいのかもしれません。

○介護休業について

　介護休暇は，育児休業と比べて明らかに低い取得率です。これは，介護自体に期限を定められないということも理由のひとつになっていると考えられます。制度を活用しやすくするためには，ひとまとまりでの取得という方法のほかに，年に何日かを介護休暇として申請する制度も必要であるとも考えられます。

3　課　題

　育児・介護休業については，制度自体は整ってきています。しかし，せっかくの制度を使いこなせずにいる労働者が少なくありません。制度は整っていても，肝心なのはその制度を活用する人間です。例えば，職場が取得しにくい雰囲気であれば，活用はしていきにくいと考えられます。実際に，長期にわたり職場を離れる不安があります。また，他の仲間や事業所に負担がかかります。今後はこのような課題への配慮も検討する必要があります。

（吉永洋子）

▷１　育児休業が取得できるのは，原則として正規通常労働者のほか，パートタイム労働者，嘱託・臨時，派遣労働者なども対象となるが，その場合は１年以上の労働契約が締結されている者であることが前提条件となる。

▷２　2011年度における育児休業の取得率は，該当する女性労働者の87.8％，男性労働者の2.6％（生命保険文化センター），2008年度の介護休業の取得率は，該当する女性労働者の0.11％，男性労働者の0.03％である（マーシャルコンサルティング）。

参考文献

　川井義久・山口徹実（2008）『"やる気"と"働きがい"を引き出す福祉・介護事業者の人事・労務』TKC出版

　吉川照芳（2006）『わかりやすい育児・介護休業法』経営書院

　厚生労働省編（2008）『厚生労働白書（平成20年版）』ぎょうせい

XIV　労働環境の整備

2　メンタルヘルス対策

1　現在の日本におけるメンタルヘルス

　メンタルヘルス，すなわち心の健康にたいする認識は，現在の日本において高まっています。その背景として，うつ病をはじめとした精神疾患によるものと考えられる休職者数の増加や，自殺者が増加しているという状況があります。

　2008年財団法人労務行政研究所が実施した「企業におけるメンタルヘルスの実態と対策」に関する調査では，「メンタルヘルス不全者が増加している」と答えた企業は55.2％にのぼり，メンタルヘルス不調で1か月以上休職している社員がいる企業は62.7％で，3年前の前回調査（50.9％）よりさらに高まっています[1]。また，1998年から2011年まで日本の自殺者数は3万人を超え，労働者の自殺も8,000人から9,000人で推移しています[2]。これまでは個人の問題とされていた心の健康についても，社会全体で考えるべき問題となりました。特に，過重労働が原因でうつ病を発症し自殺をした労働者の両親が起こした電通訴訟を契機に，企業にたいしても，心の健康管理を含めた安全配慮義務が問われるようになりました[3]。これらの状況をふまえ，労働安全法の改正や，自殺対策基本法などの整備をするなどの対策が実施されています。

2　メンタルヘルス不全のきっかけ

　精神的に不安定となる，メンタルヘルス不全を起こすきっかけとして，うつ病やバーンアウト（燃え尽き症候群）などがあります。バーンアウトとは，アメリカのフロイデンベルガー（Freudenberger, H.J.）が定義した状態で，「それまでエネルギッシュであった人が，突然に意欲を失い，心身の疲労を訴える。目的が高く，理想に燃えている人が陥りやすい。うつ病とも違い，退屈，困惑，しらけといった心理状態にあり，投げやりになることが多い。」[4]「一定の目的や生き方，関心に対して，献身的に努力してきたが，期待された報酬が得られなかった結果生じる疲労感，あるいは欲求不満」[5]といったものです。

　つまり，したことにたいする結果が満足いくものでなかったり，それ以上の疲労感が起きたりすると，やる気がなくなってしまうような状態です。オリンピックに参加した選手が，次の目標を設定しにくくなる状況を思い描くとわかりやすいかと思います。

▷1　財団法人労務行政研究所「企業におけるメンタルヘルスの実態と対策」プレスリリース　2008年4月25日（http://www.keiei.ne.jp/dir/press/column/10017313.html?c=cl&l=sv_1）。
▷2　精神保健福祉白書編集委員会編（2009）『精神保健福祉白書〔2009年版〕』中央法規出版，86頁。
▷3　涌井美和子（2005）『企業のメンタルヘルス対策と労務管理』日本法令，11頁。

▷4　吉川武彦（2003）『精神保健マニュアル（改訂3版）』南山堂，34頁。
▷5　川野雅資（1997）「看護師のメンタルヘルス」吉松和哉・小泉典章・川野雅資編『精神看護学Ⅰ　精神保健学』ヌーヴェルヒロカワ，159頁。

3 対人援助職とメンタルヘルス不全

　この状態になりやすい職業として，看護師や教員そして福祉職などの対人援助職があります。つまり，対人援助職は，メンタルヘルス不全の人を支えながらも，自らがメンタルヘルス不全に陥りやすいことを意識しなければなりません。相談にのることを主な業務とする対人援助職は，「高度な対人的共感性を必要とされ」[6]ます。職業的な価値の中に，「共感」「受容」「傾聴」などがあります。また，そこにおいて自らの感情や相手の感情を吟味する必要があります。それは，一方で職業以外の場面でも実践していることです。

　また，クライエントの持ち込む困難の中には，日ごろ自らが感じている困難と類似している部分もあります。そのために，話を聞く中で感情が動いてしまいます。そして，この感情の吟味も対人援助職としては必要となります。ここで，「援助を受ける人との間に適度な距離を置いて接することに失敗し，感情の同様に巻き込まれて疲労が重なり，ゆとりを失って自分を見失ってしまう」[7]状態になることが，バーンアウトのきっかけとなります。

　実施した内容の効果を実感しにくいこともこの職業の特徴です。前回長い時間を割いて相談にのり，援助者自身が納得のいくアドバイスをしても，その内容がクライエントに理解されていなかったり，援助者が期待した反応がなかったり，同じ悩みをクライエントが持ち続けていたりすることがあります。

　特に，対人援助職を志向する人は，誰かを助けたい，人のためになりたいという気持ちが強い人が多いです。そのために，クライエントの課題を自らの課題として一生懸命に働きかけることがあります。他方で，対人援助職の価値として，クライエントの自己決定の尊重があります。クライエントと援助者は同等の立場であり，クライエントは援助者と相談をしながらも，最終決定は自らが実施します。この結果が，援助者が希望していないことや想定していないことになるときには，かかわりの中で沸き起こる陰性の感情などから，この時点で不全感をもつこともあります。このような距離のとり方による不全感が，自らの価値をなくすものと感じたり，自らを価値のない人間だと思ったり，この職業は向いていないと感じたりすることになります。

4 メンタルヘルス対策

　メンタルヘルス対策としても大切なのが，XⅢ-5 であげたスーパービジョンにおける支持的機能です。すなわち，事例や業務を通して「何に悩んでいるのか」という視点から，スーパーバイジーが抱えているストレスの要因としっかり向き合い，その本質に気づき，自らの力でその軽減や克服ができるように傾聴的に応答し支えることが，スーパーバイザーには求められます。

（吉永洋子）

▷6　多田ゆかり・村澤孝子(2006)『対人援助職のメンタルケア』ミネルヴァ書房，38頁。

▷7　同上，38頁。

参考文献

　川野雅資(1997)「看護師のメンタルヘルス」吉松和哉・小泉典章・川野雅資編『精神看護学Ⅰ　精神保健学』ヌーヴェルヒロカワ

　多田ゆかり・村澤孝子(2006)『対人援助職のメンタルケア』ミネルヴァ書房

　涌井美和子(2005)『企業のメンタルヘルス対策と労務管理』日本法令

XIV 労働環境の整備

3 キャリアパス

1 キャリアパスとは

　キャリアパスについて説明をする前に、キャリアについて考えてみましょう。
　キャリアについて、小池和夫は「長期に経験する関連の深い仕事群」と定義し、上西充子は「配転（配置転換）や昇進を通じて経験する一連の仕事」「どのような仕事を順次経験していくのか」と説明し、金井壽宏は「長期的な仕事生活のあり方に対して見出す意味づけやパターンのこと」と述べています。すなわち、「仕事」には単なる「業務」という意味の他に「職場における仕事の価値」も含まれています。
　このような仕事をどのように進めていくのかということを「キャリア・デザイン」といいます。キャリア・デザインをするにあたり、昇進などの社会的地位に関係するタテのキャリアと、仕事の内容を幅広く知るというヨコのキャリアを構想する必要があります。また、その仕事や法制度の変化、最新の技術について、より深く知るために研修が必要となります。これが前述した Off-JT もしくは SDS と結びつかせることになります（⇒ XIII-4 ）。
　これをデザインするにあたっての道筋をキャリアパスといいます。多くの企業では、その道筋が構造化されています。例えば、企業内のキャリアパスを人事評価制度の基盤として活用しているサンネット事業部では、「キャリアパスは、各人に自分の将来像を明確に描いてもらうためのものであり、また望ましい人材像を示す指針にもなっている。自分が目指すポジションに到達するためには、何をすればよいのか、どのような能力や知識が必要なのか、といった努力目標を具体的に知ることができるうえ、5年後、10年後の姿をイメージしながら成長の過程が理解できるため、社員に将来の夢と希望を与えることができる」ものとして位置づけています。

2 キャリアパスのあり方──「数」との関連性

　大企業においては、このような企業独自のキャリアパスをもっています。それは、労働者数が多いため、このような構造をもつことができるからです。
　一方で、これまでの終身雇用制度が崩れてきているため、キャリアが必ずしもひとつの企業や職場において形成されるものではなくなっています。また、企業の中の労働者の雇用形態も、派遣職員や嘱託職員、パートタイム労働者な

▷1　小池和夫（1999）『仕事の経済学』東洋経済, 27頁。
▷2　上西充子（2004）「能力開発とキャリア」佐藤博樹・佐藤厚編『仕事の社会学──変貌する働き方』有斐閣, 17頁。
▷3　同上, 23頁。
▷4　金井壽宏（2002）『働く人のためのキャリア・デザイン』PHP研究所, 3頁。

▷5　サンネット株式会社コンサルティング事業部（2002）『情報処理企業のためのキャリアパスによる人材育成人事評価──運用と実践』サンネット株式会社, 84頁。

ど，多様化してきています。このような状態においては，キャリアパスを企業に求めることが難しくなり，労働者それぞれが自らのキャリア・デザインをする必要が生まれています。

それでは，専門職集団においてはどのようになっているのでしょうか。

例えば，看護師は垂直なキャリアとしては，主任・師長（看護長）・総師長（看護部長）などのポストが明確になっています。横のキャリアとしては，社団法人日本看護協会における専門看護師・認定看護師などの資格認定制度という制度があります。ただし，垂直のポストが明確になっているのは，所属する人数が多い病院などの部署になります。当然，診療所においては，その役割は診療所の考え方次第となります。

③ 福祉職におけるキャリアパス

それでは福祉職，特に相談援助職のキャリアパスについて考えてみましょう。

先ほどから述べている「数」との関連性からいえば，病院にいる医療ソーシャルワーカー（MSW）や精神保健福祉士（PSW），また施設に働く相談員は多くありません。最近では，ひとつの病院に二桁のPSWが働いているという職場もありますが，多くは5人未満で単数配置も珍しくありません。また，タテのキャリアである昇進に関しては，その職場でその職種がどのように認識されているのかによって左右します。例えば，課長にあたるポストを与えられる職場もあれば，管理職にはならない職場もあります。

このような中で，キャリアパスを作成しているのが，職能団体です（⇨ ⅩⅣ-4）。例えば，社団法人日本社会福祉士会では「生涯研修制度」が定められています（表ⅩⅣ-1）。

日本医療社会福祉協会や日本精神保健福祉士協会にも同様の研修制度があります。ここでの課題は，職能団体におけるキャリアが必ずしも職場でのキャリアに結びつくとは限らないということです。一方で，ひとたびキャリアパスのレールから外れると，戻りにくくなることもあります。　　　　　（吉永洋子）

参考文献

上西充子（2004）「能力開発とキャリア」佐藤博樹・佐藤厚編『仕事の社会学——変貌する働き方』有斐閣

金井壽宏（2002）『働く人のためのキャリア・デザイン』PHP研究所

小池和夫（1999）『仕事の経済学』東洋経済新報社

サンネット株式会社コンサルティング事業部（2002）『情報処理企業のためのキャリアパスによる人材育成人事評価——運用と実践』サンネット株式会社

社団法人日本社会福祉士会生涯研修センター（2007）「社会福祉士生涯研修手帳（第3版）」

表ⅩⅣ-1　日本社会福祉士会生涯研修の概要

研修過程	概　要
基礎研修	基礎研修過程は，新入会員のための研修過程 内容は，日本社会福祉士会の概要・都道府県支部の活動・生涯研修制度について・倫理綱領・ネットワーク作り 最初の共通研修課程修了の申請のためには，受講することが必要
共通研修	知識・技術を維持・向上するために義務付けられている過程 3年間で60単位を取得することが必要 全国統一研修として，社会福祉士としての6領域（対人援助，地域支援，福祉権利，生活構造，福祉経営，実践研究）を学ぶ 他に，本会研修会，支部研修会などがある
専門分野別研修	専門的に関わる分野の研修 分野は，成年後見人養成研修，障害者の地域生活支援研修，保健医療分野におけるソーシャルワーク研修，独立型社会福祉士養成研修(A)(B)

出所：社団法人日本社会福祉士会生涯研修センター（2007）「社会福祉士生涯研修手帳（第3版）」3頁より筆者作成。

XIV　労働環境の整備

4　職能団体の役割

1　職能団体

　職能団体とは，同じ専門職の集まった団体です。例えば，医師が集まった医師会や，看護師の集まる看護協会があります。資格を取得していることが入会の要件の団体や，資格を取得したら入会が義務づけられる団体がある一方で，資格はないが同じ専門職であることで入会できる団体や，その団体独自の認定資格を策定しているところもあります。社会福祉職の団体としては，日本社会福祉士会・日本精神保健福祉士協会・日本医療社会福祉協会などがあります。

2　職能団体の役割

○社会への働きかけ

　社会への働きかけとしてはふたつの役割があります。専門職の組織化による資格制度化を含む身分・待遇の安定と社会制度への働きかけです。

　① 　専門職の組織化による資格制度化を含む身分・待遇の安定

　福祉の仕事に携わる人は増えてきましたが，まだ十分ではありません。また，職場によっては身分や待遇が不安定です。例えば，医療機関のソーシャルワーカーの身分が嘱託であったり，人数が少なかったりする，もしくは他の部門との仕事と兼務をしたりするという部門もあります。特に，組織の中でその職についている数が少なく，その状況の改善を訴えることも困難であったりします。

　職能集団はこのような状況を把握し，職域の拡大や待遇の改善を訴えていきます。その背景には，専門職がいることにより，クライエントへの支援ができることが大きな役割となっていきます。それが，②の部分です。

　② 　社会制度への働きかけ

　社会情勢の中で，クライエントを支援する中で制度の制定や改正を求めて，ソーシャルアクションを実行することもあります。また，制度を運営・企画するメンバーとして，行政機関などから役割を委嘱されることもあります。介護保険における介護認定審査会の委員や精神保健福祉法における精神医療審査会の派遣者として県の協会に依頼があり，県から協会員に派遣要請をすることがあります。このように，行政機関とのパイプ役という役割も担っています。

○自らへの働きかけ──専門性の維持・向上

　社会に働きかけていくためには，研鑽を積んで専門性を向上させることが求

められています。そのため，どの団体でも研修会を実施しています。その内容としては，技術と知識を深めること，すなわち自らの業務を点検することと，法制度や技術についての知識を得ることがあります。

特に，ひとつの職場での人数が限られているソーシャルワーカーのキャリアパスとして，職能団体が生涯研修制度を策定しています。一定の研修を受講することにより，次の段階に移り，協会が研修を修了したことを認定するという方法です。また，同様に研修を受けることで，スーパービジョンを実施できるソーシャルワーカーを協会が認定するという方法もとっています。このようにOff-JTの提供を職能団体が果たしています。

○ネットワークの形成──仲間づくり

研修会などの集まりを通して仲間づくりをすることも，職能団体の大きな意義です。同じ仕事をしている仲間をつくることは，業務にもメンタルヘルスにも効果があります。また，このネットワークが形成されることが，社会への働きかけに際して，またスーパービジョンの機能としても役割を果たします。また，他団体からの要請にたいする会員の派遣なども，会員同士が顔の見える付き合いをしているからこそ可能となります。

3　課　題

以上のような役割を担っている職能団体ですが，団体の専従者が少ないという課題があります。すなわち，ほとんどの職能団体の運営業務は，現場で本来業務をしながら，実施されています。

全国単位の組織では，社団法人化され，事務所が設置され，専従の職員が配置されています。しかし，各都道府県レベルの団体になりますと，多くが任意団体です。任意団体では，事務所は協会の会長もしくは事務局長の職場に設置されています。つまり電話はその職場にかかり，書類はその職場に郵送され保管されるということが多いです。上記のような研修も，日常業務と平行しながら企画・運営をしなければなりません。これが，役員にとっての負担になるうえに，その職場にとって必ずしも評価されるわけではありません。

また，団体においては構成員のモチベーションが必ず一定ということはありません。仕事・家庭・その他の理由で，研修に参加できない会員・参加しない会員や，所属意識が薄れる会員も多く見られます。特に，研修制度においては，専門性の向上をはかるために，構造化をはかると，そこのレールから外れた会員は戻りにくくなり，所属意識も薄れていきます。また，会員の中には複数の団体に所属している者が少なくないことも，所属意識を明確にもちにくい理由となります。職能団体は，その成立の経緯が仲間をつくり研鑽をめざしたというものであり，今後も多くの団体が生まれてくることになります。

（吉永洋子）

▷1　社団法人化が進んでいる社会福祉士会でも，2009年5月現在で，社団法人化されている県レベルの団体は27に過ぎない。他の団体は，ほとんどが県レベルでは任意団体である。

参考文献

社団法人日本精神保健福祉士協会編（2004）『日本精神保健福祉士協会40年史』へるす出版

楢木博之（2008）「静岡県医療ソーシャルワーカー協会会員実態調査報告」『医療ソーシャルワーク2007』No.36，静岡県医療ソーシャルワーカー協会

第5部

社会福祉運営管理と福祉専門職

XV 地域の運営管理と福祉専門職

1 地域の運営と福祉専門職

1 地域の協議会

XVでは，地域の運営における福祉専門職の役割や専門性を考えてみましょう。現在地域の中には，次の項から取り上げている介護保険事業運営協議会，地域自立支援協議会，要保護児童対策地域協議会などのさまざまな協議会や会議が設置されています。これらは，同じ地域の中で同じ課題に取り組んでいる人々・組織が，ひとつの場に集まることによって，課題の効果的な解決をはかることを目的としています。

協議会の活動は，会議を開催するという形で行われることが中心になります。そのため協議会の運営を担う事務局の役割は，会議の開催の連絡をしたり，会議のための資料を用意したりするだけの仕事と誤解されがちです。しかし，こうした協議会は地域単位の社会福祉運営に取り組む場であるといえます。具体的にいえば協議会は，①同じ課題に取り組む人々・組織の**ネットワーク形成**の場であり，②そのメンバーそれぞれが日々の活動を展開するための基盤となるシステムの形成・修正の場であり，③共通の課題を解決するための**プランニング**の場であるということです。

2 運営の場のもつ意味

地域単位の運営の場は，個人の抱える課題の解決をはかるための検討をし，その個人のためのネットワークづくりを行うことで終わらずに，次のステップへと活動が発展するところに意味があります。

例えば，「長い間障害者施設で生活していたAさんが，アパートでひとり暮らしをはじめたけれどうまくいかない」という課題を検討することになったとしましょう。Aさんの状況について**個別アセスメント**した結果，Aさんには近隣に相談できる人がいないことが明らかになったとします。このような場合に第一の課題となるのは，Aさんの近隣で相談に乗ってくれそうな人を探すということになるでしょう。

しかし，地域単位の運営の場ではこれで終わりにはなりません。次のステップとして，同じ地域にAさんと同じような状況の人が他にいないのかを把握するなどの**地域アセスメント**に取り組みます。

地域アセスメントの結果，Aさんと同じような状況の人々の存在が明らかに

▷ネットワーキング
⇨ XVII-2 を参照。

▷プランニング
⇨ XVII-4 を参照。

▷個別アセスメント
支援活動を行うにあたって，対象となる個人・家族の問題やニーズなどを評価すること。近年，アセスメントにおいては，マイナスの要素だけではなく，個人・家族のもつ強み（ストレングス）を評価することが重要であるとの指摘もみられる。

▷地域アセスメント
地域アセスメントの内容には，地域特性，社会資源，住民の課題や願いなどの評価が含まれる。地域アセスメントは地域支援のためだけでなく，個人の支援においても必要な要素である。

なれば，次のステップとして，それらの人にたいしてどのように支援するかを検討します。地域の中に障害をもつ人の相談を受けるところがないということになれば，運営の場は新しい相談窓口を設置するための検討に発展するかもしれません。あるいは，近隣の相談役として民生委員を活用することにし，民生委員では対応しきれなかったときに，民生委員から他の機関につなぐしくみ（システム）を検討するという方向に発展するかもしれません。

このような例が，次のステップへの活動の発展ということです。

3 場の運営者の役割

地域の運営の場は，図XV-1にあるように，地域の必要に応じて創出され，育成され，さらに新たな場へと転換していく内発性をもつものでなければなりません。それには，**場の運営者**の存在が重要になります。

「場の創出」は，地域の必要に応じた運営の場を創り出す段階です。そこでは，①課題（地域の必要）の発掘，②場の企画，③メンバーの選定と召集，が運営者の主な役割になります。

「場の育成」は，協議会などの会議において検討が行われる段階です。そこでは運営者は，④課題検討のファシリテーション，⑤検討結果を政策・援助部門に反映させるための関係者への働きかけ，などの役割を担います。

「場の転換」は，検討結果にしたがって実施され，当初設定していた目標が達成される段階です。そこで運営者は，⑥⑤の関係者による実施過程のモニタリング，⑦①から⑥に対する評価（アウトプット・アウトカム），にかかわりながら，⑧新たな地域課題の解決に向けた場への転換をはかります。

場の運営者の役割をプロセスにそって整理をすると以上のようになりますが，その本質は，このプロセスを円滑に進めることにあるのではなく，プロセスを通じて地域の内発性を高めていくことにあります。

（小松理佐子）

▷場の運営者
ここでいう場の運営者とは，I-4で説明した運営の構成要素のひとつをさしている。

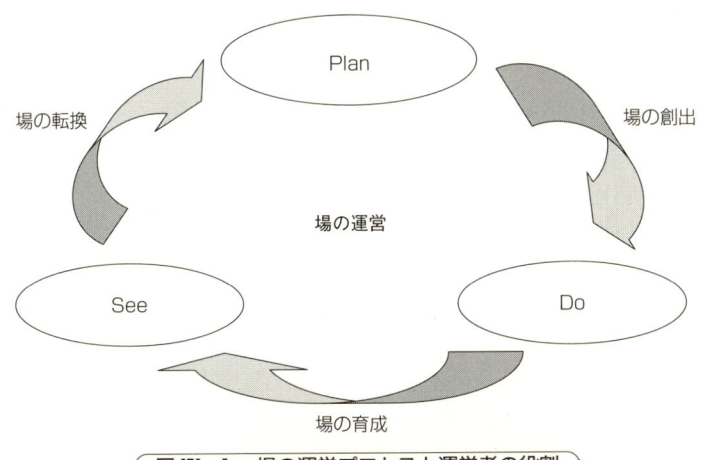

図XV-1 場の運営プロセスと運営者の役割

参考文献
小松理佐子（2007）「社会福祉援助の方法(3)——運営と計画」古川孝順編『生活支援の社会福祉学』有斐閣，252-264頁
田中英樹（2008）「コミュニティソーシャルワークの概念とその特徴」日本地域福祉研究所『コミュニティソーシャルワーク』創刊号，5-17頁
宮城孝（2008）「コミュニティソーシャルワークの展開過程」日本地域福祉研究所『コミュニティソーシャルワーク』創刊号，25-34頁

XV 地域の運営管理と福祉専門職

2 介護保険事業運営協議会

1 介護保険事業の運営のしくみ

介護保険制度の実施について，保険者である市町村等は介護保険法第117条に規定される市町村介護保険事業計画を策定しなければなりません。これは介護保険料の改定にあわせて3年を1期とする計画であり，策定においては，保険者である各市町村等の住民が日常生活を営んでいる地域の地理的条件，人口，交通事情，その他社会的条件，福祉サービスの供給量，行政の財政面などさまざまなことを考慮しなければなりません。

これらの介護保険事業に係る内容を検討するのが，介護保険事業運営協議会です。介護保険事業運営協議会は，「介護保険事業に係る保険給付の円滑な実施を確保するための基本的な指針」に基づき，介護保険制度の保険者である市町村および特別区に設置されています。各市町村等では，条例に基づき介護保険運営協議会などの名称で設置されている場合が多く，また，各市町村の福祉審議会や介護保険事業計画作成委員会，地域包括支援センター運営協議会等として組織化されている場合もあります。

2 介護保険事業運営協議会の役割

介護保険事業運営協議会は，介護保険の運営主体，すなわち保険者である市町村等が策定する介護保険事業計画やそれに基づく介護保険事業の運営が着実かつ円滑に実施され適切に運営されるかどうかをチェックしたり，分析したりする機関です。

具体的には，介護保険事業に係る施設サービス，居宅サービス，地域密着型サービスなどの供給量の見込みや行政への監視機能，苦情処理の方法，要援護高齢者への適正なサービスの公平な提供，市民の介護保険サービスの選択の確保など，その地域の実態に基づき適切に介護保険サービス等が運営できるようにするために機能しています。

3 介護保険事業運営協議会における場のマネジメント

介護保険事業運営協議会の運営については，地域の実情に基づき幅広い関係者の協力が必要となるため，大学教員等の学識経験者，保健医療関係者，福祉関係者，被保険者代表者，福祉サービス利用者等がメンバーとなります。

▷**介護保険制度**
介護保険制度では，国民にもっとも身近な行政単位である市町村（特別区含む）が保険者となって制度運営することとされている。また，介護保険事業が円滑に実施されるために国，都道府県，医療や年金の保険者等が重層的に支えることとされている。
介護保険制度の実施について，保険者である市町村は市町村介護保険事業計画を定めることとされ，現在は平成21年度から平成23年度までの期間として第4期介護保険事業計画が実施されている。

XV-2 介護保険事業運営協議会

特に,「介護保険事業に係る保険給付の円滑な実施を確保するための基本的な指針」において介護保険の「被保険者の意見の反映」が求められています。このように介護保険事業運営協議会は,介護保険制度の円滑な運営のみならず,制度運営において地域住民の日常生活の状況や介護サービスの利用に係る「生の声」が適切に反映されているのかについて確認することが重要な役割のひとつとなっているといえます。

形成プロセス		マネジャーの役割
Plan	場の創出	① 課題の発掘 ② 場の企画 ③ メンバーの選定と招集
Do	場の育成	④ 課題検討のファシリテーション ⑤ 検討結果を政策・援助部門に反映させるための関係者への働きかけ
See	場の転換	⑥ ⑤の関係者による実施過程のモニタリング ⑦ ①から⑥に対する評価（アウトプット・アウトカム）

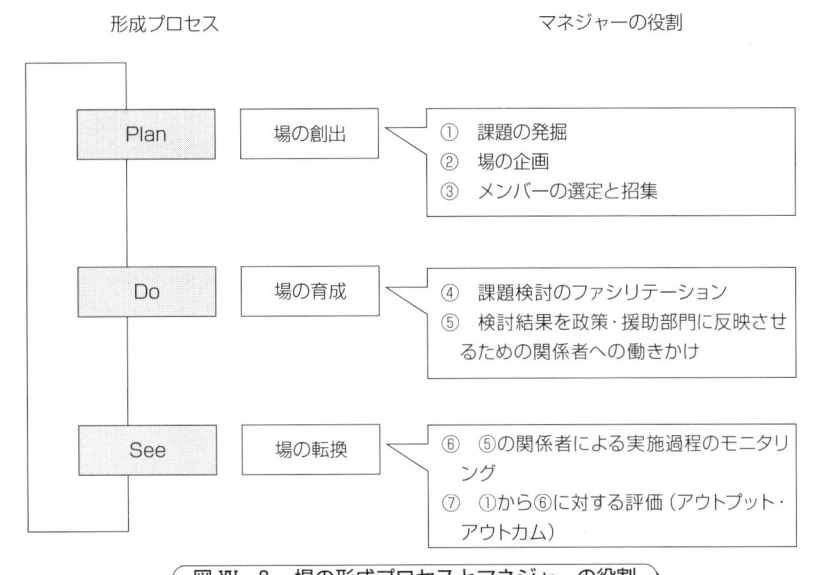

図 XV-2　場の形成プロセスとマネジャーの役割

出所：小松理佐子（2007）「社会福祉援助の方法(3)——運営と計画」古川孝順編『生活支援の社会福祉学』有斐閣，259頁。

介護保険事業運営協議会という介護保険制度を運営する機関は，メンバー・場・マネジャー（運営者）によって構成されます。ここでのメンバーは学識経験者から医療・保健・福祉職，地域住民の代表まで非常に多様です。

そのため，介護保険事業運営協議会の開催にあたっては，その主催者である市町村等の事務局（運営者）の職員（マネジャー）の役割が重要となります。

小松理佐子は，場の形成プロセスとマネジャーの役割を図XV-2のように整理しています。

ここでは，介護保険事業運営協議会という場の創出を前提とし，その目的に沿ったかたちでメンバー等が選定されるため，Do（場の育成）とSee（場の転換）においてマネジャーは機能しなければなりません。

マネジャーは，Do（場の育成）の段階においては，検討事項が円滑に議論されるために協議の手順や方法を示したり，検討事項において必要とされる情報の提供など構成メンバーへの働きかけが必要となります。

次にSee（場の転換）の段階においては，構成メンバー等の組織がマネジャーのねらいどおりに機能しているのかどうかなど実施過程を監視し，その結果を評価しなければなりません。その際，マネジャーは構成メンバーや第三者の活動を支援する立場になります。

マネジャーは，単に介護保険事業運営協議会という場が円滑に進行するばかりではなく，地域住民が真に求めている福祉ニーズについて議論し，住民の生の声が介護保険事業等の実際の運営に盛り込まれるように支援することが求められます。

（飛永高秀）

参考文献

古川孝順編（2007）『生活支援の社会福祉学』有斐閣

XV　地域の運営管理と福祉専門職

3　障害者総合支援法に基づく協議会

① 障害者総合支援法に基づく協議会とは

　障害者等へのサービス提供の主体は市町村であり，障害者の身近な地域において支援が提供されることを求められています。地域における支援体制の整備を図るため障害者の日常生活及び社会生活を総合的に支援するための法律（以下，総合支援法）により，地方公共団体は**協議会**の設置に努めなければならないとされました。この協議会は，地域における障害者等への支援体制に関する課題に関する情報共有や連携を図り，地域の実情に応じた支援体制の整備について協議を行うことを目的としています。

　市町村協議会は，相談支援事業をはじめとする地域における障害者等への支援体制の整備に関し，中核的な役割を果たす定期的な協議の場とされ，その設置は市町村単位または複数市町村による福祉圏単位とされています。構成員は市町村，相談支援事業者の他に，障害者サービス事業者，保健・医療関係者，企業，障害当事者及びその家族等であり，運営は市町村あるいは市町村から委託を受けた団体が行います。運営に係る費用は地方交付税が充てられます。

　さらに，より専門的・広域的な支援・連携のために，都道府県による都道府県協議会が設置され，地域自立支援協議会の支援や人材育成，アドバイザー派遣等の事業を行います。

② 協議会の運営

　協議会の主な機能は，地域におけるネットワークの構築と社会資源開発，そして困難事例にたいする支援です。特に，困難事例と呼ばれる要支援障害者を，単一の相談支援事業者が抱え込まず，地域全体で支えていくための協議・連携を行う場としての機能は，地域生活支援を展開していくうえでもっとも重要な機能のひとつです。

　その運営は，各地域の特性に沿った方法で実施される必要があります。現在，全国の都道府県における協議会の設置率は72.9％です（2008年12月，厚生労働省）。しかし，地域によって設置状況には大きな開きがあり，群馬県などの13の自治体が設置率100％となっているのにたいし，もっとも低い自治体では20％にとどまっています。この差は，その地域のサービス資源や福祉ネットワークの整備状況によって生じており，協議会の運営方法や重点を置くべき機能もまた，

▷協議会
障害者自立支援法では「自立支援協議会」という名称が用いられていたが，法改正に伴い，地方公共団体が地域の実情に合わせて名称を変更できるよう，「協議会」に改められた。

▷1　総合支援法第89条の3第1項。

▷2　障害者自立支援法では自立支援協議会の設置は施行規則による規定であったが，法改正に伴い，法律上に明記された。

▷3 ▷4　いずれも「障害者の日常生活及び社会生活を総合的に支援するための法律第89条の3第1項に規定する協議会の設置運営について」（厚生労働省社会・援護局障害保健福祉部長通知　障発0328第8号　平成25年3月28日）。

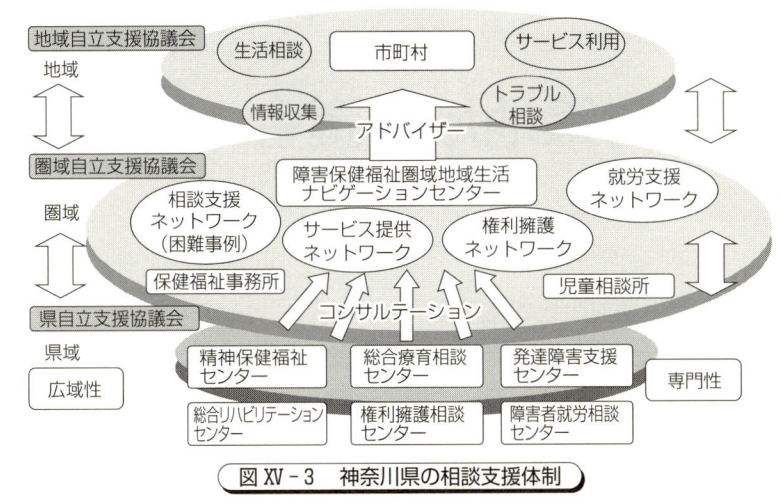

XV-3 地域自立支援協議会

図 XV-3 神奈川県の相談支援体制

出所：神奈川県障害福祉計画。

地域によって異なるものと考えられます。

例えば，神奈川県では，相談支援体制整備事業として障害保健福祉圏域単位の「圏域自立支援協議会」を設置しています。これは，各市町村が設置する地域自立支援協議会（共同設置を含む）と県の地域自立支援協議会の間に位置し，より重層的な相談支援体制の構築をめざすものです（図XV-3）。地域で把握された課題を圏域で検討し，さらに全県的な共通理解をはかったうえで，それぞれの役割に応じた施策や対策につなげていく取り組みが行われています。

3 協議会の課題

協議会は，障害者が地域で生活していくために必要な地域の福祉基盤及びネットワークを構築するという，重要な役割を担っています。

しかし，具体的に何をすれば良いのかといった点で曖昧さを伴うために，関係者が集まって情報交換を行うだけの名目的な場となってしまう恐れがあります。また，これまで相談業務のほとんどを行政が担ってきた経緯もあり，支援法施行後3年を経た今も相談事業そのものが定着していない上に，自治体によって相談支援事業所の数や質に差があること，更に個人情報保護の観点から個別事例の検討に限界があること等，運営の活性化に向けて多くの課題があります。

形骸化を防ぎ，実効性のある組織として定着させるには，各事業者や関係機関が個々の支援事例を通して地域の課題を整理し，そこから新たな社会資源の開発や，障害福祉計画等への政策提言を行っていくことが重要です。

(堀内浩美)

XV 地域の運営管理と福祉専門職

4 要保護児童対策地域協議会

1 要保護児童対策地域協議会

　要保護児童対策地域協議会(以下「協議会」とする)は、児童福祉法第25条の2に基づいて、地方公共団体が設置するものです。協議会は、虐待を受けた子どもや非行児童などの要保護児童等に関する情報を地域の関係機関等で共有し、連携して対応することを目的としています。協議会には役割として、①早期発見、②迅速な支援の開始、③情報の共有化、④役割分担に関する共通の理解、⑤支援体制づくり、などが期待されています。

　協議会の構成員には、市町村の児童福祉・母子保健等の担当部局、児童相談所、福祉事務所(家庭児童相談室)、保育所(地域子育て支援センター)、民生・児童委員、社会福祉協議会などの児童福祉関係機関のほか、保健医療関係、教育関係、警察・司法関係、人権擁護関係、その他NPO等の民間団体など、地域の多様な機関・団体が想定されています。

　協議会では、個別の要保護児童等に関するケース検討会議、地域の支援システムの検討、地域の要保護児童等の実態についての総合的な把握、啓発活動などが行われます。

2 要保護児童対策調整機関

　協議会には、**要保護児童対策調整機関**(以下「調整機関」とする)が置かれます。調整機関の役割は、協議会の運営の中核となって、関係機関の役割分担や連携に関する調整を行うことにあります。その業務は表XV-1のとおりです。

　調整機関となっているのは、現状では児童福祉主管課がもっとも多く、全体のおよそ半数を占めています。次に多いのは保健統合主管課で、この2機関が

▷1　2004年の児童福祉法の改正によって設けられた要保護児童対策地域協議会は、地方公共団体に設置することができるという規定であった。しかし、2008年に努力義務規定(「置くよう努めなければならない」)に改正された(2009年4月より施行)。複数の地方公共団体が共同で協議会を設置することも可能である。

▷2　要保護児童対策地域協議会の設置要綱は、協議会を設置する地方公共団体で作成されるので、実際の構成員は地方公共団体ごとに異なる。本文の説明は、厚生労働省通知による例示である。

▷要保護児童対策調整機関
児童福祉法第25条の2第4項に規定されているもので、地方公共団体の長が指名することとなっている。

表XV-1　調整機関の業務として想定されるもの(厚生労働省の例示)

1.　地域協議会に関する事務の総括 　　1)　協議事項や参加機関の決定等の地域協議会開催に向けた準備 　　2)　地域協議会の議事運営 　　3)　地域協議会の議事録の作成、資料の保管等 　　4)　個別ケースの記録の管理
2.　支援の実施状況の把握及び関係機関等との連絡調整 　　1)　関係機関等による支援の実施状況の把握 　　2)　把握した支援の実施状況に基づく関係機関等との連絡調整

出所：厚生労働省(2005)「要保護児童対策地域協議会設置・運営指針について」より筆者作成。

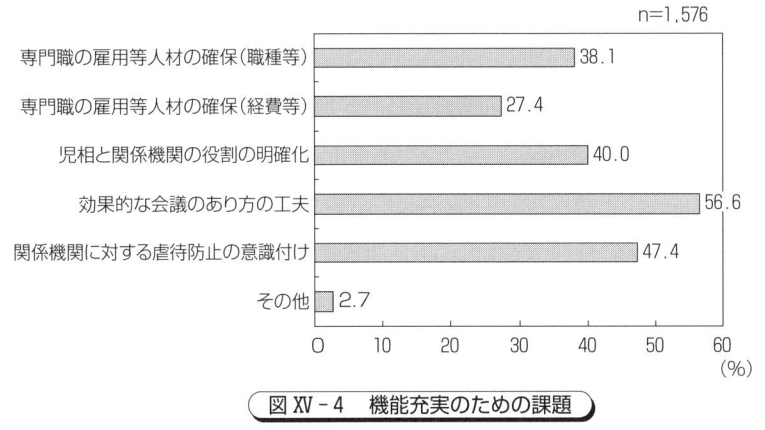

```
                                                  n=1,576
専門職の雇用等人材の確保（職種等）     ▨▨▨▨▨ 38.1
専門職の雇用等人材の確保（経費等）     ▨▨▨ 27.4
児相と関係機関の役割の明確化         ▨▨▨▨▨▨ 40.0
効果的な会議のあり方の工夫           ▨▨▨▨▨▨▨▨▨ 56.6
関係機関に対する虐待防止の意識付け    ▨▨▨▨▨▨▨ 47.4
その他                             ▨ 2.7
                    0  10  20  30  40  50  60
                                         (%)
```

図 XV-4　機能充実のための課題

出所：厚生労働省（2006）「市町村域での要保護児童対策地域協議会及び児童虐待防止を目的とするネットワークの設置状況調査の結果について」より筆者作成。

調整機関全体の8割弱を占めています[3]。

また，これらの調整機関にコーディネーターが設置されているのは，約7割（常勤職員の設置は6割）です。3割の調整機関にはコーディネーターが設置されていないのが現状です。

3　協議会の運営

協議会の活動内容は，代表者会議を開催しているところが63.8%，実務者会議の開催が58.4%，個別ケース検討会議が73.0%，研修会等の開催が41.4%などとなっています。それぞれの協議会が設置目的をどこにおいているかによって内容は異なるといえますが，このような結果をみたところでは，十分に児童分野における地域の運営の場として機能しているということはできないでしょう。

図XV-4は，協議会の機能を充実させるための課題について尋ねたアンケートの結果です[4]。もっとも多かったのは「効果的な会議のあり方の工夫」が必要だという回答（56.6%）でした。また，「専門職の雇用等人材の確保（職種等）」が必要だという回答が38.1%あり，その職種として，児童福祉司，社会福祉士，心理職，医師，保健師，弁護士等があげられています。加えて，「スーパーバイザーがいない」という課題をあげている協議会も37.1%みられます。

このようなアンケートの結果から，協議会を効果的な場にするためには，関係者を集めるだけでなく，会議を進行するための何らかの技術が必要だといえます。それには，表XV-1でみたような役割を担うべき調整機関に配置されるコーディネーターが，運営者としての専門性を身につけることが課題であるといえます。

（小松理佐子）

▷3　厚生労働省（2006年10月）「市町村域での要保護児童対策地域協議会及び児童虐待防止を目的とするネットワークの設置状況調査の結果について」による。調査は，2006年4月1日現在の状況。調査対象は，全国1,843市町村で，回答数は1,575市町村。

▷4　同上。

（参考文献）
厚生労働省（2005）「要保護児童対策地域協議会設置・運営指針」
厚生労働省（2006）「市町村域での要保護児童対策地域協議会及び児童虐待防止を目的とするネットワークの設置状況調査の結果について」

XVI 社会福祉施設の運営管理と福祉専門職

1 施設経営と福祉専門職

① 社会福祉施設経営の視点──組織の経営と安定

　社会福祉サービスは，個人の尊厳を守り，利用者が自立した生活を送れるような援助が行えるよう，良質かつ適切なものでなければなりません。社会福祉サービスを提供する法人（施設）の経営は，公的な責任を負っています。介護報酬や支援費等の公的な運営費を使って事業を経営し，地域に住む生活問題を抱えた人々の生活そのものを支えているからです。

　法人（施設）の経営者は，**ソーシャル・アドミニストレーション**の技術が求められます。まず，サービス提供における法人の理念や原則を決めます。そして，それを法人内・施設内の組織体制を通じて，サービス実践の方針や計画へとブレイクダウンする必要があります。

▷ソーシャル・アドミニストレーション（social administration）
社会福祉（施設）の目的を実現するために，それに必要な条件を合理的・効率的に運営し，適切なサービスを展開する方法のこと。

　地域の利用者の生活を支えている法人（施設）のサービスを維持するために，組織の安定的経営に視点が向けられます。年間の法人（施設）の業務計画や予算を策定し，直接的にサービスを提供する職員の労務管理，待遇条件（給与，労働条件等）の確保や人材の定着確保・募集，サービスの質の向上のためのスキルアップ（研修への参加の機会の確保等）の機会の確保，建築物や備品等の管理・維持・整備，災害時や事故発生時の危機管理，行政や近隣地域住民・近隣関連施設との関係づくり・維持，情報管理等を行います。

　人・モノ・カネ・時間・情報等を効果的に活用するバランス感覚が求められます。現在の介護保険制度や障害者自立支援制度のもとでは，利用者数に応じた収入体系になっていることから，経営的安定を確保するために，ときにベッドコントロール等サービスの利用率（稼働率）に，運営方針の重きが置かれることがあります。利用待機者の状況，施設の社会的関係，経営状況等，さまざまな要素とのバランスをみて方針を決めていく必要があります。

　サービス提供についての管理，年間の事業報告や決算報告等説明責任も求められます。また，利用者によるサービス選択を円滑に行ってもらうために，情報を積極的に提供する必要があります。

② ソーシャルワークの視点──生活支援の指向

　施設におけるソーシャルワーカー（生活相談員，支援相談員，生活支援員等）は，施設サービスの利用希望がある利用者および家族の生活問題への支援，生活の

維持・改善をはかる支援に、その視点を向けます。

インテークを含め複数の面談を通じて、まず在宅生活の維持は可能かどうかを見極め、アセスメントを行います。在宅生活の維持が難しいと判断した場合は、施設サービスの利用を調整します。主介護者等の介護を休むためのレスパイトを確保することで生活を支えられるときは、短期入所利用を検討します。

利用者・家族の生活問題への支援を、施設サービスを利用して行おうとするとき、利用者・家族が条件よくうまく利用できれば、問題が生じることはあまりありません。

利用者のもつさまざまな条件（例えば経済的条件や時間的条件、医療ケアの必要性を含めた精神的・身体的条件等）と、施設の提供できるサービスの条件にズレがある場合、調整を行って利用してもらう場合もあれば、調整が難しく他の施設サービスに支援をゆだねざるをえない場合もあります。利用者本人が、施設利用に消極的な場合も注意が必要です。

入所利用がはじまれば、利用者本人には、在宅とは異なる環境での施設生活がはじまります。入所当初の環境移行期の支援・精神的サポート、直接援助スタッフとの情報共有は重要です。

その後の施設における集団生活の安定と本人のQOL向上に目を向け、施設サービス全体の質の向上がはかれるようアプローチしなければなりません。そして、施設サービスを利用しながら、本人および家族の生活が安定してくれば、具体的な在宅復帰・地域生活移行を改めて検討しなければなりません。

③ 地域とのかかわり

在宅復帰・地域生活移行を検討する場合は、利用者が帰る自宅（またはグループホーム等）の地域のケアマネジャーや社会資源（事業所）等との密接な連携が求められます。また、地域住民の方との協力体制も必要です。

「地域とともにある施設」という考え方のもと、地域の福祉力の向上に施設側も寄与していく必要があります。

④ 福祉専門職（ソーシャルワーカー）の経験するジレンマ

福祉専門職（ソーシャルワーカー）は、ときに組織（つまり法人や施設の経営）と、利用者に対する支援のアプローチや考え方が異なることがあります。施設と利用者・家族のもつ諸条件にズレがある場合、施設利用が難しいことがあります。その際、ソーシャルワーカーは、適切な支援ができなかったために、組織との考え方の違いにジレンマをもつことがあります。この場合、ソーシャルワーカーは、法人（施設）経営の視点に理解を示しながら、利用者にたいしては所属する施設のサービス利用ではない方法での援助を提供するなど最善の援助を行う必要があります。

（本多　勇）

▷ジレンマ
相反するふたつのことの板挟み状態になり、どちらとも決めかねる状態のこと。

参考文献
本多勇・木下大生・後藤広史・國分正巳・野村聡・内田宏明（2009）『ソーシャルワーカーのジレンマ──6人の社会福祉士の実践から』筒井書房

XVI　社会福祉施設の運営管理と福祉専門職

2　職員会議

1　職員会議とは

　会議とは，そもそも組織内の意思・方針を相談したり，決定したり，共有したりする場のことです。ときには，文書での回覧の方法をとられる場合もありますが，多くは一堂に会して話し合う形式です。

　会議は，社会福祉サービスを行う施設・事業所においても行われます。主に社会福祉施設を中心とした，職員による会議（職員会議）についてみていくことにしましょう。

2　社会福祉施設における会議の意味

　対人援助を行う社会福祉施設における会議は，情報共有と方針決定をするほかに，いくつかの意味があります。ひとつは，施設（法人）の援助理念の確認です。そして，法人内および施設におけるサービスについてその方針と提供（内容・方法）の統一があります。

　スタッフやセクションの違いにより，生活にかかわる援助の方針（方向性）が異なることのないようにするためです。

3　会議の種類とレベル

　社会福祉施設にかかわる会議には，その構成メンバー（職位），機能・役割等により多くの種類があります。

　代表的な会議についてみていきます。

　　○理事会・評議員会

　理事会は，施設を経営する法人（社会福祉法人，医療法人等）の代表権をもつ理事が集まり，法人や施設の展開する事業やサービスについての方向性を決定したり確認したりする会議です。理事会は，数か月から半年の単位の頻度で行われることが一般的です。

　理事会の構成メンバーは法人の理事です。理事は，施設職員ではありません。施設長や事務局長が法人理事のメンバーである場合は，理事会の構成メンバーとなることもあります。理事会とは別に評議員会をおく法人もあります。

　社会福祉法人の理事等については，社会福祉法によって規定されています（社会福祉法第36条～第44条）。

○施設運営（経営）会議

施設の事業方針・計画や，重要な決定事項を審議・承認していく会議です。施設長，事務局長，各セクションの責任者が参加します。毎週から月に2回程度の会議頻度が一般的です。施設の方針・計画は，法人理事会の決定事項や経営方針に従ったものになります。施設全体の事業方針が決められ，各セクションはこの方針に従ってサービスを提供します。

○フロア会議・セクション会議

施設運営会議において決定した方針に従って，各セクションにおける援助方針・サービス方針について決定していきます。

各セクションの課題について議論されます。議論される内容は，セクションにより異なります。ソーシャルワーカー（相談員）職，介護（直接援助）職，医療・看護職，リハビリテーション職，栄養・調理職等，セクションごとに業務内容と援助・サービスの方針や視点が異なるからです。もちろん他職種（他セクション）との同じ方向性の支援を行うチームアプローチの視点も重要となります。

個別の利用者に対する援助方針等について議論される場合もあります。セクションや議題により，会議の頻度も異なります。朝・夕等の申し送りや，文書による情報伝達，業務の中での日常的な情報交換の中でも，援助方針が修正されていく場合もあります。

○利用判定会議

サービス利用希望者を受け入れられるかどうか，各セクションの代表が集まり，施設・事業所により適切なサービス提供が妥当か，対応可能か，等について検討される会議です。ドクター・看護師とソーシャルワーカーのみの少人数で開催される場合，地域の代表者や第三者の委員等をメンバーに加える場合等，構成形態はさまざまです。開催頻度も，随時であったり週1回行ったりする場合から，半年に1回程度行う場合など，施設・事業所により異なります。

○チームアプローチに関する会議

利用者の援助について，多職種参加により方針を決定していきます。おもに各セクション（介護，看護，リハビリ，栄養，ソーシャルワーカー，医師等）のアセスメントを情報共有し，ケアプランを策定（修正）していく会議です（⇨ XVI-4）。

○施設内委員会

各セクションから代表が出て，施設の運営およびサービス提供に関する特定の議題について会議を行います。施設の方針や組織によって異なりますが，防災委員会，感染予防委員会，褥瘡防止委員会，排泄改善委員会，行事・レクリエーション委員会，広報委員会，抑制廃止委員会などが例にあげられます。

（本多　勇）

XVI　社会福祉施設の運営管理と福祉専門職

3　業務計画・業務改善

1　業務計画の意味

　社会福祉施設では，利用者の生活を支える施設サービスを提供するにあたって，さまざまな業務計画を策定します。

　施設サービスには，一定の範囲の限界があります。それは，法的な位置づけおよび施設の規模，収入の規模，職員の条件（配置人数，勤務体制），提供できる援助についての条件，地理的条件等があります。これらの条件のもとで，施設提供するサービスつまり援助業務の大枠と共通の方法，予算・費用，その執行等の計画をしていきます。

　業務の計画は，実行されなければ意味がありませんので，実行可能性の担保をしておかなければなりません。また，業務計画を定めた範囲の期間が終われば，その業務計画の評価（モニタリング）を行い，改善計画を検討していきます。

2　業務計画の実際

　業務計画は，施設全体の理念的な計画（目標）として策定されるものから，各セクションでそれぞれ策定されるものがあります。計画の期間も，年間計画，月間計画，週間計画，そして1日の計画と，長期から短期間までさまざまです。いずれの場合も，施設全体の理念的目標をもとにして，「どれくらいの期間の間に，何のために，どんなことを，誰がするか」という目的・目標と方法を明確化し，個々の手段と目的の関係を体系的に示すものです。これらは，それぞれのセクションにおける業務推進の統合力や効率性を高めるものになります。

　例えば，直接援助部門（介護課，看護課等）であれば，共通の援助方法・手順をもとにして，利用者が施設においてどのような生活を送り，施設スタッフはどのような援助を行うか，ということになります。ソーシャルワーカー部門であれば，サービス利用調整の重点方針と計画，在宅復帰・地域生活移行をどのように推進するか等の内容が，例としてあげられます。事務部門，リハビリテーション部門，栄養・調理部門それぞれの業務役割によって計画が策定されます。

　また，施設における行事についていえば，年間行事のスケジュール（年単位），具体的な行事の準備計画（月から週単位），当日のスタッフおよび利用者の動きの計画（日単位）等についても業務計画のひとつです。

　施設における利用者の生活の日課（食事，入浴，外出，レクリエーション等のス

ケジュール）にあわせたスタッフの動きを勤務体系ごとにその役割を位置づけているものも，業務計画のひとつとしてみることができます。

どのレベルの業務計画についても，寸分違わないような確実な計画遂行が求められるのではありません。むしろ，計画をもとにして，利用者の生活の質を上げるために，臨機応変な変化への対応が求められます。また，施設全体の計画や長期の計画については，新しい福祉課題や利用者への対応，制度・政策の改訂への対応が求められます。

❸ 業務改善──事故対応・苦情対応

社会福祉施設におけるサービス提供は，また業務計画に基づいて遂行されると，業務の流れが**ルーティン**化してくるなど，ある程度軌道に乗ってきます。ただ，その時々の提供しているサービスの状況を見直し，サービスの質の向上と業務の効率化を目的に，業務改善の必要性があります。

なぜならば，施設において生活する利用者は日々変化しているからです。例えば，ADLや病状等状態像が変化したり，日常の（施設内の）人間関係の中で利用者の気持ちが変化したりしています。また，スタッフ自身が利用者にたいして「慣れて」しまうことから，介護等の援助方法や接する態度（言葉遣いや行動）など，不適切ケアが生まれてしまう可能性をはらんでいるからです。施設職員自身が，自律的に日々の業務や施設内のシステムを見直し，改善していかなければなりません。

サービス提供時に起こる事故（例えば，転倒や誤嚥事故，介護事故等）が起こったときや，利用者・家族からの苦情（クレーム）が申し立てられたときは，事故の再発防止や苦情内容の改善を目的に，組織としての業務改善を含めた迅速な対応が必要になります。この場合は，迅速な業務改善方法（計画）を決め，職員全体への周知徹底・注意喚起の情報共有が必要です。大きな事故の場合には，地域や家族にたいする情報公開も必要になることもあります。業務改善がはかられた段階で，第三者評価等によりサービス評価を受けることも検討します。

❹ 業務改善における福祉専門職（ソーシャルワーカー）の役割

ソーシャルワーカーは，その問題把握の視点や方法を，業務改善に応用することが可能です。施設のスタッフや利用者・資源等の状況（職員配置人数，介護・看護の状況，日中および夜間時の施設内の様子，費用や予算，備品等の現状等）を客観的に事前評価します（アセスメント）。そのうえで，利用者・家族の視点に立ち，改善の必要な点がどこかを把握し，業務（改善）計画の策定に意見を提出します（プラン策定）。ソーシャルワーカーは，施設サービスの業務改善を進めるうえで重要な役割を果たすことができます。

（本多　勇）

▷ルーティン（routine）
日常規則的に繰り返される決まり切った仕事や生活様式のこと。ここでは，利用者やその生活の個別性を意識せず，流れ作業的に援助の仕事を行う，という意味を含んでいる。

XVI 社会福祉施設の運営管理と福祉専門職

4 ケース会議

1 ケース会議とは

「ケース（case）」は，「事例」ということを意味しています。ケース会議とは，事例研究のための会議ということになります。

施設利用者個々の状況を，施設サービスを提供する際の「事例」としてとらえ，介護や保育，生活上の世話などの施設が提供するサービスの方法・内容を改善するための会議を行います。

2 施設内におけるケース会議

○施設内でのチームアプローチ

施設サービスの利用者は，それぞれに生活上の課題を抱えながら，施設において一定の期間，生活を送ることになります。施設サービスを提供する施設職員は，利用者（場合によってはグループ）にたいして，組織・施設・チームとしてどのような援助が適切か・重要な点は何か，について検討し，サービスの計画（方針・目標）を決めていく必要があります。

そのために，定期的に利用者の施設における生活やその援助内容を見直し，施設内の各セクションの専門職から課題を提示し，新たな援助方針・目標を共有するためのケース会議が開催されます。

介護職からは日常的な援助のアプローチや方法，利用者の生活能力等について，看護・医療職からは疾病・服薬・看護医療処置等について，リハビリテーション職からは精神的・身体的自立の程度とリハビリテーションの方法や目標等について，栄養・調理職からは食事・水分の摂取状況，嗜好や栄養状態等について，ソーシャルワーカー職からは施設における人間関係，家族状況，在宅復帰・地域生活移行に向けての状況等について，それぞれ課題が提出されます。

ケース会議を開催することで，各専門職はその準備段階で個々の利用者にたいする観察力を強め，それぞれの専門的視点からアセスメントを行います。ケース会議では，会議参加者からの課題や意見を自由に出しながら，利用者の課題を共有し，相互に補完し，新しい援助方針・目標を策定していきます。

○施設におけるケース会議

要介護高齢者を対象とした介護保険施設における施設サービス計画，障害者施設における個別支援計画については，その有効期間にあわせて定期的にサー

ビス担当者会議を開催することとなります。このサービス担当者会議では，個別の利用者にたいしてのケアプランを見直し，策定することとなります。栄養ケアプランやリハビリテーションプランの見直しを同時にすることもあります。

ケアプランのための定期的なケース会議のほか，施設スタッフの援助についての見直しとスキルアップの目的も含めて，認知症の周辺症状や重介護等の対応困難ケースや家族問題を抱えるケース，医療ケアの必要性のあるケース等に関する援助についてのケース会議を行うこともあります。この場合，事例（ケース）提出者が，ケース会議の目的を最初に提示します。会議参加者はその目的に添いながら，かつ具体的な援助方法やアドバイス等をあげていきます。

3 地域・施設外におけるケース会議

社会福祉施設内のスタッフだけではなく，地域のケアマネジャーや事業者等が集まって行うケース会議もあります。

介護保険制度では，地域に住む利用者の介護支援専門員（ケアマネジャー）によるサービス担当者会議が開催されます。利用者本人・家族を中心に，在宅サービス提供事業者が集まり，これまでのサービス利用についての課題や新しい在宅サービス利用についての留意点等を確認し，今後の在宅サービス計画（在宅ケアプラン）の修正を行います。利用者が，施設に併設の通所サービスや短期入所サービス等を利用している場合は，社会福祉施設のソーシャルワーカーや直接援助職員が出席することがあります。

地域において虐待や援助拒否等の支援困難ケースが発見された場合は，地域包括支援センターや障害者相談支援センター等が中心となり，サービス事業者，行政や医療機関等を交えて，ケース会議を緊急に開催することもあります。

4 ケース会議の課題

ケース会議は，サービス提供者によって行うことが多くなります。ときに利用者本人と家族のニーズが異なる場合のある施設サービス提供においては，利用者本人および家族の参加により，本人・家族の意見やニーズをケアプランに反映させることが重要です。

さらに，ケース検討およびその援助・支援の事例集積により，エビデンス（根拠）に基づく援助の構築を確かなものにしていく必要があります。また，個別的なケース検討にとどまらず，対応困難ケース，認知症ケアにたいする事例集積を行い，援助（ケア）の対応力を上げることも検討しなくてはなりません。

ケース会議での援助実践の再検討を通じて，利用者だけでなく援助者（つまり施設スタッフ）自身がエンパワメントされ，業務へのモチベーションを向上させるという機能があることも，より注目される必要があります。

（本多　勇）

参考文献

黒木保博・小林良二・坂田周一・森本佳樹編（2002）『社会福祉援助技術論（下）──ソーシャルワーク実践とシステム（社会福祉基礎シリーズ3）』有斐閣

福祉士養成講座編集委員会編（2003）『社会福祉援助技術論Ⅱ（新版社会福祉士養成講座9）』中央法規出版

XVII 社会福祉運営管理を担う福祉専門職の展望

1 アドミニストレーション型社会福祉士

1 多元的なアドミニストレーションの意味

近年，社会福祉を取り巻く環境は大きく変化してきています。そうした中で，社会福祉の専門職である社会福祉士とはどのような役割を期待されているのでしょうか。

社会福祉援助技術としての社会福祉運営管理は大きく分けると，人々のニードを充足させるために，社会福祉の制度や政策をどのように進めていけばよいかということに着目する「社会福祉運営管理（social administration）」という考え方と，社会福祉のサービスを提供する機関や施設が，質の高いサービスを提供するためには，どのようにその組織を運営していけばよいかということに着目する「社会福祉施設運営管理（social welfare administration）」という考え方に分けて説明されてきました。しかし，今日的な課題として社会福祉の制度・政策的推進というマクロの領域と，利用者に質の高いサービスを提供するというミクロの領域がうまく繋がっていないことによって，制度のすきまにもれおちてしまう人々の増大が指摘されています。また単一の施設からのサービス提供だけでは，複雑な課題に対応することが困難となり，組織内運営管理に加えて組織間運営管理という主体間同士のつながりの運営が注目されています。

2 新しい社会福祉士像が求められる社会的な背景

2008年に出された日本学術会議による「近未来の社会福祉教育のあり方について」の提言の中で，新しい社会福祉士像が求められる社会的な背景として，次の点があげられました。

○生活課題が多様化・拡大化・複合化する現状

社会的なつながりが弱くなり，地域社会が本来もっていた住民相互の支援のしくみが失われたことによって，人々の生活問題がより多様化・拡大化し，従来のしくみでは対応しきれない状態になってきています。2000年に厚生省社会・援護局から出された図（図XVII-1）ではそのような社会福祉の諸問題の拡大化が指摘されましたが，さらに問題は複雑化しており，また地域間格差も広がってきています。多様な地域特性をもつ実践の場で，社会福祉士は柔軟かつ高度な実践が求められているといえます。

▷ジェネリック
ソーシャルワークの対象とする領域や分野が多様であっても，それらを総合的にとらえるための価値・技術・知識によって構成される共通の基盤をいう。

▷スペシフィック
ジェネリックな基盤をもち，さらにそのうえにそれぞれの領域に固有の技術や知識をもつことをいう。近年，福祉課題の多様化により，スペシフィックの領域がより広がっている。

▷チームアプローチ
問題が多様化・困難化する現実への対応として，多様な援助主体が互いに連携を取りながらチームで利用者の支援を行う支援方法。チームのコーディネート機能もソーシャルワークに求められる技術となる。

○ソーシャルワーカーの社会的必要性

提言の中では，必要とされる社会福祉の専門職像がいくつか示されていますがそれらを整理してみると，措置から契約へ社会福祉サービス提供システムが移行したことにともない，サービス利用者の権利を保障するための高い専門性による個別支援を遂行し，かつ多元的なサービス提供主体をネットワーク化し包括的な支援システムを確立するための地域マネジメントを担うという，個別支援から地域マネジメントを連続的に担う役割が必要とされていることがわかります。

3 ジェネリックとスペシフィックの関係

社会福祉士国家資格の試験科目からもわかるように，社会福祉士は**ジェネリック**（一般的）な社会福祉の専門職として位置づけられています。しかし，当然，さまざまな個別の課題に対応するためには，医療ソーシャルワーカーやスクールソーシャルワーカーといった領域ごとの専門的かつ高度な知識と技術をもつ**スペシフィック**（専門的）ソーシャルワーク機能も必要とされています。ジェネリックとスペシフィックのソーシャルワーク機能は，別々に体系づけられているのではなく，すべてのソーシャルワーカーが知識・技術体系の基盤としてジェネラリスト・ソーシャルワークを習得し，そのうえでスペシフィック（専門的）な知識・技術体系を身につけていくという2階建てのようなイメージをもちます。

これからの社会福祉士の実践は，領域別の専門的なソーシャルワーカーがジェネリックなソーシャルワーク基盤を共有し，さらにそれぞれの専門性を発揮しながら，**チームアプローチ**による協働的実践を，地域を基盤として展開していくことが求められています。

（川島ゆり子）

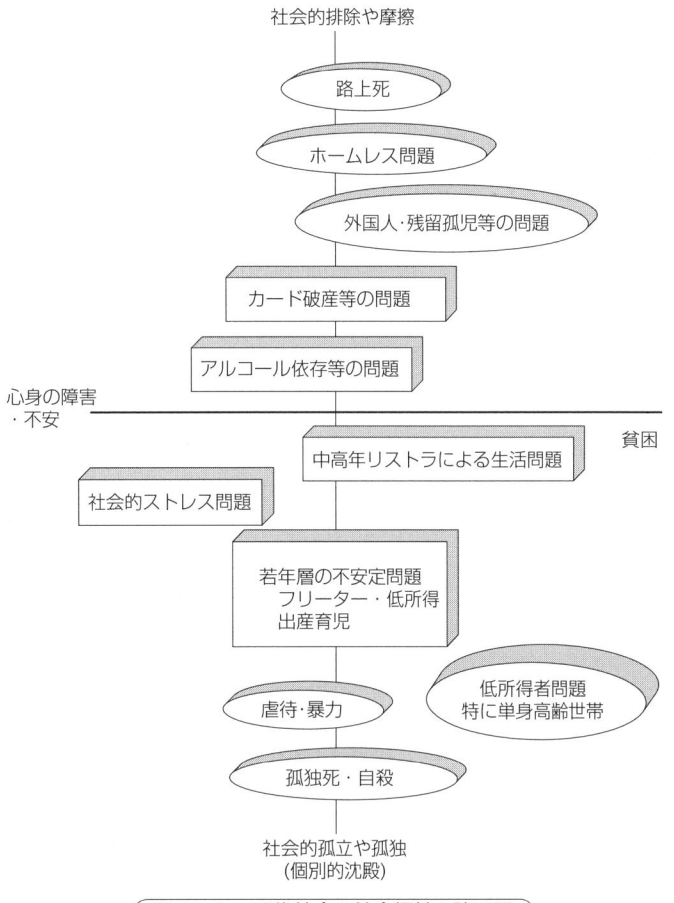

図 XVII-1　現代社会の社会福祉の諸問題

社会的排除や摩擦
- 路上死
- ホームレス問題
- 外国人・残留孤児等の問題
- カード破産等の問題
- アルコール依存等の問題

心身の障害・不安　　　　　　　　　　　　　　　貧困
- 中高年リストラによる生活問題
- 社会的ストレス問題
- 若年層の不安定問題　フリーター・低所得　出産育児
- 虐待・暴力
- 低所得者問題　特に単身高齢世帯
- 孤独死・自殺

社会的孤立や孤独
（個別的沈殿）

資料：厚生省社会・援護局「社会的援護を要する人々に対する社会福祉のあり方に関する検討報告書」。

参考文献

佐藤豊道（2001）『ジェネラリスト・ソーシャルワーク研究』川島書店

Johnson, L. C. & Yanca, S. J. (2001) *SOCIAL WORK PRACTICE: A GENERALIST APPROACH*, Allyn & Bacon.（＝山辺朗子・岩間伸之訳（2004）『ジェネラリスト・ソーシャルワーク』ミネルヴァ書房）

XVII 社会福祉運営管理を担う福祉専門職の展望

2 ジェネラリスト・ソーシャルワーカーの技術① ネットワーキング

1 ネットワークとネットワーキング

　ネットワークとネットワーキングはともによく耳にする言葉ですが，混同しやすい傾向にありますので，まず整理をしておきたいと思います。ネットワークとはつながりの構造を表し，ネットワーキングとはネットワークという構造をつくりあげていくために，意図的に取り組まれる実践プロセスであるということができます。地域の中で起こる困難で複雑な課題に対応するために，多様な福祉サービスの供給主体をつなぎ，地域の中に，だれもがもれ落ちることのない**セーフティネット**を構築していくネットワーキングは，社会福祉専門職にとって必要不可欠な技術であるということができます。

2 ネットワークの階層性

　地域の中に構築されるネットワークには階層があるということが指摘されています。牧里毎治は個人の生活を支える「ミクロネットワーク」，当事者集団，セルフヘルプグループ，実務者のサービス・チームなどの集団レベルでの「メゾネットワーク」，そして政策担当者の機関間のネットワークである「マクロネットワーク」という3つの階層にネットワークを分類しました（図XVII-2）。それぞれのネットワークは，その性質もまた形成の目的も異なりますが，特にネットワークの階層性で課題となるのは，個別支援のミクロネットワークレベルで提起される課題を，どのようにして政策形成のマクロネットワークレベルにつなげていくことができるかということです。その仲介的役割をメゾネットワークレベルが担うことになるのですが，このメゾレベルでのネットワークの形成が地域マネジメントを考えるうえでも重要な課題となります。

3 ネットワーキングの技術

　ネットワーキングは時間がかかるプロセスであるということを福祉専門職は理解しておく必

▷**セーフティネット**
もともとはサーカスの綱渡りの下に張る安全網の意味。社会福祉の支援からもれ落ちた人々を最後に受け止めるという意味で，生活保護制度や地域での支えあいによる支援ネットワークを指す。

▷1　牧里毎治（2000）「地域福祉とソーシャルワーク──介護保険制度下のソーシャルワーク」『ソーシャルワーク研究』25(4)，相川書房，70-76頁。

図XVII-2　ネットワークの3つのレベル

出所：筆者作成。

要があります。単純に会議に一度同席したというだけでは，ネットワークを形成したということにはなりません。

ソーシャルキャピタル論では，ネットワークを形成することが最終目的ではなく，そのネットワーク上にメンバーの信頼や情報などが蓄積されていくことによって，ネットワークにつながるメンバーが利益を得ることがめざされます。

ネットワーキングの技術はジェネラリストソーシャルワークとして，すべての領域の専門職が共通の技術として習得すべきものです。

4 ネットワーキングのプロセス

○メンバーとの出会い

ネットワーク形成の第一段階は，ネットワークでつながる相手との出会いです。出会いの機会を増やすためには，常に自分の存在を外部に向かってアピールをしていくことが求められます。施設に所属するソーシャルワーカーであっても，施設を地域に向けて開いていく施設の社会化とともに，ソーシャルワーカーも自分自身の存在を社会に開いていくことが求められます。

○メンバーとの相互支援

ネットワーク上に集まる多様な人材は，それぞれに専門性や得意分野があり，また知識や技術が不足する分野もあります。ネットワーク上のメンバーは，信頼関係を深めるとともに，不足する部分を補い合い，強みを生かし合う相補関係を築き，ネットワーク上で支えあうことによって互いの実践をより高度なものにすることができます。

○ネットワークのメンテナンス

ネットワーク（つながり）を維持していくためには，メンテナンスにあたる作業が必要になります。ネットワーク上にこまめに新しい情報を流しメンバーで共有化すること，ネットワークをより強化するために新しいメンバーの追加を随時行うことも必要となります。

ネットワークは生き物であるといわれます。ソーシャルワーカーは，上記のプロセスを循環しながら，常にネットワークを柔軟に最適化していくことが求められているのです。

（川島ゆり子）

▷**ソーシャル・キャピタル論**
多様な分野で学際的に注目されている。ソーシャル・キャピタルは，ネットワーク，信頼，規範がその構成要素とされており，ソーシャル・キャピタルを地域の中に蓄積していくことが，地域社会に利益をもたらすとされる。

参考文献
宮川公男（2004）「ソーシャル・キャピタル論」宮川公男・大守隆編『ソーシャル・キャピタル──現代経済社会のガバナンス論』東洋経済新報社
山手茂（1996）『福祉社会形成とネットワーキング』亜紀書房

XVII 社会福祉運営管理を担う福祉専門職の展望

3 ジェネラリスト・ソーシャルワーカーの技術② マネジメント

1 戦略的な手法としてのマネジメント

ジェネラリスト・ソーシャルワーカーには，地域で起こるさまざまな課題にたいしてチームアプローチで対応していくためにネットワーキングという技術が必要であるということは，前節で述べました。

ここでは，さらに視野を広げて個別支援と地域支援の双方を視野に入れ，どのように地域でのケアシステムをマネジメントしていくのかという戦略的なソーシャルワーカーの技術について述べていきます。

措置制度のもとでの福祉は，サービス提供主体が経営競争の意識をもつ必要がなかったために，ともすると現状のシステムを維持管理することだけが社会福祉の運営管理の目的となっていました。しかし現在，契約制度に移行し，地域を基盤としてセーフティネットを構築していくことが求められる社会福祉の新たな運営には，より戦略的に課題を達成するという能動的な経営技術が求められています。

2008年に出された厚生労働省「これからの地域福祉のあり方に関する研究会報告書」で提言されたネットワーク図（図XVII-3）をみると，福祉や関連する多様な分野の主体とのネットワーク形成が求められ，その機能として，課題の発見から支援へのつなぎに加え，地域に不足するあるいは存在しないサービスの開発も提言されています。つまり，現在の福祉課題の拡大化，複雑化に対応し，制度のすきまにも対応可能なケアシステム構築をめざすためには，現状の

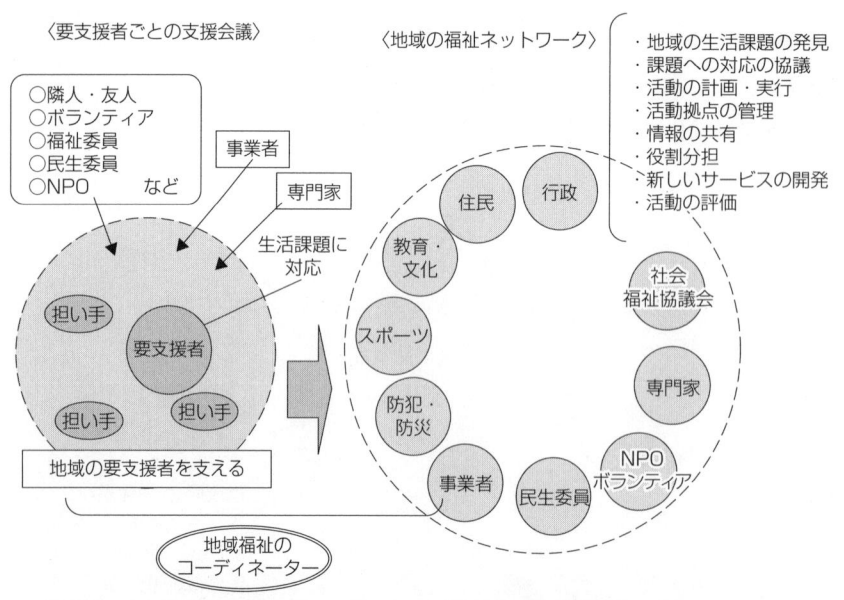

図XVII-3 地域における個別の支援と地域の福祉活動の運営のためのネットワーク

出所：厚生労働省（2008）「これからの地域福祉のあり方に関する検討会報告書」。

システムを運営管理するだけではなく，新しい機能をも生み出していくという**イノベーション（innovation）**機能も視野に入れたマネジメントが必要とされているのです。

2 地域を基盤としてマネジメントを展開する視点

では，具体的にどのような視点で地域を基盤とした戦略的なマネジメントを展開していくべきでしょうか。このことを考えるときに重要なキーワードとなるのは，「ネットワーク」と「アセスメント」です。

厚生労働省のネットワーク図（図XVII-3）でネットワークとアセスメントの重要性を確認してみましょう。要支援者を支えるネットワークのメンバーが多様になるということは，ともするとそれぞれバラバラに支援が届けられるという状況になる可能性があります。ネットワークの全体性をうまくコーディネートしていくためには，ソーシャルワーカーは個別支援のアセスメントを的確に行い，サポートネットワーク全体の設計図を頭にしっかり描いていくことが必要になるのです。しかし，そのためには個別支援のアセスメントだけでは十分ではありません。どのような人材が存在するのか，どのような社会資源が存在するのか，住民の福祉にたいする意識はどのようなものかといった**コミュニティ・アセスメント**を的確に行うことにより，個別ケースの多様性に柔軟に対応できるような多彩なネットワークを，状況に応じて構築することが可能となります。つまり，個別支援のネットワークの設計図を多彩に描くためには，ソーシャルワーカー自身が地域の中の資源や人材のネットワーク図を大きく全体像として描けることが必要となるのです。

ソーシャル・キャピタル研究者であるパットナム（Putnam, R.D.）は，ネットワークのふたつの型を提唱しました。ひとつはボンディング型，そしてもうひとつはブリッジング型です。メンバー同士がみなお互いに知り合いで結束が固いボンディング型のネットワークは，外部にたいして排他的になる傾向があります。これからのソーシャルワーカーがマネジメントの戦略として意識するべきなのは，もうひとつのブリッジング型のネットワークです。これは外向きのネットワークとも呼ばれ，現在つながっているネットワークだけではなく，新しいつながりの開発を意識する拡大型のネットワークです。

ソーシャルワーカーが描く地域全体のネットワーク図に新たな人材や資源が次々と参加することにより，新しいサービスや活動が生まれる可能性が広がり，対応可能なケースの幅が広がっていきます。個別支援のケースをきっかけとして，ブリッジング型のネットワークを拡大し，地域のケアシステムの力量全体を向上させていくマネジメントこそ，これからのソーシャルワーカーの重要な課題であるということがいえるでしょう。

（川島ゆり子）

▷イノベーション（innovation）
旧来のシステムや常識を打ち破って，新たなものを革新的につくりあげることをいう。イノベーションを地域の中で起こす際には，旧来のシステムを支持する層との対立もありうる。

▷コミュニティ・アセスメント
地域に関する統計的な数値（人口統計や経済的指標），歴史，地理，文化，力関係，共有される感情，資源など，地域に働きかけていくために必要な情報を，地域の住民とともに調査・確認し情報を共有していく作業。

参考文献
リー，B.／武田信子・五味幸子訳（2005）『実践コミュニティワーク』学文社

第5部 社会福祉運営管理と福祉専門職

XVII 社会福祉運営管理を担う福祉専門職の展望

4 ジェネラリスト・ソーシャルワーカーの技術③ プランニング

1 個別支援プランニングと地域支援のプランニングの連動性

　個別支援のプランニングは，利用者本人，家族，利用者を取り巻く環境の情報を収集し分析したうえで，利用者本人がこうありたいと望む生活の姿の実現に向けて，必要な支援の具体的な方法や目標を設定する作業をいいます。地域マネジメントのプランニングも実は同じプロセスをたどり，しかも双方のプランニングは密接な関係をもちます（図XVII-4）。

　地域の中でだれもがもれ落ちることのない包括的な支援システムを形成していくプランニングをしていくためには，個別の支援の積み重ねによって蓄積される情報や経験，個別の支援でめざされる目標が総体化されていく必要があります。また，地域マネジメントでめざされる目標設定は，個別支援の目標設定と方向性がずれるものであってはならないはずです。個別支援のプランニングと地域マネジメントのプランニングは常に往復する関係性にあり，ソーシャルワーカーはそのことを理解する必要があります。

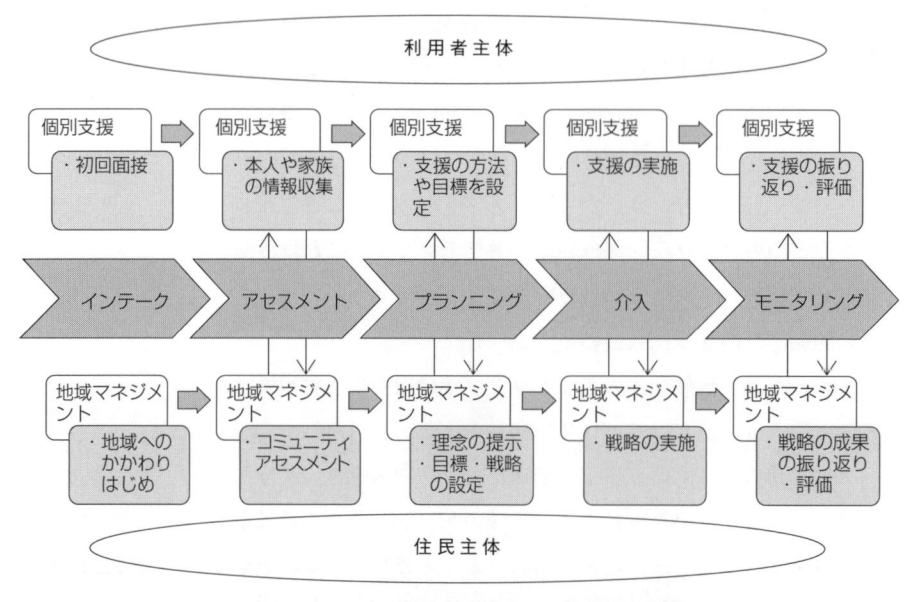

図XVII-4　個別支援と地域マネジメントの連動性

出所：筆者作成。

XVII-4 ジェネラリスト・ソーシャルワーカーの技術③ プランニング

2 プランニングにおける二重の視点の必要性

　当事者主体で個別支援のプランニングを行ううえで，本人の意思表明やサービスの選択が難しいケースもあり，人権保障の視点が欠かせないものになります。また，社会的排除や摩擦，孤立や孤独といった，見えにくいケースの場合，インテークの場にもつながらない現状があり，支援そのものが届かないケースも多くみられます。

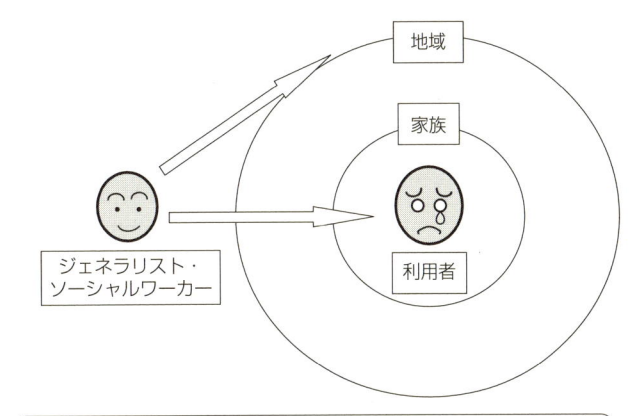

図XVII-5　ジェネラリスト・ソーシャルワーカーの二重の視点

出所：筆者作成。

　こうした場合，ソーシャルワーカーが積極的に地域社会の中に入り込み，リーチアウトの手法を用いてケースを発見する必要があります。また，見えにくい課題をもった人々が地域の中に存在するということを地域の課題としてとらえ，地域マネジメントのプランニングにおいても，住民が積極的にそのことについて協議をしていく必要があります。

　マイノリティである当事者の声を代弁して，地域に向かってその課題を発信し，協議の場につなげ地域マネジメントをプランニングするためには，個別支援と地域マネジメントの双方に視点をもつ（図XVII-5）ことが，ジェネラリスト・ソーシャルワーカーに求められています。

3 ふたつの方向性からの協議の場の重要性とローカル・ガバナンス

　地域の中でさまざまな主体が，福祉のめざすべき姿について話し合う協議の場に主体的に参加し，地域マネジメントのプランニングを行っていく場は，ふたつの方向性が考えられます。ひとつは地域福祉活動計画の策定の場，地域福祉計画の策定の場といった政策的な方向性からプランニングを考えるものです。理念や活動の目標設定を行い，計画的に福祉を進めていこうとする協議の場となります。

　もうひとつは，個別支援の事例を契機とし，地域の中でどのように支えるシステムを構築していくかという，ミクロからの方向性です。事例検討の場にフォーマル・インフォーマルな担い手・当事者・行政が主体的に参加し，多様なケースへの対応を協議し，支援ネットワークに参加し，協働体験を蓄積することにより，**ローカル・ガバナンス**が構築されると考えることができます。ブリッジング型のネットワークを広げる機会として積極的に地域の中で多様な参加者による事例検討を開催し，地域マネジメントを進めていくことが，これからのソーシャルワーカーの新たな役割として期待されているといえるでしょう。

（川島ゆり子）

▶ローカル・ガバナンス
共治とも訳される。ガバメント（政府からの統治）との対比として，住民と行政との新たな関係によって進められる地方自治の姿として，ガバナンスが示された。地方分権が進む中，ローカルな場での公民協働の政治システムをいう。

さくいん

あ行

アウトカム評価　123
アウトリーチ　134, 139
アウトプット評価　123
アクセシビリティ　118
アクセス　116
アフターケア　139
アーレント, H.　18, 19
アンペイド・ワーク　58
育児・介護休業法　154
意思決定　28
　——のプロセス　29
一法人一施設　68
一法人多業種　69
一法人複合施設　69
一過性　123
イノベーション（innovation）　185
医療・介護関係事業者における個人情報の適正な取扱いのためのガイドライン　39
医療費抑制政策　81
医療法　56
医療法人　56, 78
医療法人制度改革　56
インテーク　187
インフォーマルセクター　6
インフォームドコンセント　127
運営適正化委員会　128
運営の場　7
運動的性格　87
営利法人　60
エコマネー　95
SDS（Self Development System）　150
NPO（Non-Profit Organization）　54
エリア（圏域）　118
応益負担　11
応能負担　11
OJT（On-the-Job Training）　31, 148
Off-JT（Off-the-Job Training）　148, 150

か行

会計処理の会計基準　36
介護事故　34
介護報酬　11, 64, 72
介護保険事業運営協議会　166
介護保険事業計画　110
介護保険制度　166
価格戦略　32
過失　126
学区　101
ガバナンス　24
ガバメント　24
株式会社　60
貨幣的ニーズ　16
勘案事項　74
監査　124
監事　62
患者負担　80
基金拠出型法人　78
寄附金　11
キャッシュ・フロー計算書　82
キャリアパス　44, 158
キャリアマネジメント　44, 45
協議会　168
供給　3
供給組織　6
行政監査　124
行政処分　70
協働　6
協働運営　96
協同組合　58
共同募金　89
業務改善　177
業務計画　176
苦情処理　128, 139
繰り出し梯子理論　21
ケアプラン　73
契約　50, 140
ケース会議　178
月間計画　176
減算措置　75
憲法第89条　52
権利擁護　139, 141
公益事業　52
公共交通システム　96
　独立採算型——　96
　自治体補助型——　96
　市民・NPO運営型——　96

公共性　5, 18, 19
　新しい——　19
公共的問題　24
公正証書　141
公設民営　51
公的福祉セクター　6
公平性　4
国民医療費　80
個人情報の保護　135
個人情報の保護に関する法律　39
国家資格　144
国庫委託金　10
国庫負担金　10
国庫補助金　10
固定資産　67, 91
固定負債　91
個別アセスメント　164
個別支援のプランニング　186
コミュニティ・アセスメント　185
コミュニティ・ビジネス　102
孤立　116
コンプライアンス（遵守）　76

さ行

財務諸表　66, 82
サービス開発　100
サラモン, L.M.　54
三位一体の改革　10
ジェネラリスト・ソーシャルワーカー　182-187
ジェネリック　181
事業委託金　88
事業型社協推進事業　100
事業活動計算書　66
事業的性格　87
自己決定権　4
市場化　15, 27
市場原理　132
市場の失敗　92
施設運営（経営）会議　175
施設報酬　75
市町村地域福祉計画　25
指定管理者制度　51, 109
社員総会　79
社会医療法人債　82

さくいん

社会権 19
社会資源 7
社会福祉運営管理(social administration) 180
社会福祉基礎構造改革 50, 132
社会福祉協議会 100, 139
社会福祉士及び介護福祉士法 144
社会福祉施設運営管理(social welfare administration) 180
社会福祉施設職員等退職手当共済制度 147
社会福祉法人 52, 62
収益事業 52, 64
週間計画 176
住民参加型在宅福祉サービス 59
住民参加型在宅福祉サービス団体 94
需要 15
純資産変動計算書 82
準市場 21, 22
生涯研修制度 159
障害者相談支援事業所 109
障害程度区分 74
障害福祉計画 111
条件整備国家 106
小地域ケア会議 113
情報公開 130
情報デバイド 137
情報の解説者 137
情報の非対称性 39, 136
職員会議 174
職能団体 147, 160
職権主義 133
自立支援給付費 11, 64
ジレンマ 173
人口構造 120
審査支払い機関 75
人事管理 30
人事システム 76
申請権 70
申請主義 133
人的資源 44
診療報酬 80
随時監査 124
ステークホルダー 86
スーパーバイザー 152
スーパーバイジー 152
スーパービジョン 152
スペシフィック 181
生活権 12

生活圏域 115, 118
生活バス 97
生協 58
精神保健福祉士法 144
生存権 12
成年後見制度 139, 140
製品戦略 32
政府の失敗 92
セクション会議 175
接近性 13
セーフティネット 183
相互扶助 121
ソーシャル・アドミニストレーション 172
ソーシャルキャピタル論 183
措置制度 50, 64, 70
措置委託料 64
措置権者 64
措置施設 71
措置費 11, 70
損益計算書 82

た行

第1号被保険者 72
第1種社会福祉事業 17
第三者委員 129
第三者評価 122, 137
貸借対照表 67, 82
大都市 116
第2号被保険者 72
第2種社会福祉事業 17
代弁 134
代理受領 88
多職種チーム 42
単式簿記 90
地域アセスメント 164
地域格差 120
地域ケア会議 112
地域福祉圏域 115
地域福祉推進活動員 101
地域包括ケアシステム 112
地域包括支援センター 109
地域マネジメント 186
地方自治 108
地方自治法 107
チームアプローチ 175, 181
チームマネジメント 42
チャネル戦略 32
中間支援組織 102
中山間地 120, 121

町内会・自治会 59, 98
ディマンズ 12
定例監査 124
特定市町村 111
特定都道府県 111
特定非営利活動促進法（NPO法） 54, 55
特定非営利活動法人 54, 55, 86-88
都道府県福祉人材センター 147
ドメイン 40

な行

ニーズ 3, 32
ニーズ・オリエンテッド・アプローチ 3
ニーズキャッチ・支援システム 115, 137
日常生活自立支援事業 139, 140
ニード（need） 14
日本医療社会福祉協会 160
日本介護福祉士会 151
日本社会福祉士会 151, 160
日本精神保健福祉士協会 151, 160
任意団体 102
認定特定非営利活動法人（認定NPO法人） 11, 89
任用資格 144
ネットワーキング 182
ネットワーク 164
ネットワーク組織 29, 42
年間計画 176
農協 58

は行

媒介役割 3
場の運営者 7, 101, 165
場のマネジメント 166
ハーバーマス, J. 18, 19
バーンアウト 156
反射的利益 12, 70
非貨幣的ニーズ 16
ビジョン 40
必要 15
ヒヤリハット 127
病院会計準則 82
評議員会 62, 174
複合体 84
福祉改革 132
複式簿記 90
福祉経営論 26
福祉国家 24

——の危機　106
福祉サービスの質　122
福祉事務所　50
福祉タクシー　99
福祉多元主義　6, 21
福利厚生センター　147
不服申立て権　4
フラット組織　42
プランニング　164, 186
フロア会議　175
プロジェクト・チーム　43
プロセス評価　123
プロモーション戦略　32
分権改革　108
平行棒理論　20
保育計画　111
ポイント制度　95
法人監査　124
補助金　88
ボランティア団体　59

ま行

マクロネットワーク　182
マーケット・セグメンテーション　33
マーケティング　32
マネジリアル・マーケティング　33
ミクロネットワーク　182
ミッション　40
民間委託　51
民間営利セクター　6
民間福祉セクター　6
民生委員・児童委員　139
無形性　123
メゾネットワーク　182
メンタルヘルス　156
メンタルヘルス不全　156
モチベーション　179
モニタリング　129, 176
問題解決システム　115

や行

要介護認定　72
要支援者　72
要保護児童対策地域協議会　170
要保護児童対策調整機関　170

ら行

理事　62
理事会　174
リスク（危険）　34, 126
リスクマネジメント　34, 126
リーダーシップ　46
離島　120, 121
離島振興法　120
流動資産　67, 91
流動負債　91
利用過程　5, 12
利用支援　5
利用支援機関　117
利用支援システム　116
利用判定会議　175
ルーティン（routine）　177
労務管理　30, 76
ローカル・ガバナンス　25

わ行

ワーカーズ・コレクティブ　58
WAM NET　131

執筆者紹介 （氏名／よみがな／生年／現職／主著／社会福祉を学ぶ読者へのメッセージ） ＊執筆担当は本文末に明記

小松理佐子（こまつ りさこ／1964年生まれ）

日本福祉大学教授
『生活支援の社会福祉学』（共著・有斐閣）
『協働と参加による地域福祉計画』（共著・ミネルヴァ書房）
運営管理という領域の仕事は，創造力や企画力が求められます。それゆえに社会福祉の専門職にとっては，やりがいのある仕事だと思います。

川島ゆり子（かわしま ゆり子／1963年生まれ）

花園大学教授
『協働と参加の地域福祉計画』（共著・ミネルヴァ書房）『地域を基盤としたソーシャルワーク』（ミネルヴァ書房）
「地域の中で暮らす」ということを，人とのつながり，地域とのつながりの重要性を軸に，みなさんと一緒に考えていきたいと思います。

新谷 司（あらや つかさ／1962年生まれ）

日本福祉大学教授
『会計グローバリズムと国際政治会計学』（共著・創成社）『非営利組織会計』（日本福祉大学）
株式会社の会計または複式簿記が理解できれば，非営利組織のそれも自ずと理解できます。

川村岳人（かわむら がくと／1978年生まれ）

健康科学大学准教授
『市町村合併と地域福祉』（共著・ミネルヴァ書房）『地域福祉の理論と方法』（共著・弘文堂）
みなさんもまずは一地域住民として，自分が住む市町村における福祉サービスの供給と負担について，どのような課題があるか考えてみましょう。

大薮元康（おおやぶ もとやす／1972年生まれ）

中部学院大学准教授
『社会福祉援助学』（共著・学文社）
社会福祉制度は，社会が進歩する中で生まれた大きな財産です。これを守り，育てることが大切だと思います。

熊田博喜（くまだ ひろき／1969年生まれ）

武蔵野大学教授
『生活支援の社会福祉学』（共著・有斐閣）『ソーシャル・インクルージョンの社会福祉』（共著・ミネルヴァ書房）
社会福祉専門職が良い支援を行うためには，所属する団体のあり方も重要となります。「良い支援ができる団体のあり方」を考え続けることは専門職にとって大切なことのひとつです。

尾里育士（おざと やすし／1969年生まれ）

長崎純心大学准教授
『子どもの福祉と子育て家庭支援』（共著・みらい）『社会福祉援助学』（共著・学文社）『養護内容』（共著・北大路書房）
社会福祉サービスは，公共的な性格を有し，それを提供する組織の公開性が重要です。専門職として組織をアセスメントする視点を学んでください。

新名雅樹（しんみょう まさき／1972年生まれ）

弁護士法人岡山パブリック法律事務所，社会福祉士
地域での生活を支援するにはさまざまな人々の連携が大切です。さまざまな連携や協働を学んでいきましょう。

執筆者紹介（氏名／よみがな／生年／現職／主著／社会福祉を学ぶ読者へのメッセージ）　＊執筆担当は本文末に明記

相馬大祐（そうま　だいすけ／1981年生まれ） 
国立重度知的障害者総合施設のぞみの園研究部研究員
「勉強は一時，学問は一生」といわれます。みなさんにとって本書が社会福祉学を学ぶ際の一助となれば幸いです。

永井裕子（ながい　ゆうこ／1981年生まれ）
福井県立大学助教
地域特性に応じた福祉サービスを，いつか自分自身で展開したい！　という思いをもってもらえればと思います。

千葉真理子（ちば　まりこ／1967年生まれ） 
京都女子大学講師
『生活支援の社会福祉学』（共著・有斐閣）
『社会福祉の国際比較』（共著・有斐閣）
社会福祉サービスの課題は，利用者のニーズと，供給者のニーズにおけるミスマッチの解決と考えられます。いかに利用者のニーズを社会福祉組織が理解し効率的に供給していくかを学べたらと考えます。

中村英三（なかむら　えいぞう／1948年生まれ）
長野大学教授
『社会福祉施設経営論』（共著・光生館）
社会福祉士をめざしているのであれば，社会福祉の運営管理を含む総合的な知識を実践的に学ぶことをすすめます。

徳広隆司（とくひろ　たかし／1962年生まれ） 
医療法人啓友会事務長
「ショートステイを中心とした老人保健施設運営に関する研究──F老人保健施設の実態調査から」日本地域福祉学会『日本の地域福祉』20
医療と福祉の連携は今後ますます進んでいくでしょう。福祉従事者であっても医療法人のしくみや動向は常に確認しておいてください。

西田恵子（にしだ　けいこ／1963年生まれ）
常磐大学教授
『地域福祉論』（共著・第一法規）『福祉における危機管理』（共著・有斐閣）
当事者に学ぶ，学び続ける。そしてともに福祉サービスをつくり出していく。そのような実践が広がることを期待しています。

飛永高秀（とびなが　たかひで／1972年生まれ） 
長崎純心大学准教授
『高齢者と家族の支援と社会福祉』（共著・ミネルヴァ書房）『臨床に必要な居住福祉』（共著・弘文堂）
福祉サービスは私たちの身近なもので，権利として利用できるものです。福祉ニーズを抱えている人が適切にサービスを利用できる環境を創ることが福祉専門職の使命ともなるでしょう。

芳賀祥泰（はが　よしやす／1969年生まれ） 
株式会社エルダーサービス代表取締役社長，北九州市立大学大学院特任教授，九州・アジア経営塾第1期修了
『介護塾』（日本医療企画）『福祉マネジメント』『福祉の学校』（編著・エルダーサービス）
福祉に興味をもってくれてありがとうございます。福祉知識だけではなく雑学王になってください。

執筆者紹介 （氏名／よみがな／生年／現職／主著／社会福祉を学ぶ読者へのメッセージ）　＊執筆担当は本文末に明記

堀内浩美（ほりうち　ひろみ／1967年生まれ）

神奈川県立保健福祉大学実践教育センター副主幹

このテキストを通して学ぶみなさんと，福祉に従事する者として実践の場で再会する日を楽しみにしています。

吉永洋子（よしなが　ようこ／1964年生まれ）

元・藤枝駿河病院社会復帰部地域連携室室長

専門職は絶えず研鑽をする必要があります。そのために何が必要なのかを学習していきましょう。

本多　勇（ほんだ　いさむ／1972年生まれ）

武蔵野大学通信教育部准教授

『社会福祉実践における主体性を尊重した対等な関わりは可能か』（共著・ミネルヴァ書房）『社会福祉の理論と運営』（共著・筒井書房）

社会福祉の実践は，専門職一人で行われるのではなく，組織として行われています。そのしくみや意味を学んでください。

やわらかアカデミズム・〈わかる〉シリーズ
よくわかる社会福祉運営管理

2010年3月1日	初版第1刷発行
2015年9月30日	初版第4刷発行

〈検印廃止〉

定価はカバーに
表示しています

編　　者	小 松 理 佐 子
発 行 者	杉 田 啓 三
印 刷 者	藤 森 英 夫

発行所　株式会社　ミネルヴァ書房
607-8494 京都市山科区日ノ岡堤谷町1
電話代表（075）581-5191番
振替口座 01020-0-8076番

Ⓒ小松理佐子ほか, 2010　　　亜細亜印刷・新生製本

ISBN978-4-623-05613-2

Printed in Japan

やわらかアカデミズム・〈わかる〉シリーズ

教育・保育

よくわかる学びの技法 第2版
田中共子編　本体 2200円

よくわかる教育評価 第2版
田中耕治編　本体 2600円

よくわかる授業論
田中耕治編　本体 2600円

よくわかる障害児教育 第3版
石部元雄・上田征三・高橋 実・柳本雄次編　本体 2400円

よくわかる保育原理 第4版
子どもと保育総合研究所 森上史朗・大豆生田啓友編　本体2200円

よくわかる家庭支援論 第2版
橋本真紀・山縣文治編　本体 2400円

よくわかる子育て支援・家族援助論 第2版
大豆生田啓友・太田光洋・森上史朗編　本体 2400円

よくわかる社会的養護 第2版
山縣文治・林 浩康編　本体 2500円

よくわかる社会的養護内容 第3版
小木曽宏・宮本秀樹・鈴木崇之編　本体 2400円

よくわかる小児栄養
大谷貴美子編　本体 2400円

よくわかる小児保健
竹内義博・大矢紀昭編　本体 2600円

よくわかる発達障害 第2版
小野次朗・上野一彦・藤田継道編　本体 2200円

福祉

よくわかる社会福祉 第10版
山縣文治・岡田忠克編　本体 2500円

よくわかる子ども家庭福祉 第9版
山縣文治編　本体 2400円

よくわかる地域福祉 第5版
上野谷加代子・松端克文・山縣文治編　本体 2200円

よくわかる家族福祉 第2版
畠中宗一編　本体 2200円

よくわかるファミリーソーシャルワーク
喜多祐荘・小林 理編　本体 2500円

よくわかる障害者福祉 第5版
小澤 温編　本体 2200円

よくわかる精神保健福祉 第2版
藤本 豊・花澤佳代編　本体 2400円

よくわかる社会保障 第4版
坂口正之・岡田忠克編　本体 2500円

よくわかる司法福祉
村尾泰弘・廣井亮一編　本体 2500円

よくわかるリハビリテーション
江藤文夫編　本体 2500円

よくわかる公的扶助
杉村 宏・岡部 卓・布川日佐史編　本体 2200円

よくわかる高齢者福祉
直井道子・中野いく子編　本体 2500円

よくわかる社会福祉と法
西村健一郎・品田充儀編　本体 2600円

論文

よくわかる卒論の書き方 第2版
白井利明・高橋一郎著　本体 2500円

心理

よくわかる心理学
無藤 隆・森 敏昭・池上知子・福丸由佳編　本体 3000円

よくわかる心理統計
山田剛史・村井潤一郎著　本体 2800円

よくわかる保育心理学
鯨岡 峻・鯨岡和子著　本体 2400円

よくわかる臨床心理学 改訂新版
下山晴彦編　本体 3000円

よくわかる心理臨床
皆藤 章編　本体 2200円

よくわかる臨床発達心理学 第4版
麻生 武・浜田寿美男編　本体 2800円

よくわかるコミュニティ心理学 第2版
植村勝彦・高畠克子・箕口雅博・原 裕視・久田 満編　本体 2500円

よくわかる発達心理学 第2版
無藤 隆・岡本祐子・大坪治彦編　本体 2500円

よくわかる乳幼児心理学
内田伸子編　本体 2400円

よくわかる青年心理学 第2版
白井利明編　本体 2500円

よくわかる教育心理学
中澤 潤編　本体 2500円

よくわかる社会心理学
山田一成・北村英哉・結城雅樹編　本体 2500円

よくわかる言語発達
岩立志津夫・小椋たみ子編　本体 2400円

よくわかる認知発達とその支援
子安増生編　本体 2400円

よくわかる産業・組織心理学
山口裕幸・金井篤子編　本体 2400円

社会

よくわかる社会学 第2版
宇都宮京子編　本体 2500円

よくわかるNPO・ボランティア
川口清史・田尾雅夫・新川達郎編　本体 2500円

よくわかる現代家族
神原文子・杉井潤子・竹田美知編　本体 2500円

——— ミネルヴァ書房 ———
http://www.minervashobo.co.jp/